U0941541

河北省社会科学基金项目“清代直隶八旗驻防研究”研究成果（项目批准号：HB20LS003）

河北省社会科学基金项目

清代直隶八旗驻防研究

吕晓青　艾　虹／著

人民出版社

序

吕晓青、艾虹同学的专著《清代直隶八旗驻防研究》即将付梓，嘱我为序，忝为导师，我慨然应允。顾炎武有“人之患，在好为人序”之语，对后人影响较大，许多学者不愿为人作序。业师王锺翰先生颇赞同章学诚“书之有序，所以明作书之旨也”之说，认为为人书序，并非仅为提携学人，以观其美，而是辨章学术，推广新作之一端，故锺翰师未暇顾及序之不文，为人作序颇多。锺翰师之序，咸亲笔书写，字斟句酌，评介著作旨趣，不作浮泛溢美之词。2000年拙著《清前期八旗土地制度研究》付梓前，锺翰师恰患眼疾，视力模糊，但仍用一周时间，写出简短之《序》。见到字体大小不一，行距上歪下斜的《序》稿，可窥知先生在几乎看不见字的情况下，写此序之艰难，感动之余，我便有将来要为自己的学生书序之想法。于今鉴之，为学生作序，并非仅为责任和义务，将指导学生选题和研究过程、成果特点等录诸于序，或更可“明作书之旨也”。

目前，全国的满学研究方兴未艾，但河北地区的满学研究稍逊于后。清代八旗禁旅额数和京畿旗人（含内务府旗人），均超过八旗人数一半以上，其中居住于今天河北省范围内者较多。就八旗驻防而言，其他直省仅设一将军或副都统级驻防，如陕西的西安驻防、广东的广州驻防、四川的成都驻防、山东的青州驻防等，有的身份甚至仅设一个城守尉级驻防，如河南的开封驻防、山西的太原驻防等，但直隶的八旗驻防不但数量多，且多种多样，于直隶设置众多八旗驻防，不但有“拱卫京师”的作用，更有安置旗人初衷。清代河北地区的八旗驻防，可分为密云等处(密云、古北口、昌平、顺义、三河、玉田）驻防、长城沿线(山海关、永平府、喜峰口、冷口、罗文峪）驻防、京南“小九处”(沧州、保定、固安、东安、良乡、霸州、雄县、宝坻、采育里)驻防、察哈尔都统所辖（张家口、独石口、千家店）驻防、热河都统所辖（热河、喀喇河屯、桦榆沟、木兰围场）驻防等，厘清这些驻防的设置原因、职能演变、管理特色、人员调配、社会生活及与附近庄屯旗人、内务府旗人、周边汉人、蒙古人的交往交流交融等问题，是一项颇有难度的工作。

该著作的特点和价值在于：

一、内容宽广。研究内容涵盖清代直隶地区的大小各类驻防，挖掘各类驻防的特色，并改变以往相关研究“重旗地，轻旗人”的问题，深化了清代直隶八旗驻防及直隶区域史研究。

二、视角创新。利用铸牢中华民族共同体意识理论，从中华民族交往交流交融史的研究视角，从清代设置直隶各类驻防的原因和作用方面，对直隶地区的民族多元构成、农牧经济文化交界地带的特色、清廷通过北巡、木兰秋狝和建构避暑山庄及周边藏传佛教寺院等方式实施怀柔远服、肄武绥藩的民族政策，使直隶北部成为各民族交往交流交融重要场域进行关联探讨，促进了河北地区清代中华民族交往交流交融史研究。

三、资料多样。作者在京、津读书期间，努力学习满文，能够翻译利用满文档案，并在档案馆抄录大量资料。此书便是在综合以往相关研究的基础上，大量利用汉文、满文档案史料的研究成果，以翔实可靠的一手文献资料，考证了被学界忽视的级别较低的八旗驻防设置及作用等问题。

当然作为年轻学者的专著，涉及如此多的内容，不可能对每个问题均有创新观点，诸如八旗驻防旗人与当地内务府旗人的关系、热河驻防旗人的汉语特色及其对当代标准话的影响等问题，仍可一一成章，本书却并无关涉。但是作为一部研究清代直隶八旗驻防的著作，能够筚路蓝缕、排比整齐、系统完备、编辑成秩，已属两位年轻学者的入门之作，相信未来还会有更加深入全面的相关研究成果问世。

近来我国学界兴起“冷门绝学”热，其中满学忝列其中。但一旦“冷门绝学”热起来，便会脱离“冷门”和“绝学”旨趣，成为某些人追名逐利的工具，一些并非研究“冷门”学科的学者，利用权势，抖身之间便成为“冷门绝学”大家，且能不断增大“冷门绝学”范围，将一些显学骤然变成“冷门绝学”。如此以往，数年之后，“冷门绝学”将无存续意义，满学抑或也不再为“冷门绝学”。所谓的“冷门学科”主要是指一些学术关注低、成果出产难、研究群体小的传统人文学科领域和研究方向。“绝学”则是冷门学科中文化价值独特、学术门槛较高、研究难度极大、研究群体很小的甚至后继无人的濒危学科，故甲骨学、简帛学、古文字学及濒危方言研究、少数民族语言文字与历史或区域文化研究、传统文献与出土文献研究等，方可列为冷门绝学的范围。满学作为一个民族学科，研究范围很广，涵盖满族的历史文化、军事政治、思想意识、伦理道德、语言文字、宗教信仰、社会结构、风俗习惯等各类研究领域。百余年来，这些领域国内外均有许多学者关注，亦推出了大量研究成果，因而许多领域本不应该属于“冷门绝学”的范畴。堪可列入绝学的部分，应该限定为满族语言文字保护、满文文献整理翻译、以满文档案文献研究满族历史或区域历史文化等领域。《清代直隶八旗驻防研究》即是在充分利用满、汉文档案基础上形成区域历史文化的成果，庶可忝列为“冷门绝学”的著作。

是为序!

赵令志

2025 年 3 月 8 日

目 录

图表目录

绪　论

八旗是清朝最为倚重的军事力量。清代将安置于京师的八旗称作“禁旅八旗”或“京旗”；至于分镇于各省之八旗则称为“驻防八旗”。学界一般将清代八旗驻防划分为3类——畿辅驻防、直省驻防和边疆驻防。[①] 其中，畿辅驻防即直隶驻防，系为拱卫京师而设。清代直隶不仅是京师的“首善之区”，而且地域广袤、地形复杂、民族构成多元，故形成了层次分明、相互呼应的八旗驻防体系，并随着政治军事形势的变化不断调整。本书在梳理档案资料及传统文献的基础上，对清代直隶八旗驻防的设置、沿革、职官、兵丁及旗人社会生活等问题作系统考察，以期补益和深化相关研究。

一、研究对象及其时空范围

顺治元年（1644），清统治者定都北京，沿用明代“直隶”之称谓，其范围大致相当于明代的北直隶地区。清前期直隶所辖

① 参见定宜庄：《清代八旗驻防研究》，辽宁民族出版社2003年版，第7页。

府、州、县多有变动。康熙前期，直隶地域范围限于长城以南，东达盛京，西临山西，南界河南、山东，北抵长城，“广二千里，袤一千八百里”[①]，共辖八府：顺天府、永平府、保定府、河间府、真定府、顺德府、广平府、大名府。

随着木兰围场和避暑山庄的相继营建，口外地区得以迅速开发。清朝鉴于口外多民族交错杂居，设理事厅管辖，并由口北道与霸昌道统领。其中，口北道初领雍正朝所设张家口厅（雍正二年设）、多伦诺尔厅（雍正十年设）与独石口厅（雍正十二年设），合称“口北三厅”，光绪三十一年（1905）增设围场厅，亦属口北道；霸昌道原领雍正朝所设三厅：热河厅（雍正元年设）、八沟理事通判厅（雍正七年设，乾隆元年移驻土城子，改称四旗厅）、八沟理事同知厅（雍正十年设）。乾隆朝，相继设立塔子沟厅（乾隆五年设）、喀喇河屯厅（乾隆七年设）、三座塔厅及乌兰哈达厅（乾隆三十九年设），随着热河边疆内地化演进，乾隆四十三年（1778）改热河厅为承德府，其他各厅改设州县隶属之。

嘉庆十五年（1810），改升热河副都统为热河都统，管辖承德府，仍隶属直隶。据民国《热河地方志》记载：“热河原属直隶，惟蒙旗方面，由都统管理之。至清末县治增加，政务繁剧，军民各政始尽归都统办理，然遇有重大事宜，仍咨商直隶，取其同意。迨入民国，谋行政之便利，改为特别区域。”[②]故直至民国时期，热河才完全脱离直隶省，改为“特别区域”。

---

① 康熙《畿辅通志》卷3《疆域形势》，康熙二十二年刻本。

② 王文江、宣本荣纂：《热河地方志》第一章《名称·地势》，民国十年稿本。

清末，直隶共辖：十一府[①]，顺天府、永平府、保定府、河间府、正定府、顺德府、广平府、大名府、宣化府、天津府、承德府；四厅，张家口厅、独石口厅、多伦诺尔厅、围场厅；七州，定州、冀州、晋州、赵州、深州、遵化州、赤峰州[②]。

综上，本书所探讨的直隶八旗驻防，即前述有清一代直隶辖区内所设之八旗驻防。在具体研究内容上，涉及各八旗驻防的设置、沿革、职官、兵丁及驻防旗人社会生活等。

二、学术史回顾及研究动态

八旗作为维系清朝统治之根本，历来是清史、满族史研究的重要议题。国内关于八旗制度的研究，以孟森《八旗制度考实》[③]一文为首创。此后，郑天挺[④]、王锺翰[⑤]、莫东寅[⑥]等亦对八旗制度及相关问题进行了探讨。20世纪50年代，满族社会历史调查工作在全国开展，汇成《满族社会历史调查报告（稿本）》，进而撰成《满族简史（初稿）》并于1979年修订再版[⑦]。改革开

① 康熙三十二年（1693），改宣府镇为宣化府；雍正元年（1723），改真定府为正定府；雍正九年（1731），改天津州为天津府。

② 光绪三十四年（1908）升为直隶州。

③ 孟森：《八旗制度考实》，《历史语言研究所集刊》第6卷，1936年第4期。

④ 郑天挺：《清代的八旗兵和绿营兵》，《历史教学》1955年第1期。

⑤ 王锺翰：《清史杂考》，人民出版社1957年版。

⑥ 莫东寅：《满族史论丛》，人民出版社1958年版。

⑦ 《满族简史》编写组编：《满族简史》，中华书局1979年版。

放后，八旗研究趋热，并出现了专论八旗驻防的研究，如马协弟《浅论清代驻防八旗》[①]一文，探讨了八旗驻防对直省满族形成、社会生活及民族关系的影响；定宜庄《清代八旗驻防制度研究》及其增订版《清代八旗驻防研究》[②]，对有清一代八旗驻防的制度形成、机构设置、官兵铨选、民族关系等问题进行了系统研究，为后续研究八旗驻防提供了范式。国外关注清代八旗者，主要为日本、韩国及美国学者，其中又以日本学者的研究最为精详。

为全面呈现学术史和明晰研究动态，以下首先梳理国内关于清代八旗驻防的专题研究及海外学者的相关论著，然后再简述清代直隶八旗驻防的相关成果。

（一）国内关于清代八旗驻防的专题研究

目前，学界围绕清代驻防八旗的兵饷、旗地、职官、族群以及生计问题[③]等，进行了广泛而深入的探讨。

1. 关于八旗兵饷的研究

八旗兵饷直接关系着八旗制度的运行，始终是学界关注的重点。其中，傅乐焕在《关于清代满族的几个问题》[④]一文中，对在京八旗兵饷问题进行了初步研究，此后陈佳华《八旗兵饷试

---

① 马协弟：《浅论清代驻防八旗》，《社会科学战线》1986 年第 3 期。

② 定宜庄：《清代八旗驻防制度研究》，天津古籍出版社 1992 年版；定宜庄：《清代八旗驻防研究》，辽宁民族出版社 2003 年版。

③ 需要指出的是，兵饷、旗地本是八旗生计的重要来源，为便于叙述，本节将之分述，并侧重梳理关于驻防八旗“生计问题”的成果。

④ 傅乐焕：《关于清代满族的几个问题》，载中央民族学院研究部编：《中国民族问题研究集刊》第六辑，内部刊物 1957 年。

析》[①]、陈锋《清代军费研究》[②] 等文，亦从不同层面探讨了清代八旗兵饷，具有较高的参考价值。

2. 关于驻防旗地的研究

此类研究早期多集中于对旗地性质的探讨。[③]21 世纪以来，赵令志师的《清前期八旗土地制度研究》[④] 一书，结合丰富的档案及相关史料，对畿辅驻防与直省驻防旗地经营状况进行了系统深入的研究，氏著《清代直省驻防旗地浅探》[⑤] 一文，纠正了以往关于康熙中叶以后直省驻防以俸饷为生、没有旗地的误识，申明了直省驻防同样存在八旗甲兵圈占旗地的史实，并将直省驻防旗地划分为俸米地、口粮地、马厂等不同类型，同时强调直省驻防旗地与畿辅京旗旗地均归属国家而非私产；王刚《清代直省驻防旗地经营述论》[⑥] 一文认为，驻防八旗官兵旗地成分所占比例较小，旗地因缺乏开发与经营，导致八旗生计日益恶化，民佃旗地加速了清末旗地的私有化过程；刘小萌《清代畿辅旗地的私有化与租佃制发展》[⑦] 一文，以旗民关系为视角，考察了清代畿辅旗地私有化进程与租佃制发展。此外，还有学者对八旗社会

---

① 陈佳华：《八旗兵饷试析》，《民族研究》1985 年第 5 期。

② 陈锋：《清代军费研究》，武汉大学出版社 1992 年版。

③ 左云鹏：《论清代旗地的形成、演变及其性质》，《历史研究》1961 年第 5 期；杨学琛：《清代旗地的性质及其变化》，《历史研究》1963 年第 3 期。

④ 赵令志：《清前期八旗土地制度研究》，民族出版社 2001 年版。

⑤ 赵令志：《清代直省驻防旗地浅探》，《黑龙江民族丛刊》2001 年第 2 期。

⑥ 王刚：《清代直省驻防旗地经营述论》，《中国经济史研究》2017 年第 3 期。

⑦ 刘小萌：《清代畿辅旗地的私有化与租佃制发展》，《清史研究》2024 年第 2 期。

保障[①] 及军事医疗保障[②] 问题作了探讨。

3. 关于驻防八旗职官的研究

此类研究以杜家骥《清代八旗官制与行政》[③] 一书最为重要，作者从驻防八旗职官的设置、品级、选任、职能等方面进行了系统研究。关于驻防八旗各级职官的研究也不断涌现。其中，探讨驻防将军者，主要有陈航[④]、孙浩洵[⑤]、马金柱[⑥]、黄治国[⑦] 等；考察驻防都统者，主要有刘文波、张文秀[⑧]，许富翔[⑨]，张懿德[⑩] 等；

① 吴燕飞：《清前期直省驻防八旗社会保障述论》，硕士学位论文，辽宁大学历史系，2012 年。

② 李彬：《清中叶新疆驻防八旗军事医疗》，《历史档案》2020 年第 3 期。

③ 杜家骥：《清代八旗官制与行政》，中国社会科学出版社 2015 年版。

④ 陈航：《清代荆州驻防将军研究》，硕士学位论文，华中师范大学历史系，2011 年。

⑤ 孙浩洵：《清代黑龙江将军议处研究》，博士学位论文，中央民族大学历史系，2015 年。

⑥ 马金柱：《清朝宁古塔将军研究》，硕士学位论文，长春师范大学历史系，2015 年。

⑦ 黄治国：《漠南军府：清代绥远城驻防研究》，社会科学文献出版社 2018 年版。

⑧ 刘文波、张文秀：《清代热河都统人物群体研究》，南开大学出版社 2007 年版。

⑨ 许富翔：《论嘉庆十五年热河军府制度的建立》，《清史研究》2019 年第 1 期。

⑩ 张懿德：《清代乾隆朝察哈尔都统研究》，硕士学位论文，内蒙古大学历史系，2018 年；张懿德：《清代察哈尔都统的群体特征》，《内蒙古师范大学学报》2023 年第 1 期。

此外，顾松洁[①]、莘旭华[②]、穆云鹏[③]等分别对协领、城守尉、理事同知等中下层驻防职官进行了研究。

4. 关于驻防八旗族群的研究

八旗是一个由多民族构成的共同体，关于其族群的研究也相当丰硕。其中，王锺翰[④]，陈佳华、傅克东[⑤]，马协弟[⑥]，陆玉华[⑦]等均对旗人族属问题进行了探讨，并不同程度地涉及了汉军的族属以及满、蒙、汉间的民族融合问题。

需要指出的是，汉军因其特殊性而深受学界关注，相关研究涉及汉军旗人官员[⑧]、汉军旗组织[⑨]、汉军出旗及出旗之后对于八旗的影响[⑩]等方面。与此同时，学界也对汉军与满族之间的差异性[⑪]、

---

① 顾松洁：《清代协领初探——以珲春衙门档案为核心》，博士学位论文，中央民族大学历史系，2016 年。

② 莘旭华：《清代八旗城守尉驻防初探》，《满族研究》2019 年第 3 期。

③ 穆云鹏：《清代理事同知制度初探》，硕士学位论文，中央民族大学历史系，2011 年。

④ 王锺翰：《清初八旗蒙古考》，《清史杂考》，人民出版社 1957 年版，第 117—146 页。

⑤ 陈佳华、傅克东：《八旗汉军考略》，《民族研究》1981 年第 3 期。

⑥ 马协弟：《八旗制度下的满族》，《满族研究》1987 年第 4 期。

⑦ 陆玉华：《八旗驻防促进了汉满文化交流》，《辽宁大学学报》1992 年第 3 期。

⑧ 孙守朋：《汉军旗人官员与清代政治研究》，人民日报出版社 2011 年版。

⑨ 孙静：《清代八旗汉军研究》，民族出版社 2017 年版。

⑩ 王刚：《乾隆朝驻防旗人出旗实态再考察——以满汉文档案为中心》，《清史论丛》2022 年第 2 期。

⑪ 孙静：《试论八旗汉军与满洲的差异性》，《中央民族大学学报》2006 年第 5 期。

八旗内部满汉关系[①]以及未出旗的汉军生活状况[②]等问题予以关注。

此外，学界对清代东北[③]及新疆[④]地区八旗驻防族群的探讨日益深入，涉及八旗驻防中达斡尔、索伦、鄂温克、锡伯、达呼尔、巴尔虎等部族的研究，充分反映了八旗内部族群构成的多元性，对加深清代民族关系的认识具有重要意义。

近年来，以社会史为视角考察清代旗人的研究也不断出现。[⑤]其中，关于八旗驻防族群的研究，以潘洪钢《清代八旗驻防族群的社会变迁》[⑥]一书为代表，该书对八旗驻防族群的社会生活、制度、民族及其转变等问题进行了长时段的考

① 潘洪钢、郭福亮：《清代福州、广州八旗驻防哗变事件》，《中南民族大学学报》2009 年第 2 期。

② 王刚：《清代中后期未出旗汉军生存状态之考察——以广州驻防为例》，《满族研究》2020 年第 3 期。

③ 金鑫：《雅克萨之战前后的达斡尔五百官兵考述》，《中国边疆史地研究》2011 年第 1 期；姜珊：《清代黑龙江八旗之达斡尔研究》，硕士学位论文，辽宁大学历史系，2014 年；韩狄：《清代八旗索伦部研究》，中国社会科学出版社 2011 年版；王学勤：《晚清民初布特哈八旗研究》，博士学位论文，中央民族大学历史系，2013 年；金鑫：《康熙朝黑龙江驻防八旗“穷索伦”、站丁牛录考》，《民族研究》2014 年第 5 期；马金柱：《清代黑龙江索伦、达斡尔人留京问题刍论》，《北京社会科学》2020 年第 2 期；姜永军、王学勤：《试述布特哈八旗的蓄奴制度》，《内蒙古师范大学学报》2023 年第 2 期。

④ 吴元丰：《清代伊犁索伦营述要》，《清史研究》2022 年第 2 期。

⑤ 刘小萌：《清代北京旗人社会》，中国社会科学出版社 2008 年版；刁书仁：《清代八旗驻防与东北社会变迁》，科学出版社 2018 年版；定宜庄：《八旗子弟的世界》，北京出版社 2017 年版。

⑥ 潘洪钢：《清代八旗驻防族群的社会变迁》，人民出版社 2019 年版。

察，而且作者还以多篇专文探讨了八旗族群社会及其变迁、影响①。

5. 关于旗人生计问题的研究

旗人生计问题的产生和严峻，是八旗制度溃散的重要原因，故亦深受关注。目前，学界从八旗制度弊端、八旗生齿日繁、统治腐朽及奢侈之风等方面，对八旗生计问题产生的原因进行了探讨②；关于清朝应对八旗生计问题措施的探讨，则集中于设置养育兵③、

① 潘洪钢：《清代驻防八旗与当地文化习俗的互相影响——兼谈驻防旗人的族群认同问题》，《中南民族大学学报》2006年第3期；任玉雪：《从八旗驻防到地方行政制度——以清代盛京八旗驻防制度的嬗变为中心》，《中国历史地理论丛》2007年第4期；潘洪钢：《八旗驻防族群土著化的标志》，《中南民族大学学报》2011年第9期；罗桂林、王敏：《清代驻防旗人的生活与认同——以福州洋屿赖氏为中心》，《清史研究》2014年第2期；潘洪钢：《清代驻防八旗的"方言岛"现象》，《中南民族大学学报》2014年第5期；潘洪钢：《从家谱看清代驻防八旗族群社会及其变迁》，《满族研究》2015年第1期；潘洪钢：《清代八旗驻防族群的土著化进程与地方认同》，《吉林师范大学学报》2021年第3期；潘洪钢：《清代驻防旗人的婚姻圈——以朱卷履历为中心》，《吉林师范大学学报》2022年第4期。

② 李乔：《八旗生计问题述略》，《历史档案》1985年第2期；韦庆远：《论八旗生计》，《社会科学辑刊》1990年第6期；严景爱：《有关八旗生计措施》，《中央民族大学学报》1996年第6期；刘德鸿：《乾隆时满族统治阶级的腐朽与"八旗生计"》，《满学研究》第3辑，民族出版社1996年版；郭福亮：《论道光朝前期驻防八旗生计问题》，《五邑大学学报》2010年第4期。

③ 安双成：《清代养育兵的初建》，《历史档案》1991年第6期；方华玲：《清代八旗养育兵制探析》，《故宫博物院院刊》2014年第6期。

京旗回屯[①]、红白事赏银[②]、汉军出旗为民[③]以及拓宽仕进空间[④]等方面。近年来，随着研究的不断深入，有关热河[⑤]、绥远城[⑥]、荆州[⑦]、青州[⑧]、广州[⑨]等驻防城八旗生计问题的专题研究也相继出现。

6. 关于驻防八旗与地方社会关系的研究

驻防八旗是为维护各地稳定和监督绿营而驻扎于各地的军队，其与当地民人关系以及如何融入当地社会，也备受学界关注：如有学者从民族认同与地方认同的视角出发，探讨八旗驻防与当地民人之间

---

① 李自然：《试论乾隆朝东北禁边与八旗生计之关系》，《中央民族大学学报》2000 年第 6 期；魏影：《清代京旗回屯思想述论》，《江南社会学院学报》2006 年第 4 期；魏影：《略论清代京旗回屯的失败》，《北方文物》2008 年第 1 期；魏影：《清代京旗回屯问题研究》，黑龙江大学出版社 2010 年版。

② 韦庆远：《清代雍正时期"生息银两"制度的整顿和政策演变》，《中国社会经济史研究》1987 年第 3 期；王贵文：《浅析八旗抚恤制度》，《满族研究》1991 年第 3 期。

③ 范传南：《乾隆朝八旗汉军出旗述论》，硕士学位论文，辽宁师范大学历史系，2008 年；范传南、李媛：《乾隆朝八旗汉军出旗原因论析》，《理论观察》2014 年第 11 期；孙守朋：《乾隆二十八年京口驻防汉军出旗拨补与伊犁驻防》，《清史研究》2015 年第 4 期；范传南、吴丽华：《乾隆年间八旗汉军出旗善后问题探析》，《广西社会科学》2017 年第 5 期。

④ 马子木：《翻译科与清代八旗驻防的仕进》，《史学月刊》2017 年第 10 期。

⑤ 杨晓伟：《热河驻防八旗生计问题研究》，硕士学位论文，河北师范大学历史系，2010 年。

⑥ 孙志杰：《绥远城驻防八旗生计问题研究》，硕士学位论文，内蒙古大学历史系，2013 年。

⑦ 向亚南：《清代荆州驻防八旗经济生活研究》，硕士学位论文，长江大学历史系，2017 年。

⑧ 徐雪昆：《清代青州驻防八旗生计问题研究》，《山东理工大学学报》2016 年第 1 期。

⑨ 梁冲：《广州驻防八旗生计问题探析》，《西昌学院学报》2017 年第 3 期。

的矛盾与隔阂①，还有学者考察了驻防八旗与民人之间，诸如投充②、抱养③、通婚④、民人入旗⑤以及满营共建⑥等多种形式的互动与交融关系。此外，一些关于归旗制度⑦、户口均齐⑧等方面的研究，也不同程度地揭示了驻防八旗的土著化趋势。

---

① 潘洪钢：《清代驻防八旗的民族关系问题研究——从荆州旗、民的几次斗殴事件入手的探讨》，《江汉论坛》2005 年第 1 期；汪利平：《杭州旗人和他们的汉人邻居：一个清代城市中民族关系的个案》，《中国社会科学》2007 年第 6 期；许富翔：《清代的旗民关系：以江宁驻防为例》，中国社会科学院近代史研究所政治史研究室主编：《清代满汉关系研究》，社会科学文献出版社 2011 年版，第 213—238 页；王刚：《清初苏州八旗驻防探析》，《清史研究》2013 年第 2 期。

② 宋秀元：《从档案史料看清初的圈地与投充》，《故宫博物院院刊》1987 年第 1 期；赵令志：《论清初畿辅的投充旗地》，《河北学刊》2002 年第 1 期；蔡禹龙：《清朝顺治时期的投充现象简论》，《甘肃社会科学》2016 年第 2 期；邱源媛：《清代旗民分治下的民众应对》，《历史研究》2020 年第 6 期；等等。

③ 岳铭志、徐芳：《汉军旗籍的满洲人研究》，《吉林广播电视大学学报》2019 年第 12 期；刘仲华：《清嘉庆、道光两朝清查八旗抱养问题考述》，《北京史学》2020 年第 1 期。

④ 滕绍箴：《清代的满汉通婚及有关政策》，《民族研究》1991 年第 1 期；潘洪钢：《清代驻防八旗与汉族通婚情况蠡测》，《中南民族大学学报》2007 年第 5 期；吕欧：《清代东北地区满汉通婚刍议》，《黑龙江民族丛刊》2018 年第 6 期；等等。

⑤ 刘小萌：《清前期东北民人的“出民入旗”》，《民族研究》2024 年第 4 期。

⑥ 郑宁：《清初江南的八旗驻防与地方应对——以杭州满营建设为中心》，《苏州大学学报》2019 年第 3 期。

⑦ 孙静：《清代归旗制度行废述论》，《中央民族大学学报》2005 年第 5 期；吴华军：《清代驻防八旗归旗制度考论》，硕士学位论文，哈尔滨师范大学历史系，2020 年。

⑧ 潘洪钢：《清代八旗驻防户口均齐制度述论》，《满学研究》第 5 辑，民族出版社 2022 年版。

7. 关于驻防八旗思想文化的研究

目前，学界已从驻防旗人的宗教信仰[①]、驻防文化与驻防制度的关系[②]、驻防八旗科举[③]等方面展开了丰富论述，相关研究论及了驻防旗人群体对八旗制度的认同感、驻防文化对八旗制度的影响以及驻防八旗科举本地化等问题，从而揭示了有清一代满汉统一的历史进程。

8. 关于八旗驻防城（营）的研究

此类研究早期多侧重于对旗城（营）驻防旗人的研究[④]，近年来黄平[⑤]、朱永杰[⑥]、张威[⑦]、安沛君[⑧]等对清代满城(营）的营

---

① 关笑晶:《清代直省八旗寺庙初探》,《满学论丛》第 3 辑，辽宁民族出版社 2012 年版；关笑晶:《清代直省驻防八旗寺庙祀神刍议》,《吉林师范大学学报》2014 年第 2 期。

② 冯海霞、多洛肯:《清代八旗驻防制度与驻防文化的互构》,《前沿》2021 年第 6 期。

③ 多洛肯、路凤华:《清朝驻防八旗科考的历史考察》,《科举学论丛》2018 年第 1 期；多洛肯、路凤华:《清代八旗科举家族述论》,《清史论丛》2020 年第 2 期；章广:《清代八旗进士人数考实》,《历史档案》2020 年第 2 期；李珊珊:《清代驻防八旗科举参与方式的流变与诗歌创作》,《民族文学研究》2021 年第 3 期；陈尚敏:《清代驻防八旗科举述论》,《历史档案》2021 年第 3 期。

④ 陈一石、王端玉:《清代成都的“满城”与旗汉分治》,《四川大学学报》1981 年第 3 期；马协弟:《清代满城考》,《满族研究》1990 年第 1 期；赵生瑞:《中国清代营房史》，中国建筑工业出版社 1999 年版；李凤琪、唐玉民、李葵三:《青州旗城》，山东文艺出版社 1999 年版。

⑤ 黄平:《清代满城兴建与规划建设研究》，硕士学位论文，四川大学历史系，2006 年。

⑥ 朱永杰:《清代满城历史地理研究》，知识产权出版社 2017 年版。

⑦ 张威:《清代直省驻防城对其所依附城市形态演变的作用研究》，中国建筑工业出版社 2019 年版。

⑧ 安沛君:《清代八旗营房研究》，大象出版社 2020 年版。

建、形制、演变以及建筑等问题进行了分析。此外，关于新疆[①]、甘肃[②]、广州[③]、成都[④]、德州[⑤]等地驻防城及东北地区"新满城"[⑥]的研究成果也不断涌现，进一步丰富了清代八旗驻防城（营）的研究，并为探讨边疆稳定与各民族交往交流交融提供了借鉴。

（二）国外学者关于八旗驻防的研究

国外方面，致力于研究清代八旗制度者，以日本、韩国及美国学者为主。

日本学者对清代八旗的关注由来已久。1912 年，内藤虎次郎（号湖南）在《清朝衰亡论》[⑦]中从八旗的衰落、旗民观念等角度探析了清朝的崩溃，并指出了驻防八旗监督绿营的作用以及清后期八旗驻防军队的弱化。此后，旗田巍[⑧]、细谷良夫[⑨]、

① 朱永杰：《清代新疆"满城"时空结构研究》，《满族研究》2010 年第 2 期。

② 恩元：《清代甘肃满城调查研究》，硕士学位论文，西北师范大学历史系，2015 年。

③ 沈林：《清代广州府治八旗驻防街巷述略》，《满语研究》2015 年第 2 期。

④ 秦和平：《论清代驻防成都满蒙八旗》，《四川师范大学学报》2016 年第 2 期。

⑤ 蔡桂培：《清代德州"满城"研究》，硕士学位论文，天津师范大学历史系，2014 年。

⑥ 陈鹏：《清代东北地区"新满洲"筑城驻防职责探析》，《吉林师范大学学报》2018 年第 6 期。

⑦ ［日］内藤虎次郎：《清朝衰亡论》，东洋印刷株式会社 1912 年。

⑧ ［日］旗田巍：《试论满洲八旗的形成过程——特别关于牛录之形成》，《东亚论丛》第 2 辑，东京文求堂书店 1940 年。

⑨ ［日］细谷良夫：《雍正朝汉军旗族属牛录的均齐化》，《社会科学战线》1986 年第 2 期；［日］细谷良夫：《清朝中期八旗汉军的再编组》，［日］石桥秀雄编：《清代中国的若干问题》，山东画报出版社 2011 年版，第 68—90 页。

安部健夫[①]、阿南惟敬[②]、杉山清彦[③]等学者围绕八旗制度展开了广泛探讨，并尤为关注八旗组织问题；谷井阳子所著《八旗制度の研究》[④]，则以宏观角度对清代八旗制度进行了研究。日本较早系统探讨八旗驻防研究，以北山康夫《关于八旗驻防》一文为代表[⑤]。20世纪90年代以来，细谷良夫、王禹浪[⑥]，柳泽明[⑦]，楠木贤道[⑧]等对河南、黑龙江、齐齐哈尔等地的八旗驻防城进行

---

① ［日］安部健夫：《八旗满洲牛录之研究》，《清代史的研究》，东京创文社1971年。

② ［日］阿南惟敬：《清初军事史论考》，东京甲阳书房1980年。

③ ［日］杉山清彦：《关于天命、天聪朝的正蓝旗》，《第二届国际满学研讨会论文集（上）》，1999年；《清初正蓝旗考——从姻亲关系看旗王权力的基础构造》，《第三届国际满学研讨会论文集》，2002年。

④ ［日］谷井阳子：《八旗制度の研究》，京都大学学术出版会2015年。

⑤ ［日］北山康夫：《关于八旗驻防》，《羽田博士颂寿纪念东洋史论丛》，东洋史研究会1950年。

⑥ ［日］细谷良夫、王禹浪：《开封驻防八旗的后裔——辛亥革命后旗人生活一瞥》，王学勤译，《满学论丛》第2辑，辽宁民族出版社2012年版。

⑦ ［日］柳泽明：《清代黑龙江地区八旗制的施行和民族的再编》，陶玉坤译，《蒙古学信息》1999年第1期；［日］柳泽明：《清代东北的驻防八旗与汉人——以黑龙江地区为中心》，吴忠良译，《吉林师范大学学报》2014年第1期；［日］柳泽明：《八旗再考》，哈斯巴根、刘艳丽译，《吉林师范大学学报》2015年第3期；［日］柳泽明：《驻防城齐齐哈尔的风貌——以康熙五十年代为中心》，吴忠良译，《国学学刊》2018年第3期；［日］柳泽明：《布特哈与呼伦贝尔“八旗”的性质——以与理藩院的关系为主》，［日］石桥秀雄编：《清代中国的若干问题》，山东画报出版社2011年版，第293—306页。

⑧ ［日］楠木贤道：《康熙三十年达斡尔驻防佐领的编成》，《松村润先生古稀纪念论文集·清代史论丛》，汲古书院1994年；［日］楠木贤道：《驻防齐齐哈尔的锡伯佐领的编立过程》，［日］石桥秀雄编：《清代中国的若干问题》，山东画报出版社2011年版，第273—292页。

了细致探讨，并梳理了各族群编入八旗的历史进程，深化了对八旗的认识。值得注意的是，日本学者在研究清代八旗问题时，注重运用满文与实地调查，直接影响了美国“新清史”及韩国等国的满蒙研究①。

韩国的明清史研究，是从“东洋史研究”中脱胎出来的。②20世纪80年代以来，徐正钦③、金钟圆④、金斗铉⑤等围绕八旗制度及满汉关系等问题展开了广泛探讨。此外，任桂淳还基于对广州、杭州、荆州三地八旗驻防财政状况的考察，剖析了清朝的灭亡过程⑥，而氏著《清代八旗驻防兴衰史》⑦，对清代八旗驻防的组织机构、行政管理和财政状况等方面进行了系统研究，但该书探讨的对象仅限于具有驻防志的驻防城，未涉及直隶八旗驻防。21世纪以来，韩国学者对清末旗人的研究也逐渐兴起，其中尹煜探讨了珲春驻防中的旗人知识分子、奴婢阶层及旗官角色，并分析

---

① 胡祥雨：《海外清史研究：历史、趋势与问题》，《清史研究》2020年第4期。

② 李宪堂、曹永宪：《韩国的明清史研究》，《国际社会科学杂志（中文版）》2009年第2期。

③ ［韩］徐正钦：《明末建州女真与八旗制度的起源》，《历史教育论集》1981年第2期。

④ ［韩］金钟圆：《八旗制度成立过程》，《东亚研究》1985年第6期。

⑤ ［韩］金斗铉：《八旗制度初探》，《蔚山史学》1992年第5期。

⑥ ［韩］任桂淳：《清朝八旗驻防财政的考察》，《满学研究》第1辑，民族出版社1992年版。

⑦ ［韩］任桂淳：《清代八旗驻防兴衰史》，生活·读书·新知三联书店1993年版。

了新政前后珲春旗人的适应过程。[①]

（三）关于直隶八旗驻防的研究

随着满汉文档案的持续开放，关于各直省八旗驻防的研究不断开展[②]，相关认识也逐渐深入，并呈现出明显的区域化研究趋势。目前，关于直隶八旗驻防的研究主要集中于国内学者。在此需要说明的是，畿辅八旗驻防又称直隶八旗驻防，且学界一般不作刻意区分，故以下述及直隶八旗驻防的相关研究时，一概遵从原作者的表述。

前述定宜庄《清代八旗驻防研究》即以专文论述了畿辅八旗驻防，然因选题宏大，着眼于全国范围内的八旗驻防研究，有关直隶八旗驻防的具体问题仍待深化。其他整体性研究中涉及直隶八旗驻防者还有：前述赵生瑞《中国清代营房史》指出，

---

① ［韩］尹煜：《清末民初珲春地区旗人精英的乡村统治（上）》，朴晟爱、顾松洁译，《满语研究》2014年第1期；［韩］尹煜：《清末民初珲春地区旗人精英的乡村统治（下）》，朴晟爱、顾松洁译，《满语研究》2014年第2期；［韩］尹煜：《珲春驻防奴婢阶层构成的变化》，《满学论丛》第5辑，辽宁民族出版社2015年版。

② 孙菲菲：《清代山东八旗驻防研究》，硕士学位论文，辽宁大学历史系，2012年；部敏：《清代东北驻防八旗的形成与演变》，硕士学位论文，辽宁大学历史系，2013年；张瑞英：《清代青州八旗驻防研究》，硕士学位论文，中央民族大学历史系，2017年；王磊：《清代右卫满城变迁研究》，硕士学位论文，内蒙古师范大学历史系，2015年；黄治国：《漠南军府：清代绥远城驻防研究》，社会科学文献出版社2018年版；卢川：《荆州八旗驻防研究》，湖北人民出版社2018年版；锋晖：《乾隆朝新疆八旗驻防研究》，博士学位论文，吉林师范大学历史系，2018年；张航：《清代宁夏驻防八旗研究》，人民出版社2023年版。

畿辅驻防的功能在于防止内乱，直隶驻防衙署的总体规模高于其他各省驻防八旗[①]；朱永杰《清代驻防城时空结构研究》[②]一书，对畿辅驻防城进行了系统研究，并分析了设防地域的战略意义，其与韩光辉合撰的《清代畿辅地区驻防城的创建及其形制研究》[③]一文，则基于对沧州、保定、天津、郑家庄、采育里、山海关、密云、热河等八处驻防城的考察，指出北京和河北、天津的军事联系十分紧密，强调畿辅地区驻防网络在拱卫京师安全中的作用；前述安沛君《清代八旗营房研究》以专文探讨了畿辅八旗营房特征，认为“设立畿辅驻防有三个主要方向：一为南方，是将要征服的方向；二为东方，是通向‘龙兴之地’，以备万一撤退的方向；三为北方，是实施蒙古政策的主要方向”[④]；潘洪钢《论清代八旗驻防的布局、目的与作用》[⑤]一文，进一步论述了畿辅驻防与山东、河南等地的八旗驻防一同构成了拱卫京师的格局。

因直隶地域广袤，所设驻防点密集，且有多处都统、副都统级驻防。目前，学界针对清代直隶地区诸如热河、密云、山海关、天津等处都统、副都统级驻防的研究日渐丰富。

---

① 赵生瑞：《中国清代营房史》，中国建筑工业出版社 1999 年版，第 22、76 页。

② 朱永杰：《清代驻防城时空结构研究》，人民出版社 2010 年版。

③ 朱永杰、韩光辉：《清代畿辅地区驻防城的创建及其形制研究》，《江汉论坛》2015 年第 4 期。

④ 安沛君：《清代八旗营房研究》，大象出版社 2020 年版，第 52 页。

⑤ 潘洪钢：《论清代八旗驻防的布局、目的与作用》，《吉林师范大学学报》2024 年第 1 期。

关于热河八旗驻防的研究。布尼阿林《热河八旗驻防简述》[①]一文是较早关注热河八旗驻防的研究，该文对热河八旗驻防的来源、兵额、分布等问题进行了初步探讨。此后，关于热河八旗驻防研究不断丰富[②]。与此同时，还有学者从热河行宫的戍卫[③]、热河八旗驻防与满蒙关系[④]以及热河驻防长官[⑤]等方面进行了深入探讨。此外，关于热河周围的喜峰口[⑥]、木兰围场[⑦]、喀喇河屯行宫[⑧]等处八旗驻防的考察也不断开展。

关于密云八旗驻防的研究。密云驻防城遗址保存较好，为相关问题的探讨提供了可能。朱永杰、崔跃峰、韩光辉《清代密云

---

① 布尼阿林：《热河八旗驻防简述》，《承德师专学报》1988 年第 2 期。

② 特克寒：《热河驻防八旗史略》，《满族研究》2005 年第 2 期；杨晓伟：《热河驻防八旗生计问题研究》，硕士学位论文，河北师范大学历史系，2010 年；白涅：《清代热河八旗驻防》，《河北旅游职业学院学报》2012 年第 2 期；许富翔：《清代热河驻防八旗的沿革与职掌（1702—1810）》，《通化师范学院学报》2020 年第 3 期。

③ 王宏斌、高德罡：《清代前期热河兵卫制度论略》，《河北师范大学学报》2004 年第 1 期。

④ 王晓辉：《清代热河驻防八旗派遣与满蒙关系探析》，《满族研究》2015 年第 3 期。

⑤ 秦兆祥：《避暑山庄与热河驻防》，《内蒙古师范大学学报》2007 年第 6 期；刘文波、张文秀：《清代热河都统人物群体研究》，南开大学出版社 2017 年版；许富翔：《论嘉庆十五年热河军府制度的建立》，《清史研究》2019 年第 1 期；姚赛轩：《热河都统锡良的经济改革》，《内蒙古农业大学学报》2022 年第 1 期。

⑥ 唐学凯：《宽城满族来源考》，《满族研究》1991 年第 2 期。

⑦ 王晓辉：《清代木兰围场管理制度的演变与边疆治理》，《黑龙江民族丛刊》2016 年第 6 期。

⑧ 王欣彤、宝音特古斯：《清代喀喇河屯满洲八旗驻防考略》，《河北民族师范学院学报》2018 年第 3 期。

“满城”时空结构研究》[①] 一文，以时间和空间结合的角度综合考察了密云驻防城，并重点分析了其形制、布局、规划等问题。同样涉及密云八旗驻防城的研究还有前述朱永杰《清代满城历史地理研究》及安沛君《清代八旗营房研究》等专著。

关于山海关八旗驻防的研究。于伟《清代山海关驻防八旗研究》[②] 对山海关八旗驻防兴衰进行了系统论述。王月、刘碧婵的《清代山海关副都统的建置沿革与人事嬗递》[③] 一文，对山海关副都统的建置沿革、职权范围、职官铨选等进行了梳理。

关于天津八旗驻防的研究。天津水师营系直隶八旗驻防中唯一的水师营，且设都统管辖，故亦深受学界关注。如李阳光[④] 对天津水师营都统的相关问题进行了考述；李鹏飞在研究明清天津驻军问题时，亦探讨了天津水师营的设置及其军官、兵力等；常建华[⑤] 从设立过程、军备操练、城堡建设、军纪与管理、兵丁生计及裁撤等方面，对天津水师营进行了系统研究。

此外，张建《清代沧州驻防的设立、本地化与覆灭》[⑥] 一文，以满汉回民合力抵御太平军这一事件为切入点，对沧州驻防的兴

---

① 朱永杰、崔跃峰、韩光辉：《清代密云“满城”时空结构研究》，《江汉论坛》2010 年第 5 期。

② 于伟：《清代山海关驻防八旗研究》，硕士学位论文，广西师范大学历史系，2015 年。

③ 王月、刘碧婵：《清代山海关副都统的建置沿革与人事嬗递》，《满族研究》2016 年第 4 期。

④ 李阳光：《天津满洲水师营都统表的编纂及相关研究》，硕士学位论文，内蒙古师范大学历史系，2009 年。

⑤ 常建华：《清雍乾时期天津满洲水师营考略》，《史学集刊》2023 年第 1 期。

⑥ 张建：《清代沧州驻防的设立、本地化与覆灭》，《吉林师范大学学报》2016 年第 6 期。

衰予以系统研究。拙文《清朝京师稽察九处八旗驻防》一文则对京师周围的“小九处”驻防的形成及其与京师之间的关系作了基础探讨。①

通过以上梳理可以发现，学界关于清代八旗驻防的研究成果丰硕，并不同程度地涉及了直隶（畿辅）八旗驻防的相关内容。与此同时，聚焦直隶某一地域八旗驻防的研究不断涌现，且尤以对热河、密云、山海关及天津等处副都统、都统级八旗驻防的考察最为细致。不过，就清代直隶八旗驻防研究而言，仍存在一些薄弱和不足，这主要体现在以下 3 个方面：

1. 以往宏观论述清代八旗驻防问题的研究，虽涉及直隶八旗驻防并注意到其特殊性，然限于研究旨趣差异以及过去档案开放有限，仍有一些问题亟待深入探讨，如直隶驻防体系的调整、满蒙兵额的设置与均齐、八旗驻防与地方社会的关系等，均需作更为细致的考察；

2. 针对热河、密云、山海关及天津等处八旗驻防的个案研究持续开展，但对直隶南部的八旗驻防关注不足，呈现出“北涝南旱”之势，以致对各驻防点的作用、特点以及彼此间协同关系的认识不足，失于对直隶八旗驻防的整体认知；

3. 已有直隶八旗驻防研究中，虽有关注清后期及清末者，然总体上仍偏重于清前期，且有“重旗地，轻旗人”的局限，特别是对直隶驻防旗人与地方社会关系及其去向等问题的认识有待进一步明晰。

此外，近年来铸牢中华民族共同体意识及中华民族交往交流

① 吕晓青、艾虹：《清朝京师稽察九处八旗驻防》，《历史档案》2024 年第 3 期。

交融史研究的不断深入，为清代直隶八旗驻防研究提供了新的方向与要求。

三、研究意义

本书在以往研究基础上，结合满汉文档案及传世文献，对清代直隶八旗驻防问题进行全面系统的研究，具有多重价值与意义。

首先，深化清代直隶八旗驻防及直隶区域史的认识。清代直隶八旗驻防数量众多且分布广泛，其官兵起初多自京师派驻，由京师八旗都统衙门直辖。随着全国八旗军事布防体系的调整，直隶地区部分驻防点陆续改归附近都统、副都统等大员管辖，其相关管理也开始仿照直省驻防之例。但无论称之以“直隶”，还是冠之以“畿辅”，均彰显着本区域八旗驻防在拱卫京师方面的战略意义。对直隶八旗驻防的专题研究，特别是对其设置及调整过程的考察，有助于了解清代直隶军事格局及其转变历程，进而深化对直隶区域史的认识。

其次，促进清代直隶地区各民族交往交流交融史研究。清代直隶地域广袤，地形、气候复杂，直隶北部更因地处农牧交界地带，民族构成多元。布尔尼事件后，清朝进一步重视与漠南蒙古的关系，通过北巡、木兰秋狝和经略避暑山庄及周围寺庙等形式，践行肄武绥藩、抚绥蒙古的政策。在这一过程中，直隶所辖之口外热河地区逐渐成为满、蒙、汉、藏等各民族交往交流交融的典型场域，而有关八旗驻防与地方社会及不同族群关系的考察，有助于推进清代直隶地区各民族交往交流交融史研究。

最后，本书亦可为河北地方历史遗迹保护、旅游文化资源开发以及铸牢中华民族共同体意识教育等方面提供一定的学术支撑与历史镜鉴。

第一章　清代直隶八旗驻防体系的确立

直隶因“据天下之脊，控华夏之防，带海扆山，形势雄伟”①，而被清朝统治者视为“天下根本”②。直隶八旗驻防设置时间最早，虽有“驻防”之名，但其八旗甲兵均主要由京师直接派拨，最初直接隶属京师八旗都统衙门，随着全国八旗军队布防格局的调整，直隶部分驻防点逐渐脱离京师直辖。清前期，直隶八旗驻防历经了由“拱卫京师的八旗驻防圈”到“直隶五路驻防区”的转变，至乾隆朝形成了由察哈尔都统、热河副都统、山海关副都统、密云副都统与京师八旗都统衙门分别管辖的驻防军事格局。

第一节　顺治朝直隶八旗驻防的初设

清军入关后，为维护京师安全，在长城沿线、京师周围以及

① 民国《直隶疆域屯防详考》第一章《直隶疆域形势及屯防之略史》，成文出版社 1968 年版，第 17 页。

② 光绪《畿辅通志》卷 1《诏谕》，《续修四库全书》，上海古籍出版社 2002 年版，第 23 页。

运河沿线设置了诸多小规模的八旗驻防点，为直隶八旗驻防的形成奠定了基础。

一、长城沿线的八旗驻防

长城是古代游牧文明与农耕文明的分界线。明清之际，驻牧于长城以北的漠南蒙古各部便已归附清朝（后金）。顺治朝初期，清朝已向长城沿线的张家口、独石口、山海关、喜峰口、古北口各要隘派驻八旗满洲甲兵，但兵额甚少，尚不成规模：张家口仅驻 8 名满洲甲兵，独石口、古北口、喜峰口各设 4 名；即使在山海关要隘，也只调派 46 名满蒙八旗兵驻守。[①] 这些八旗甲兵主要负责把守要隘，并稽查蒙古朝贡及民人贸易耕种出入关口事宜。至于巡察地方和维护治安等，则主要由当地的绿营军队负责。

需要指出的是，清初长城各关口所驻八旗兵额不多，主要与当时军事形势有关：一方面，清廷致力于全国统一，将更多精锐派往南方；另一方面，满蒙关系稳固，北部边疆相对安定，与明代设重兵戍守长城的势态不同。不过，各关口的八旗驻防，也有监视沿边绿营之意。

二、京师周围的八旗驻防圈

直隶八旗驻防初设于京师周围，主要是为保障京师安全。清

① 刘锦藻编纂：《清朝文献通考》第 2 册，浙江古籍出版社 1988 年版，第 6438 页。

朝迁都北京后，大量八旗官兵携带家口移驻京师。清廷为解决宗室王公和京师旗人生计问题，下令在近京五百里推行圈地政策。顺治元年（1644），上谕户部：

> 凡近京各州县民人无主荒田及明国皇亲驸马、公、侯、伯、太监等，死于寇乱者，无主田地甚多，尔部可概行清查。若本主尚存，或本主已死而子弟存者，量口给与。其余田地，尽行分给东来诸王、勋臣、兵丁人等。此非利其土，良以东来诸王、勋臣、兵丁人等，无处安置，故不得不如此区画。然此等地土若满汉错处必争夺不止，可令各府州县乡村，满汉分居，各理疆界，以杜异日争端。今年从东先来诸王、各官、兵丁及见在京各部院衙门官员，俱著先拨给田园。其后到者，再酌量照前与之。至各府州县无主荒田，及征收缺额者，著该地方官查明造册送部，其地留给东来兵丁。①

此上谕虽强调对明朝所遗留之京畿“无主荒田”进行清查，并将之酌情分拨给宗室王公及八旗官兵。但实际上，随着关外旗人持续向京师移驻，清廷的圈地政策从最初京师周围的顺天府，迅速扩展至直隶大部分地区。因“无主荒田”已不能满足皇室和八旗官兵需求，大量民人耕种的良田也沦为圈占对象。清廷担心满汉交错杂居容易滋生争端，故在圈地过程中实行满汉隔离政策，很多民人被迫迁居异乡。

① 《清世祖实录》卷 12，顺治元年十二月丁丑。

当时，许多百姓无田可耕，迫于生计，或投充旗下，或落草为寇，以致社会动荡，昌平州①、良乡县、通州、海子②等处盗贼时常出没，“畿辅盗贼，肆行劫掠，民生惶惶，靡有宁宇”③，不仅如此，盗贼杀死庄头之事也频频发生，如昌平州曾有闵姓庄头被射伤；另据霸州道所报：“宛平县强贼一伙，杀死庄头王四。”④鉴于绿营兵巡缉收效甚微，清廷不得不派满洲八旗官兵赴直隶各地弹压。

为进一步保障京师安全，自顺治二年（1645），清廷陆续在京师周围的昌平州、固安县、采育里、顺义县、东安县、三河县、良乡县等七处设八旗驻防（图1—1）。关于各处所驻八旗官兵额数详见表1—1。

通过图1—1可以看出，清廷按八旗方位于京师周围设置了防御圈，其拱卫京师安全的意图不言而喻。尽管这七处驻防点规模不大，但以八旗官兵充实地方军事力量，不仅有利于维护直隶地方治安，而且也起到了拱卫京师的作用。

表1—1　顺治朝京师周围八旗驻防概况一览表

序号	驻防点	时间	防守尉	防御	旗分	方位	兵额
1	昌平州	顺治二年	1	2	正黄旗满洲、蒙古	京师西北	50

① 章开沅：《清通鉴》，岳麓书社2000年版，第23页。

② 《清世祖实录》卷43，顺治六年二月乙卯。

③ 中国人民大学历史系、中国第一历史档案馆编：《清代农民战争史资料选编》第1册下，中国人民大学出版社1984年版，第3页。

④ 中国人民大学历史系、中国第一历史档案馆编：《清代农民战争史资料选编》第1册下，中国人民大学出版社1984年版，第34页。

续表

序号	驻防点	时间	防守尉	防御	旗分	方位	兵额
2	固安县	顺治二年	1	2	镶红旗满洲、蒙古	京师西南	50
3	采育里	顺治二年	1	2	镶白旗满洲、正蓝旗满洲、蒙古	京师东南	100
4	顺义县	顺治五年	1	2	镶黄旗满洲、蒙古	京师东北	50
5	东安县	顺治六年	1	2	镶蓝旗满洲、蒙古	京师东南	50
6	三河县	顺治六年	1	2	正白旗满洲、蒙古	京师东部	50
7	良乡县	顺治八年	1	2	正红旗满洲、蒙古	京师西部	50

注：康熙三十四年（1695），三河县增设镶黄旗兵50名，共计100名。

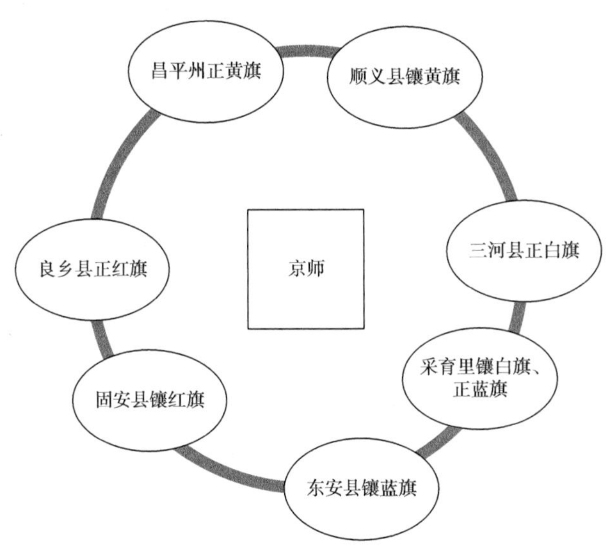

图1—1　京师周围八旗驻防方位示意图

三、直隶南部的城守尉驻防

直隶南部地区“北拱神京，南控两河”[1]，被誉为京师的南大门。顺治二年（1645）十月，清廷按“每旗分驻一城”[2]的方案，于京师外围设置了8处临时性驻防，其中即包括直隶南部的顺德府，但因总体战略部署需要，该处八旗官兵于次年移驻西安。

鉴于清初直隶南部真定的井陉、获鹿、灵寿诸村，保定的束鹿、唐县等处以及东部的沧州、天津、静海等地盗贼频繁出没[3]，影响到地方稳定及京杭大运河安全。故清廷于顺治五年（1648），在运河沿线附近的沧州、河间府、大名府、济南府、临清县、淮安府等地设立八旗驻防。其中，直隶南部的沧州、河间府、大名府各设城守尉级八旗驻防。

此后，清廷于顺治六年（1649）将大名府驻防移驻保定府[4]，又于十一年（1654）将河间府驻防移驻德州[5]，直隶南部仅保留沧州和保定府两处城守尉级驻防。

综上所述，清初北部边疆形势相对稳定，清廷仅于直隶北部长城沿线派驻少量八旗甲兵，主要负责把守关口，稽查蒙古朝贡及民人出口耕种、贸易事宜，并用以监督绿营；直隶东南部则因

① 中国人民大学历史系、中国第一历史档案馆编：《清代农民战争史资料选编》第1册下，中国人民大学出版社1984年版，第7页。

② 《清世祖实录》卷21，顺治二年十月庚辰。

③ 中国人民大学历史系、中国第一历史档案馆编：《清代农民战争史资料选编》第1册下，中国人民大学出版社1984年版，第7页。

④ （清）鄂尔泰等修：《八旗通志》卷27《兵制二》，东北师范大学出版社1985年版，第511页。

⑤ 《清世祖实录》卷81，顺治十一年二月癸酉。

社会动荡及护卫运河需要，设有多处八旗驻防，且规模较大。因此，顺治朝直隶八旗驻防呈“南重北轻”之势，且尤重东南。①

第二节　康熙朝直隶八旗驻防的增设

三藩之乱爆发后，清廷进一步调整全国军事防御体系，其中于直隶地区增设5处八旗驻防，以强化京师防御。康熙中期，随着西北准噶尔蒙古势力的扩张，清廷不断向长城沿线增派八旗甲兵，直隶八旗驻防格局的重心也逐渐转向北部。

一、三藩之乱与京师周围驻防的调整

清初，南明政权与清朝分庭抗礼。清廷为统一南方和稳定政局，重赏有功之臣：封吴三桂为平西王，镇守云南；尚可喜为平南王，坐镇广东；耿精忠为靖南王，驻守福建，史称“三藩”。三藩手握重兵，割据一方，享有特权，并不断扩张势力，严重威胁清朝中央政权。康熙帝亲政之后，随即着手削藩。康熙十二年(1673)，清廷颁布的削藩政策引发了以平西王吴三桂为首的三藩之乱。

为应对三藩攻势，清廷筹划在京师周围每旗分驻二城，以加强防御。经议政王大臣商议：“每旗分住二城，则兵有迁移之苦，创造房屋则钱粮靡费，所有添设各项均应停止。独以昌平等八城

① 定宜庄：《清代八旗驻防研究》，辽宁民族出版社2003年版，第37页。

而外，若玉田、滦州、霸州、雄县为冲要形势之地，应添设章京兵丁及盖房等项。”①

相关奏议提出后，群臣持论不一。如时任左都御史吴正治奏《请罢玉田驻防兵丁疏》，直言弊害：“玉田、滦州、霸州、雄县添设章京兵丁之议，本以为民也，而或致扰民矣。”② 不过，康熙帝鉴于军事形势之严峻，除于直隶地区增设玉田等4处八旗驻防外，还向宝坻县派驻了八旗官兵，③ 以拱卫京师。至此，康熙朝京师周围驻防八旗更为严密，其具体分布情况详见表1—2。

表1—2　康熙十二年京师周围八旗驻防兵额一览表

序号	驻防地	旗分	兵额	备注
1	昌平州	正黄旗	50	顺治二年设
2	固安县	镶红旗	50	顺治二年设
3	采育里	镶白旗、正蓝旗	50	顺治二年设，康熙十二年移驻镶白旗50名兵丁驻宝坻
4	顺义县	镶黄旗	50	顺治五年设
5	东安县	镶蓝旗	50	顺治六年设
6	三河县	正白旗	50	顺治六年设
7	沧州	正白旗、镶白旗	311	顺治五年设，康熙十二年，征吴三桂，调189名

① 吴正治：《请罢玉田驻防兵丁疏》，（清）贺长龄、魏源等编：《清经世文编》卷71《兵政二》，中华书局1992年版，第1790页。

② 吴正治：《请罢玉田驻防兵丁疏》，（清）贺长龄、魏源等编：《清经世文编》卷71《兵政二》，中华书局1992年版，第1790页。

③ （清）鄂尔泰等修：《八旗通志》卷27《兵制二》，东北师范大学出版社1985年版，第511—512页。

续表

序号	驻防地	旗分	兵额	备注
8	保定府	正红旗、镶红旗	401	顺治六年由大名府移驻，雍正元年增 99 名，计 500 名
9	良乡县	正红旗	50	顺治八年设
10	霸州	正黄旗、正红旗	50	康熙十二年设
11	雄县	镶红旗、镶蓝旗	50	康熙十二年设
12	宝坻县	镶白旗	50	康熙十二年，自采育里移驻镶白旗甲兵 50 名
13	玉田县	镶黄旗、正白旗	50	康熙十二年设，三十四年增兵 50 名
14	滦州	镶白旗、正蓝旗	50	康熙三十四年自滦州迁至永平府

二、北疆隐患与直隶八旗驻防的进一步增设

清廷忙于平定三藩之乱，相对忽略了对北部边疆的防范。康熙十四年（1675），察哈尔蒙古首领布尔尼趁机发动叛乱。

布尔尼系林丹汗之孙。天聪八年（1634），林丹汗病逝于青海大草滩，其子额哲投降后金，察哈尔部众被安置在盛京义州边外，受清朝严密监控。天聪十年（1636），皇太极将年仅 12 岁的次女固伦公主马喀塔下嫁额哲①，册封额哲为和硕亲王。顺治二年（1645），额哲病逝后，清朝为巩固与漠南蒙古的联盟和统一全国，将马喀塔再嫁额哲弟弟阿布鼐，阿布鼐也因此承袭察哈尔

① 《清太宗实录》卷 27，天聪十年正月丙辰。

亲王爵。布尔尼即阿布鼐与马喀塔之子。

阿布鼐虽受清朝优待，但一直怀有统一漠北的野心，这也是后来察哈尔蒙古与清朝交恶的重要原因。阿布鼐不仅私自处决部人，而且在位 8 年间始终未向清廷纳贡。康熙八年(1669) 五月，清廷于盛京诱禁阿布鼐，为安抚察哈尔部众，命阿布鼐之子布尔尼承袭亲王爵位。[①] 布尔尼表面臣服纳贡，积极支援清朝平定三藩，实则暗中筹备，伺机推翻清朝统治。

康熙十二年（1673），布尔尼得知清军大部兵力投入于平定三藩之乱，京师周围空虚，于是趁机拉拢漠南蒙古各部谋乱。十四年（1675），从嫁公主的长史辛柱察觉布尔尼叛乱的意图，随即向清廷秘密告发。[②] 时值南方战事吃紧，加之陕西王辅臣叛乱，清廷为防止事态扩大，一面调兵应对，一面诏令布尔尼兄弟入京，以探虚实。但布尔尼随之拘捕前来宣旨的侍卫塞棱，公开叛乱。

清廷为防范布尔尼，首先在山海关设置城守尉级八旗驻防，遂“拨陵上壮丁、披甲八旗，设甲兵 800 名”[③]，以加强防御。是年四月，清廷派信郡王鄂扎率军从京师出发，前往镇压布尔尼，仅用两个月便平定了叛乱。

布尔尼拉拢漠南蒙古各部谋乱时，仅奈曼部响应，其余各部不仅未参与叛乱，甚至“知布尔尼反，先后遣人来报”[④]，并协助清朝平叛。此外，时驻于宣府的左翼四旗察哈尔虽哗变响应，但

---

① 《清圣祖实录》卷 31，康熙八年八月己未。

② 《清圣祖实录》卷 53，康熙十四年二月丁亥。

③ （清）鄂尔泰等修:《八旗通志》卷 27《兵制二》，东北师范大学出版社 1985 年版，第 515 页。

④ 《清圣祖实录》卷 54，康熙十四年四月辛卯。

未及与布尔尼形成合力，清廷已迅速完成平叛。由此可见，布尔尼的叛乱行径不得人心，最终招致失败。

清廷平定布尔尼叛乱后，康熙帝鉴于察哈尔蒙古并未诚心归顺，将响应叛乱的察哈尔八旗拆散并分别遣送至各直省八旗驻防，同时将叛乱主力原察哈尔扎萨克旗部众编设察哈尔八旗迁至张家口边外驻牧。与此同时，漠南蒙古各部纷纷协助清朝平叛，则促使康熙帝进一步意识到巩固与之关系的重要性。故南方局势相对缓和后，康熙帝即于十六年（1677）赴塞外巡视蒙古诸部，并对蒙古诸部王公予以赏赐。二十年（1681），三藩之乱甫定，清廷便将防御的重点转向北部边疆。

如果说布尔尼事件引发了清朝对北部边疆的重视，那么准噶尔蒙古的扩张与沙俄的侵扰，则坚定了清朝彻底解决北部边患的决心。

早在清太宗时期，准噶尔部便与清朝建立了朝贡关系。17世纪中叶以后，准噶尔部首领统一厄鲁特蒙古各部之后，继续攻取哈密、吐鲁番，出兵天山南路，进而控制了整个西北地区。不断扩张的准噶尔蒙古气焰日盛，遣使赴京朝贡时每每带千余人甚至数千人，浩浩荡荡，连绵不绝，不仅沿途抢夺塞外蒙古马匹牲畜，而且进边后亦肆意放牧，践踏田禾，劫掠百姓。有鉴于此，清廷于康熙二十二年（1683）限定准噶尔蒙古入关朝贡人数："嗣后尔处所遣贡使，有印验者，限二百名以内，准入边关。其余俱令在张家口、归化城等处贸易。"[①] 同时规定厄鲁特蒙古其他各部亦遵循此例。

① 《清圣祖实录》卷112，康熙二十二年九月癸未。

朝贡期间，厄鲁特蒙古未放入边关之人在张家口、归化城等处贸易，为加强对朝贡贸易的监管，清廷于康熙二十二年(1683)将张家口八旗甲兵增至160名。[①]次年，为防备准噶尔蒙古，清廷将独石口、古北口、喜峰口3处八旗兵额增至80名。

康熙朝北部边疆的隐患，除准噶尔蒙古的扩张外，还有沙皇俄国的日益侵扰。自17世纪中叶开始，沙俄军队便屡次扰掠黑龙江和乌苏里江流域，当地达斡尔等饱受其苦。清朝虽多次派兵驱逐，但并未有效遏制沙俄继续蚕食中国领土的劣行。不仅如此，沙俄反而变本加厉，修筑城堡，并遣移民定居于黑龙江和乌苏里江流域。

清朝平定三藩之乱后，将重心转移到解决北部边疆问题上。康熙二十四年（1685），清廷在与沙俄代表谈判无果的情况下，派大将军彭春进军雅克萨，大败沙俄军队。沙俄受挫后，被迫暂时停止了对中国东北的侵略。二十八年（1689），清朝与沙俄签订了中国历史上第一个平等的对外条约——《尼布楚条约》。

不过，虽然《尼布楚条约》划定了中俄两国边界，但沙俄并未彻底放弃侵略中国的计划，并企图经漠北蒙古继续扩张。康熙二十六年（1687），喀尔喀蒙古土谢图汗部遭准噶尔蒙古与沙俄夹击。喀尔喀蒙古宗教领袖哲布尊丹巴呼图克图被迫率众向南迁

---

① 刘锦藻编纂：《清朝文献通考》第2册，浙江古籍出版社1988年版，第6439页。此处《八旗通志》与《清朝文献通考》中所记载的兵丁额数有所不同。（清）鄂尔泰等修：《八旗通志》卷27《兵制二》，东北师范大学出版社1985年版，第515页记载“康熙二十二年，每旗添甲兵十七名，八旗拨什库十六名，甲兵一百一十四名”。若每旗添设17名，则一共添设136名。问题是，当时张家口驻防八旗的额数实际增至160名，那么其中所记载的八旗“拨什库十六名，甲兵一百一十四名”的数字有误，甲兵应为144名。

徙，投靠清朝。康熙帝在接纳喀尔喀部众的同时，希望促使准噶尔与喀尔喀议和，但遭噶尔丹拒绝。由此，准噶尔与清朝矛盾进一步激化。

康熙二十九年（1690），准噶尔部与清朝在乌兰布通激战，噶尔丹战败窜逃。

康熙三十年（1691），清朝在多伦诺尔与包括喀尔喀蒙古和漠南蒙古四十九旗在内的蒙古诸部会盟，史称“多伦会盟”。康熙帝赏赐喀尔喀土谢图汗、哲布尊丹巴呼图克图及众台吉后，复赐宴并上谕：“自今以往，尔等体朕爱养之恩，各守法度，力行恭顺。如此，则尔等生计渐蕃，福及子孙，世世被泽。”①此后，喀尔喀蒙古各部谢恩，表示诚心归附。

多伦会盟后，康熙帝在返回途中晓谕扈从诸臣：“昔秦兴土石之工，修筑长城，我朝施恩于喀尔喀，使之防备朔方，较长城更为坚固。”②康熙帝将喀尔喀蒙古视为边疆长城，使之防备北方，成为清朝重要的民族政策。康熙帝抵京后，在批阅古北口总兵蔡元关于修筑古北口一带长城的疏请时驳斥称：“守国之道，惟在修德安民，民心悦，则邦本得，而边境自固，所谓众志成城者是也。”③康熙帝“废长城”的理念，是在多伦会盟之后提出的，此时，清朝与北部边疆蒙古各部的关系得到了进一步巩固，同时使准噶尔蒙古陷入孤立。

乌兰布通之战后，清廷曾有意招降噶尔丹。但噶尔丹阳奉阴违，仍未打消继续扩张的计划，不久又卷土重来。康熙帝遂决定

① 《清圣祖实录》卷151，康熙三十年五月戊子。

② 《清圣祖实录》卷151，康熙三十年五月壬辰。

③ 《清圣祖实录》卷151，康熙三十年五月丙午。

亲征准噶尔，并再次调整直隶八旗驻防格局，以加强京师防御。

康熙三十四年（1695），清廷将玉田县、三河县两处八旗驻防兵额增至100名；鉴于永平府“东北之雄邦，碣石之依，长城之枕，护燕蓟为京师屏翰，拥雄关为辽左咽喉”①的重要战略位置，清廷又将滦州驻防迁至永平府，并将满洲甲兵增至100名②。此外，山海关八旗驻防历经康熙二十年（1681）、二十九年（1690）、三十四年（1695）3次调整，八旗兵额裁至200名③，并改城守尉为总管。至此，顺义县、三河县、玉田县、永平府及山海关等5处八旗驻防构成山海关一路防线，各驻防点具体兵额详见表1—3。

表1—3　康熙三十四年山海关一路驻防兵额一览表

序号	驻防点	旗分	兵额	备注
1	山海关	八旗	200	
2	顺义县	镶黄旗	50	
3	三河县	正白旗	100	
4	玉田县	镶黄旗、正白旗	100	
5	永平府	镶白旗、正蓝旗	100	自滦州迁至永平府

资料来源：（清）鄂尔泰等修：《八旗通志》卷27《兵制二》，东北师范大学出版社1985年版，第511—512页。

① 光绪《永平府志》卷19《疆界》，《中国地方志集成·河北府县志辑》第18册，上海书店出版社2006年版，第362页。

② （清）鄂尔泰等修：《八旗通志》卷27《兵制二》，东北师范大学出版社1985年版，第512页。

③ （清）鄂尔泰等修：《八旗通志》卷27《兵制二》，东北师范大学出版社1985年版，第515页。

长城沿线各八旗驻防点中，清廷除向张家口、独石口、喜峰口、古北口及前述山海关等处增派兵丁之外，[①] 还于康熙九年（1670）新增罗文峪和冷口两处驻防；五十年（1711），清廷又从独石口向千家店调派八旗甲兵40名，设防御1员，以维护当地稳定。较之顺治初年，康熙朝直隶北部长城沿线八旗驻防规模显著扩大。有关长城沿线边口八旗驻兵情况参见表1—4。

表1—4　顺康年间直隶北部长城沿线边口兵额变化一览表

时间	张家口	独石口	山海关	喜峰口	古北口	冷口	罗文峪	千家店
顺治元年	8	4	—	—	—	—	—	—
顺治二年	8	4	46	4	4	—	—	—
康熙九年	8	12	46	8	4	12	12	—
康熙十年	24	12	46	8	4	12	12	
康熙十四年	24	12	800	8	4	12	12	—
康熙二十年	24	12	400	8	4	12	12	—
康熙二十二年	160	12	400	8	4	12	12	—
康熙二十三年	160	80	400	80	80	24	24	—
康熙二十七年	160	80	160	80	80	24	24	—
康熙三十四年	160	80	200	80	80	24	24	—
康熙五十年	160	40	200	80	80	24	24	40

康熙年间，受三藩之乱、布尔尼叛乱、清准战争及沙俄侵扰

① 顺治朝原有各长城边口驻防中，以山海关驻防点较为特殊。康熙十四年（1675）为应对布尔尼叛乱，清廷向山海关抽调护陵壮丁、披甲，以加强防御。平定布尔尼叛乱后，随着形势逐渐稳定，清廷又裁撤、调整了山海关八旗驻防兵额。

的影响，清廷进一步强化了直隶八旗驻防。特别是在平定三藩之乱与康熙帝亲征准噶尔期间，清廷为保障京师安全，增设了霸州、顺义县、宝坻县、玉田县、滦州（后迁至永平府）等5处八旗驻防；同时在长城沿线边口增设了冷口、罗文峪、千家店3处驻防，并向各原有关口增派八旗甲兵，以完善和强化京师以北防线。至此，直隶八旗驻防的防御重点，已由东南转向北方。

第三节　雍正朝直隶驻防格局的底定

雍正元年（1723），青海蒙古和硕特部首领罗卜藏丹津发动叛乱，西北军事形势再次陷入紧张状态，清廷继续向直隶北部长城沿线增派八旗甲兵，以保障京师安全。

雍正二年（1724）二月，雍正帝鉴于长城沿线驻防兵力薄弱，上谕：

> 防守各处兵丁，有五十名者，边口兵丁，亦有二十四名者，似此则不成部伍矣。可将五十名兵丁之处，添为百名，其守边口之二十四名兵丁，酌量添设。倘遇有用之时，可成部伍。且在京城闲散人内挑为马甲派往，亦于满洲人等有益。①

值得注意的是，雍正帝在上谕中特意强调，增派八旗兵额时从“在京城闲散人内挑为马甲派往”，其缓解京师旗人生计的考

---

① 《清世宗实录》卷16，雍正二年二月甲寅。

虑不言自明。事实上，雍正帝以长城沿线军事防御为由，将京师旗人及其眷属外调，进而缓解京师旗人生计问题的策略，自其临御之初即已实施。

早在康熙后期，京师旗人生齿日繁，生计问题日益显现并趋于严重。康熙六十一年（1722）三月，康熙帝上谕："前因兵丁蕃庶，住房不敷，朕特降谕旨，多发库帑，于八旗教场盖设房屋，令伊等居住。近看八旗兵丁愈多，住房更觉难容。"[①] 不过，康熙帝晚年虽有向外疏散八旗官兵的设想，然未及实施，仍以"多发库帑"作为权宜之计。雍正元年（1723）二月，兵科给事中苛色奏称："兹兵丁相互攀比，吃好穿好，过于奢侈，故致生计衰落。"[②] 同日，户科给事中增寿亦于奏折中指出："皇上仁爱八旗官兵，不仅抚养给食钱粮，又动拨数千万两库银偿还兵丁债务……兹见兵丁内，仍有迫于生计典卖田宅，负债之人。"[③] 足见雍正初年京师旗人生计问题之严峻，而雍正帝则借强化京师防御之机，将京师旗人外调，以期缓解其生计问题。

基于以上原因，清廷进一步扩大了直隶八旗驻防规模，并调整了驻防格局。一方面，清廷于直隶地区增设郑家庄、热河等处以及天津水师营等 3 处规模较大的八旗驻防。雍正元年（1723），清廷命八旗兵丁 570 名及相关差役人员随允礽长子弘皙迁至郑家

---

① 《清圣祖实录》卷 297，康熙六十一年三月乙未。

② 《兵科给事中苛色奏请严禁兵丁服用僭越等事折》，雍正元年二月初八日，中国第一历史档案馆译编：《雍正朝满文朱批奏折全译》，黄山书社 1998 年版，第 29 页。

③ 《户科给事中增寿奏报禁止八旗官兵典卖田宅折》，雍正元年二月初八日，中国第一历史档案馆译编：《雍正朝满文朱批奏折全译》，黄山书社 1998 年版，第 29 页。

庄，郑家庄驻防设城守尉管辖，主要用于监控和防范废太子势力；同年，清廷议定向热河、喀喇河屯及桦榆沟 3 处共派驻八旗甲兵 800 名，设热河驻防总管，以加强口外行宫管理，并于次年正式移驻；三年（1725），京师八旗都统衙门于各旗余丁内挑选 2000 名，派驻"天津海口芦家嘴"[①]，设天津水师营都统管辖，以实施雍正帝筹建和发展满洲水师的战略意图。另一方面，清廷增加了一些重要驻防点的八旗兵额，雍正二年（1724），将保定府八旗驻防兵额增至 500 名[②]，长城沿线古北口、喜峰口、独石口八旗兵均添足 100 名，冷口八旗兵添足 50 名。[③]

上述军事部署的调整，在强化京师防御和维护地方稳定方面具有重要意义。同时，由于直隶八旗驻防官兵均来自京旗，相关兵丁及其家口的外调，也在一定程度上缓解了京师旗人的生计问题。

不过，因直隶八旗驻防点众多、分散，且规模较小，由各城守尉（保定府和沧州）、防守尉独自管理，京师八旗都统衙门管理约束不及，加之直隶尚未设统辖大臣，以致驻防官兵纪律松弛。

雍正十年（1732）三月，巡察顺天、永平、宣化三地方御史黄祐，在由抚宁县赴永平府途中，发现迁安县冷口驻防章京达哈

① 光绪《畿辅通志》卷 93《海防二》，《续修四库全书》第 632 册，上海古籍出版社 2002 年版，第 641 页。

② 《沧州城守尉永宁奏沧州兵丁赏给马干以资养马当差赡养家口折》，乾隆元年四月初六日，中国第一历史档案馆藏，军机处满文录副奏折 03-0175-1550-010。满文原文：hūwaliyasun tob i jai aniya de. boo ding. tai yuwan dejeo ilan bade. gemu cooha nonggifi. sunja tanggūton de isibuha.

③ 《清世宗实录》卷 16，雍正二年二月甲寅。

那扎拉库开设赌场、公然赌博、克扣兵丁钱粮等事。随后，黄祐鉴于“防守尉无题奏之职，贯与章京等官，习居日久，势如侪辈”约束不便，于是，奏请“将直隶各驻防官员俱归天津都统管辖。一切训练甲兵，支放钱粮，以及在地方有无滋事之处，令其不时稽查。遇军政之年，即令该都统考核，分别请旨，如有狥庇失察等情，别经发觉，将该都统照例处分，以专责成”①。该奏请虽未获允准，但引起了清廷的重视。同年五月，雍正帝上谕将直隶各八旗驻防分属附近大臣管辖：

> 喜峰口、冷口、罗文峪俱与陵寝相近，此三处驻防官兵，请交陵寝处大臣等稽察管辖；三河、玉田、顺义县、永平府系直达山海关之大路，此四处交与山海关总管；沧州与天津相近，交与天津水师营都统。独石口、古北口、张家口、钱家店、郑家庄、昌平州六处系一路，宝坻县、固安县、雄县、霸州、彩峪（采育）、保定府、良乡县、东安县八处系一路，俱无可兼管之处，应由京城派副都统各一员，令其总理。②

清廷按照就近管辖的原则，重新调整直隶各驻防归属，由附近大员总辖，以加强对驻防官兵的稽查和约束。至此，雍正朝直隶地区各八旗驻防的监管得以加强，责权更为分明。随着各路副都统、都统的设置与调整，各驻防点的归属也发生了相应变动，

① 《巡视顺天等处御史黄祐奏请将直隶各驻防官员归天津都统兼辖事》，雍正十年五月初八日，中国第一历史档案馆藏，军机处录副奏折 03-0010-003。

② 《清世宗实录》卷 118，雍正十年五月壬申。

直隶八旗驻防形成了由都统或副都统管辖与中央直辖并存的状况。雍正朝对直隶八旗驻防的强化及调整，确定了以后清代直隶八旗驻防的基本格局，为乾隆朝八旗驻防体系的形成和完善奠定了基础。

第四节　乾隆朝八旗驻防体系的形成

清朝国力在乾隆朝臻于鼎盛，同时各种矛盾与危机也逐渐显露。随着全国军事形势的变化与八旗生计问题的严峻，清廷也不断对直隶八旗驻防进行相应调整。至乾隆中期，直隶八旗驻防体系最终形成，其格局基本延续至清末。

一、乾隆初期的北疆形势与清廷的应对

雍正帝稳定政局后，于雍正五年（1727）开始筹划解决西北问题，并于两年后正式出兵征讨准噶尔蒙古。清朝经过5年鏖战，虽一度击败噶尔丹策零，却因糜耗甚重而罢兵议和。雍正帝驾崩后，噶尔丹策零旋即违背此前与清朝息兵定界的承诺，甚至提出喀尔喀蒙古内徙的无理要求[①]，并继续滋扰边界。直至乾隆四年（1739），准噶尔部与喀尔喀划分游牧地，清准之间取得了短暂和平。

乾隆初年，除西北隐患滋生，京师八旗生计问题也愈发严

① 《清高宗实录》卷12，乾隆元年二月己卯。

峻。由于“京城八旗满洲蒙古生齿繁多”①，清廷继续将在京八旗余丁派驻至直隶地区，在缓解京师压力的同时，不断强化长城边口及口外地区的军事防御。

（一）直隶北部长城各边口八旗驻防的调整

虽经康雍两朝的相继增兵，直隶北部长城各边口得以强化，但随着蒙汉等出入关口频繁，所驻八旗兵丁愈发不敷调用。乾隆二年（1737），巡察独石口等处副都统六格即奏陈了独石口八旗甲兵不敷差遣的窘境：

> 奴才窃思，边口系诸蒙古往来内地，汉民赴口外耕种贸易出入之关隘，实属紧要。然独石口仅设百名甲兵驻防，每日把守城门，巡察往返行人，又甲兵之马步箭、鸟枪之操练，京师案件之送解，钱粮之征派诸差事管理不暇。且若驻防彼处之兵少，则多有不便；力弱，则照常维系亦难矣。②

---

① 《清高宗实录》卷72，乾隆三年七月乙卯。

② 《总理事务庄亲王允禄奏议副都统六格所奏千家店驻防兵丁无庸撤驻独石口折》，乾隆二年十月二十七日，中国第一历史档案馆藏，军机处满文录副奏折03-0171-0324-009.2。满文原文：aha bi kimcime gūnici jase angga serengge. geren monggo yabure. usin tarire hūdašara irgen. tucire dosire oyonggo angga. dušikeo de damu tanggū cooha. inenggidari duin be tuwakiyara. amasi julesi yabure niyalma be kederere baicara. jai cooha urse gabtara niyamniyara. miyoocalara be urebume tacire. ging hecen de baita benere. ciyaliyang gaijara. takūrara jergi alban be kara de tesurakū bime. seremšeme tere bade. cooha hon komso oci. yohi banjinarakū hūsun niyere. an i banjire de inu manggašambi.

六格还在奏折中建议，将千家店驻兵撤回独石口，以缓解独石口八旗甲兵不敷差遣的情况。尽管六格的奏请并未被采纳，但随着朝臣继续奏议向长城边口增兵，最终促使清廷对直隶北部长城各边口八旗驻防的强化。

乾隆三年（1738），内阁学士雅尔呼达奏请向张家口等处边口酌情增兵：

> 张家口等处边口，止设有守门官兵，多者一百五六十名，少者五十名、一百名不等，在边口驻扎，虽有绿旗兵丁，亦属无几，是边隘满洲兵丁尚少，应视边口之大小酌定兵数。①

清廷允准该提议，为详细了解各边口情况，派直隶总督孙嘉淦赴长城沿线考察。乾隆五年（1740），清廷筹划向各边口增派八旗甲兵，并增设副都统管辖各驻防：独石口满蒙八旗甲兵增至700名，设三品协领2员、佐领8员、防御8员；张家口增兵至300名，古北口增兵至200名，归独石口副都统管辖；山海关增设满洲蒙古八旗甲兵800名，由山海关副都统管辖，下设协领2员、佐领8员、防御8员，山海关副都统除所辖之顺义县、三河县、玉田县、永平府等4处八旗驻防之外，兼辖喜峰口、冷口、罗文峪3处八旗驻防甲兵。②

不过，政策推行过程中，独石口副都统很快设而复裁。因增

① 《直隶总督孙嘉淦揭请拨给古北口添设官兵衙署所需银两》，乾隆五年十二月十八日，张伟仁主编：《明清档案》第98册，联经出版事业股份有限公司1986年版，第31页。

② 《清高宗实录》卷123，乾隆五年七月辛卯。

兵涉及兵舍建造和旗地分配问题，而独石口位置偏北，冬季严寒，加之地势险要，在此营建房屋和保障粮食供给均难度甚大。乾隆六年（1741），孙嘉淦鉴于独石口处存在的客观困难，提出“若使强为区处，而驻兵既多，柴米一贵，耕牧无所，实于生计无益”①，建议将所添兵丁驻于独石口外的红城子、开平城与张家口外的兴和城、北城子。

鉴于孙嘉淦关于独石口处不便大规模驻军的奏陈，加之首任独石口副都统保善履职不力，清廷于乾隆七年（1742）决议恢复原防守尉之制：“保善自补授副都统以来，并不勉力，且伊亦有降级调用之罪，即著补授独石口防守尉。”② 独石口副都统虽设而复裁，其对张家口、古北口两处驻防的节制亦随之取消，但清廷向此二口所添兵额未变，最终得以落实。其中，张家口八旗甲兵增至300名，古北口增兵至200名。

因此，乾隆初期清廷于八沟（详见后文）、独石口、山海关3处增设副都统的计划，最终仅山海关一处得以落实。乾隆八年（1743），清廷将山海关驻防八旗甲兵增至800名，由山海关副都统管辖。山海关副都统设置后，亦兼辖顺义县、三河县、玉田县、永平府、喜峰口、冷口、罗文峪等7处八旗驻防③，并负责各八旗驻防的军事操演及官兵的军政考核。

经此调整，直隶北部长城沿线各边口中，喜峰口、冷口、罗文峪等3处八旗驻防由山海关副都统兼辖，古北口、独石口、张

---

① 乾隆《口北三厅志》卷12《艺文一》，成文出版社1968年版，第209页。

② 《清高宗实录》卷164，乾隆七年四月癸巳。

③ 喜峰口、冷口、罗文峪3处驻防的八旗军政统归山海关副都统所辖，至于陵寝事务仍归陵寝大臣所辖。

家口、千家店等处八旗驻防仍归京师八旗都统衙门直辖。与此同时，除独石口一处增兵计划未能落实外，其余各边口驻防规模均有所扩大。关于顺治元年（1644）至乾隆八年（1743）间直隶北部长城沿线各边口八旗驻防兵额的调整情况参见表1—5。

表1—5　清前期直隶北部长城沿线边口兵额调整情况表

时间	山海关	张家口	独石口	古北口	喜峰口	冷口	罗文峪	千家店
顺治元年	—	8	4	—	—	—	—	—
顺治二年	46	8	4	4	4	—	—	—
顺治十年	46	24	4	4	4	—	—	—
顺治十一年①	46	24	8	8	8	—	—	—
顺治十六年	46	24	12	12	16	—	—	—
康熙九年	46	24	12	12	16	12	12	—
康熙十四年	800	24	12	12	16	12	12	—
康熙二十年	400	24	12	12	16	12	12	—

① 刘锦藻编纂：《清朝文献通考》第2册，浙江古籍出版社1988年版，第6438页记载"顺治元年，设独石口防御二人，镶黄、正白、镶红三旗满洲兵十二名"。但《兵部尚书噶达浑题议请准直隶独石口喜峰口古北口三地增派甲兵事》，顺治十一年四月初八日，中国第一历史档案馆所藏，内阁兵科题本02-02-019-001250-0030记载："独石口等三处驻防原各四名甲兵之处再派四名。"因此，至顺治十一年，独石口、喜峰口、古北口增至8名甲兵，此处以档案所载独石口等三口甲兵额数为准。

续表

时间	山海关	张家口	独石口	古北口	喜峰口	冷口	罗文峪	千家店
康熙二十二年	400	160	12	12	16	12	12	—
康熙二十三年	400	160	80	80	80	24	24	—
康熙二十九年	160	160	80	80	80	24	24	—
康熙三十四年	200	160	80	80	80	24	24	—
康熙五十年	200	160	40	80	80	24	24	40
雍正二年	200	160	100	100	100	50	24	40
雍正七年	200	160	100	100	100	50	40	40
乾隆八年	800	300	100	200	200	150	100	40

（二）口外八旗驻防的强化

继雍正朝向口外热河等处正式派遣八旗驻防，清廷自乾隆二年（1737）开始，持续强化了口外地区的军事防御，并首先向热河等处增派八旗甲兵1200名，从而将总兵额增至2000名，同时改设热河副都统管辖。这一重大调整使热河成为清朝口外地区的军事要地。

继向热河等处增派八旗驻防，清廷又于乾隆三年（1738）筹划设八沟副都统。八沟地区（今河北省承德市平泉县）为连接蒙古各部之要冲，其北为喀喇沁三旗，南至喜峰口180里，西至热河200里，东至盛京所辖的义州驻防500里，同时也是喀喇沁、土默特、扎鲁特、敖罕、科尔沁、扎赉特、郭尔罗斯等蒙古部落以及盛京船厂、索伦等入喜峰口的必经之地，“实四方之要隘，各路之咽喉”[①]。随着口外地区的不断开发，山西、陕西、河南、山东、直隶等地民人汇集于八沟等地，以耕种蒙人地亩为生。八沟地区蒙汉杂居，最初管理体制不健全，常有盗匪作乱。乾隆初年，八沟所设之都司、千、把总等官员仅率领绿营兵160名，不足以资弹压。故时任直隶提督永常于乾隆三年（1738）十一月奏请“添设副都统及协佐等员满兵1000名，驻扎街西，以资控制”，并由其统管“唐三、土城二协领”，以实现“外有察哈尔八旗，内有沿边一带，满汉官兵中有热河、八沟等处重兵，西接归化，东联盛京，声势联络，呼应可通，庶西北一路可谓万全周密矣”[②]的效果。

乾隆帝面对永常的奏请，表现得不甚积极，虽表示“可以添兵驻扎”，却又称“离边稍远，未必在查看之内”。[③]这也为后来增设八沟副都统的计划未能最终落实埋下了伏笔。

乾隆五年（1740），直隶总督孙嘉淦考察八沟后亦认为：“查巴（八）沟地方广阔，虽原设都司一员，兵数无多，诚宜再设重兵，以资防守。”[④]并提出了设置八沟副都统级驻防的规划：八沟地区添设满兵1600名，仿照热河驻防规制，设八沟副都统管辖，

---

① 《直隶提督永常奏为八沟营地方宜添设满洲驻防等敬陈边界事宜事》，乾隆三年十一月初八日，中国第一历史档案馆藏，朱批奏折04-01-01-0033-010。

② 《直隶提督永常奏为八沟营地方宜添设满洲驻防等敬陈边界事宜事》，乾隆三年十一月初八日，中国第一历史档案馆藏，朱批奏折04-01-01-0033-010。

③ 《清高宗实录》卷80，乾隆三年十一月庚戌。

④ 《直隶总督孙嘉淦揭请拨给古北口添设官兵衙署所需银两》，乾隆五年十二月十八日，张伟仁主编：《明清档案》第98册，联经出版事业股份有限公司1986年版，第31页。

下设协领 4 员，佐领、防御、骁骑校各 16 员，将罗文峪、张家口所裁防御 6 员调补，新添防御 1 员，共设防御 7 员，另外添设笔帖式 3 员。同时将八沟驻防编为 32 队，驻扎于八沟西首老长子地方，协领负责分管兵弁，但仍听副都统节制。①

不过，清廷虽议定于八沟设副都统级驻防，且任命常久为首任八沟副都统，但最终并未落实。据乾隆七年（1742）四月上谕："原议查看独石口外、张家口外、八沟添驻兵丁，建造营房之处，均请停止。所有天津添设之副都统员缺，请于八沟副都统常久、独石口副都统保善二员内，补用一员。"② 根据乾隆帝上谕，先前议定之八沟副都统常久、独石口副都统保善，成为补授天津副都统缺的人选，并最终以常久补授，于次年四月奉命赴任③。

相比筹设独石口副都统级驻防受地形、气候等限制未及落实，清廷取消八沟副都统级驻防则与清朝的战略部署有关：其一，八沟地处口外，原本即不在乾隆初年于长城沿线增兵的计划之内，故永常提议之初乾隆帝便没有积极回应；其二，乾隆二年（1737）清廷已向热河等地增派八旗甲兵 1200 名，并设热河副都统，而八沟毗邻热河，且其南有喜峰口八旗驻防，东北为龙兴之地，形势相对稳固，再设副都统级驻防的意义不大。尽管清廷取消了在八沟添设八旗驻防的计划，但乾隆朝对口外热河

① 《直隶总督孙嘉淦揭请拨给古北口添设官兵衙署所需银两》，乾隆五年十二月十八日，张伟仁主编：《明清档案》第 98 册，联经出版事业股份有限公司 1986 年版，第 31 页。

② 《清高宗实录》卷 164，乾隆七年四月癸巳。

③ 《清高宗实录》卷 190，乾隆八年闰四月庚申。

等地八旗驻防的强化与调整，为嘉庆朝热河军府制度的建立奠定了基础。

此外，清廷为解决京师旗人生计问题，除扩充直隶北部长城边口及口外热河等地驻防兵额外，还于乾隆七年（1742）向沧州及天津水师营共增派八旗甲兵1200名，其中1000名派往天津水师营。至此，天津水师营总兵额达到3000名[①]，并设副都统协助都统处理驻防事宜，成为直隶地区的军事重镇。

二、乾隆中后期直隶八旗驻防体系的形成

乾隆中期，随着西北问题的解决和全国范围内八旗生计问题的严峻，清廷大范围调整了八旗驻防，并最终确立了直隶八旗驻防体系。

（一）察哈尔都统的设置及长城边口驻防归属的变动

康熙朝清准战争期间，清廷为加强军事力量，即于右卫、归化城驻军，乾隆二年（1737）又于归化城东北营建绥远城。这一系列八旗驻防为清朝平定西北和巩固战果发挥了重要作用。西北军事形势稳定后，清朝开始调整军事布防，逐渐裁撤用于西北作战的八旗驻军。

乾隆二十六年（1761），对西北各驻防所设之将军、都统、副都统进行了大规模裁撤。绥远城原设将军1员、副都统2员，裁去副都统1员，将军由原归化城都统舒明补授；右卫原设副都

---

① 《清高宗实录》卷194，乾隆七年九月乙卯。

统2员，裁1员，随后又陆续缩减驻防规模，降为城守尉级驻防；西安将军下原设副都统2缺尽行裁撤，仅保留西安将军1缺①。清廷在西北裁军的同时，议定在张家口设察哈尔都统衙门，置都统1员，由嵩椿调补，副都统2员，分别由原绥远城副都统七十和西安副都统常清调补②；原归京师管辖的察哈尔八旗与张家口驻防八旗，亦均改由察哈尔都统管辖③。

需要指出的是，察哈尔都统衙门治所在张家口，而察哈尔八旗则驻牧于大同、宣府以北的口外地区，为加强对察哈尔八旗的管理，设左右翼副都统驻扎于察哈尔八旗游牧地。经此调整，察哈尔都统所辖八旗部伍，与西部的宁夏、绥远城及东部的热河、山海关等处驻防一并构成了长城沿线的防御带。

乾隆三十一年（1766），右卫八旗移驻张家口。为加强长城沿线防御，清廷重新调整了察哈尔都统衙门及驻防部署：仍设都统1员，副都统由2员裁为1员，并将副都统及其统领之察哈尔八旗从原游牧地移驻张家口。④因察哈尔都统在京师北部防御体系中日益重要，清廷于次年规定："独石口、钱（千）家店、昌平州三处，令张家口都统（察哈尔都统）兼管。"⑤而古北口八旗驻防邻近热河，加之其在清帝北巡热河及木兰秋狝中职责较重，

---

① 《清高宗实录》卷648，乾隆二十六年十一月辛丑。

② 《清高宗实录》卷648，乾隆二十六年十一月辛丑。

③ 《清高宗实录》卷648，乾隆二十六年十一月辛丑记载："察哈尔新设都统，请驻扎张家口，即令辖该处弁兵，无庸京城八旗都统兼管。"

④ 《清高宗实录》卷767，乾隆三十一年八月癸亥。

⑤ 《清高宗实录》卷780，乾隆三十二年三月乙丑。

故就近改由热河副都统兼管。

（二）天津水师营的裁撤与“小九处”驻防的形成

乾隆中期，全国性的八旗生计问题日益严峻，清廷大规模实施汉军出旗为民政策，并调之以满蒙八旗作为补充。其间，直隶地区郑家庄及天津水师营即在调遣之列。

乾隆二十九年（1764）二月，清廷将郑家庄八旗官兵移驻福州[①]。三十二年（1767）三月，乾隆帝巡察天津水师营驻防后，因见八旗甲兵技艺平庸，不能清语，谕令水师营都统、副都统裁撤，其八旗甲兵“因近年疏懈，习气已成，应移拨各驻防，令其随同学习”[②]。此后，天津水师营所驻八旗甲兵大部分移驻福州、广州和凉州驻防（详见本书第二章第三节），原由天津都统兼辖的沧州驻防“统归稽查保定等处之副都统管束”[③]。

至此，京师以南的雄县、霸州、保定府、沧州、采育里、良乡县、宝坻县、固安县、东安县等9处驻防“均属京师稽察大臣管辖，是为稽察九处”[④]，简称“小九处”（ajige uyun ba）。

---

① 《清高宗实录》卷704，乾隆二十九年二月甲申，记载：“尚书舒赫德等奏郑家庄兵，除拣派福州驻防外，其余应回京当差。得旨，郑家庄兵丁，伊等多系亲属，共处年久，今遣往福州二百五十名，其余三十名回京当差，殊觉不便，著将此三十名，一同派往。”

② 《清高宗实录》卷780，乾隆三十二年三月庚午。

③ 《清高宗实录》卷783，乾隆三十二年四月丙辰。

④ 《钦定八旗通志》卷35《兵制志四》第2册，吉林文史出版社2004年版，第618页。

（三）密云副都统级驻防的设置及其周围驻防归属的再调整

乾隆四十五年（1780），清廷为解决京师八旗生计问题，于京师北部的“密云县东北三里”[①]设驻防营，将京城2000名八旗甲兵及其家口[②]移驻密云。

同年九月，清廷决议：“古北口相距甚近，所有该处官兵，即著密云副都统兼管”[③]；四十八年(1783)，清廷继而将昌平州八旗驻防就近改归密云副都统管辖[④]；五十八年（1793），因山海关副都统兼管不力[⑤]，清廷命原归属其管辖之玉田县、三河县、顺义县等3处驻防，就近改归密云副都统兼管。[⑥]至此，密云副都统统辖昌平州、三河县、顺义县、玉田县、古北口等5处驻防。

雍乾两朝，清廷为缓解旗人生计问题，采取了疏散京师旗人

① 民国《密云县志》卷2《舆地·城营》，成文出版社1968年版，第102页。

② 《密云副都统都尔嘉为报密云驻防八旗官兵分布诸情形事》，乾隆四十五年五月十七日，中国第一历史档案馆藏，满文咨呈03-0188-2830-009。

③ 《清高宗实录》卷1114，乾隆四十五年九月丁丑。

④ 《乌尔图纳逊奏请将昌平之驻防官兵交密云副都统管理折》，乾隆四十八年十二月二十七日，中国第一历史档案馆藏，军机处录副奏折03-0190-2991-002。

⑤ 《寄谕山海关副都统德福著改小气心性不可任意劾处下官》，乾隆五十八年三月二十八日，中国第一历史档案馆译编：《乾隆朝满文寄信档译编》第23册，岳麓书社2011年版，第419页。

⑥ 《密云副都统观音保奏准伊兼管玉田三河顺义等处官兵而谢恩折》，乾隆五十八年六月初三日，中国第一历史档案馆藏，军机处满文录副奏折03-0194-3431-046。满文原文：coohai jurgan ci benjihe bithei dorgide. ioi tiyan. san ho. šūn i ijergi ilan bai manju hafan cooha be. hanci be tuwame mi yūn hiyan i meiren i janggin de kamcifi kadalabureo seme.

和汉军出旗两种措施，而前者在直隶地区表现最为突出。雍正元年（1723）至三年（1725），清廷将京城八旗闲散余丁派驻直隶，除各边口驻防有所增兵外，还在郑家庄、热河等处及天津设立了较大规模的八旗驻防。乾隆初年，清廷继续将京旗甲兵派驻直隶，并增设了热河副都统、天津水师营副都统等。乾隆中后期，在张家口设置察哈尔都统，并将右卫八旗官兵移驻张家口，同时裁撤郑家庄驻防和天津水师营驻防，继而于密云派驻2000名八旗甲兵，并设密云副都统。密云副都统设置后，周围驻防点归属再次调整并趋于完善，至乾隆五十八年(1793)，清代直隶(畿辅)八旗驻防体系最终形成。[①]关于直隶地区各八旗驻防归属情况详见表1—6。

表1—6　乾隆五十八年直隶驻防归属情况一览表

驻防点	所在地区	总辖大臣
热河行宫、喀喇河屯行宫、木兰围场	口外	热河副都统
独石口、张家口、千家店	长城沿线西部	察哈尔都统
永平府、喜峰口、冷口、罗文峪	长城沿线东部	山海关副都统
昌平州、顺义县、三河县、玉田县、古北口	京师以北	密云副都统
雄县、霸州、保定府、沧州、采育里、良乡县、宝坻县、固安县、东安县	京师以南	京师稽察大臣

① 定宜庄:《清代八旗驻防研究》，辽宁民族出版社2003年版，第104页。

第二章　直隶八旗驻防的设置与沿革

直隶八旗驻防自顺治初年始置，后经扩充、调整和完善，最终于乾隆中后期，形成了京师副都统、密云副都统、山海关副都统、热河副都统以及察哈尔都统等军事驻防区。本章在前文基础上，对直隶各八旗驻防的设置、沿革等问题予以详考，为便于探讨，论述时按其距京师之远近为序。

第一节　京师稽察九处驻防

清朝定鼎北京后，为保障京师安全，不断强化和完善京师外围的八旗驻防。乾隆中后期，直隶八旗驻防体系确立后，京师以南沧州等九处驻防划归一路，统称为“京师稽察九处驻防”，档案记载为“小九处”。

一、“小九处”驻防的形成

顺治二年（1645）十月清朝在直隶顺德府，山东济南、德州、临清，江苏徐州，山西潞安、平阳以及陕西蒲州等8处设临时性驻防，“每旗分驻一城，每城协领一员，满洲章京四员，蒙古、汉军章京各二员，兵丁各六百名”[①]。不过，清军次年攻克江宁、西安两处战略要地后，随之将前述八城弁兵及家口移驻。[②]

与此同时，清廷还于京师周围各水路要隘设有多处规模较小的八旗驻防，相继在采育里、固安县、昌平州、顺义县、东安县、三河县、良乡县以及畿南的沧州、保定府等地设置八旗驻防，基本形成了拱卫京师的格局。

三藩之乱爆发后，清廷为进一步加强京师防御，于康熙十二年(1673）增设了霸州、雄县、宝坻县、玉田县、滦州等处驻防。此后，随着直隶地区都统、副都统级驻防的设置，直隶各驻防点的归属历经多次调整。

雍正十年（1732)，清廷调整直隶各八旗驻防归属之时，将宝坻县、固安县、雄县、霸州、采育里、保定府、良乡县、东安县等 8 处划为一路，由京师派副都统管辖，统称为“小八城”[③]；乾隆三十二年（1767)，天津水师营的裁撤，原其所辖之沧州改由天津副都统管辖，并与保定等处驻防一并归京师八旗都统衙门统辖。据《钦定八旗通志》记载，前述 9 处驻防“均属京师稽察大臣管辖，是为稽察九处”[④]，“小九处”驻防，即京师以南的沧

① 《清世祖实录》卷 21，顺治二年十月庚辰。

② 《清世祖实录》卷 24，顺治三年二月丙申。

③ 《清高宗实录》卷 145，乾隆六年六月辛酉记载：“著交与各边口以及小八城驻防满兵之处……”

④ 《钦定八旗通志》卷 35《兵制志四》第 2 册，吉林文史出版社 2004 年版，第 618 页。

州、保定府、采育里、固安县、东安县、良乡县、雄县、霸州、宝坻县等 9 处驻防。

二、"小九处"各驻防沿革

乾隆中期"小九处"驻防形成后，巡查时仅派一名稽察大臣，耗时颇长，且难以周全。嘉庆七年（1802）四月，清廷将之划为左右两翼，以沧州、宝坻县、东安县、采育里等 4 处为左翼，以保定府、固安县、雄县、良乡县、霸州等 5 处为右翼，左右两翼"各设稽察大臣一员"①，"临期听派二员分管巡查"②。

（一）沧州驻防

沧州"东负大海，西挹太行，南抵鲁域，北拱京都"③，位于京杭大运河沿线，系北方盐漕重地。清初，沧州社会动荡，"盗贼出没，访俱于此"④。顺治五年（1648）正月，清廷命梅勒章京（副都统）俄罗塞臣统领两白旗甲兵500名驻防沧州⑤，并设城守尉 1 员、防御 3 员、骁骑校 4 员。⑥ 沧州城守尉衙署设于州城内

① 《清仁宗实录》卷 97，嘉庆七年四月丁巳。

② 光绪《钦定大清会典事例》卷 544《兵部三》，《续修四库全书》第 806 册，上海古籍出版社 2002 年版，第 520 页。

③ 乾隆《沧州志》卷首《重修沧州志序》，成文出版社 1975 年版，第 27 页。

④ 中国人民大学历史系、中国第一历史档案馆编：《清代农民战争史资料选编》第 1 册下，中国人民大学出版社 1984 年版，第 14 页。

⑤ 《清世祖实录》卷 36，顺治五年正月辛丑。

⑥ 《清世祖实录》卷 40，顺治五年十月戊戌。

西北隅。[①]

康熙十二年(1673)三藩之乱爆发后，清廷为增补前线兵力，调沧州甲兵189名征讨吴三桂。[②] 战后未予恢复，沧州八旗驻防兵额曾长期维持在311名。雍正十年(1732)，清廷将沧州八旗驻防改归天津都统管辖。乾隆七年(1742)，为缓解京师八旗生计，清廷从京师向沧州增派八旗甲兵200名，沧州驻防兵额增至511名。

乾隆三十二年(1767)，乾隆帝谕令天津水师营裁撤，将沧州驻防改归京师副都统直辖:“今水师营已裁，应统归稽查保定等处之副都统管束，所有沧州驻防兵五百十五名，应一体拨归钤辖。”[③] 三十七年(1772)，为确保沧州、保定二处兵额一致，领侍卫内大臣福隆阿等奏请:“将沧州所余十一名披甲裁撤，与保定府同，设五百名披甲。”[④]

(二)保定府驻防

关于保定府驻防来源有两种记载。一说为《八旗通志》所载:“顺治六年，自大名府移驻保定府。正红、镶红二旗兵四百

① 《钦定八旗通志》卷117《营建志六》第3册，吉林文史出版社2004年版，1995页。

② 乾隆《沧州志》卷6《兵防》，成文出版社1975年版，第464页。

③ 《清高宗实录》卷783，乾隆三十二年四月丁辰。

④ 《领侍卫内大臣福隆阿等奏裁撤保定沧州驻防满洲兵多余披甲折》，乾隆三十七年二月初八日，中国第一历史档案馆藏，军机处满文录副奏折03-0185-2446-005。满文原文：ts’ang jeo i fulu bisire juwan emu uksin be meitefi. boo ding fu i adali. sunja tanggū uksin bibuki.

零一名。……（雍正）二年四月奉旨，添兵九十九名”[①]；另一说为《保定府志》所载：“顺治七年秋，蠡县等处土寇作乱，遣满洲官郛赫等领兵五百驻防保定府，分城南面为营房，圈近城民地屯种。”[②]

按《清世祖实录》记载，顺治五年（1648）十月，吴喇禅统领正红旗、镶红旗驻防大名府，初设城守尉1员、防御3员、骁骑校4员。[③]但此后大名府驻防不见于文献。另有乾隆元年（1736）的满文档案提及“雍正二年，保定、太原增驻至五百名”[④]，而按《八旗通志》所记，保定府驻防于雍正二年（1724）增兵99名，二者在时间及兵额上均相符。此外，《保定府志》成书晚于《八旗通志》，且后者关于保定府驻防的内容取自“本驻防来册”[⑤]，可信度当更高。故本书采信第一种说法，即保定府驻防系顺治六年（1649）自大名府移驻而来，初驻正红旗、镶红旗兵401名，至雍正二年（1724）兵额增至500名。

保定府驻防初设之时无衙署，长期于圣庙中办事。康熙二十八年（1689），经直隶巡抚于成龙奏请，方于清苑县西北设

---

① （清）鄂尔泰等修：《八旗通志》卷27《兵制二》，东北师范大学出版社1985年版，第511页。

② 光绪《保定府志》卷39《前事录·纪事》，光绪十二年刻本。

③ 《清世祖实录》卷40，顺治五年十月戊戌。

④ 《沧州城守尉永宁奏沧州兵丁赏给马干以资养马当差赡养家口折》，乾隆元年四月初六日，中国第一历史档案馆藏，军机处满文录副奏折03-0175-1550-010。满文原文：hūwaliyasun tob i jai aniya de. boo ding. tai yuwan nonggifi sunja tanggūton de isibuha.

⑤ （清）鄂尔泰等修：《八旗通志》卷27《兵制二》，东北师范大学出版社1985年版，第511页。

八旗驻防衙署。[①]

(三)采育里驻防

采育里(今北京市大兴区采育镇),古属安次县,原称采魏里,康熙二十三年(1684)定名采育。采育里地处左安门外50里,为"畿辅首镇"[②]。

关于采育里驻防设置的时间,文献记载不详。据中国第一历史档案馆所藏工科题本记载:"乾隆四年七月二十五日,据领催法宝等呈称,且本营兵丁五十名,自顺治二年间拨设采育驻防,斯时每兵拨给民房两间居住。"[③]据此可知,采育里驻防当始设于顺治二年(1645)。采育里驻防由京师派驻,初驻镶白旗、正蓝旗满蒙甲兵100名,设防守尉1员,其驻防营设于采育大街。[④]康熙十二年(1673),清廷将采育里镶白旗甲兵50名移驻宝坻县,仅余正蓝旗甲兵50名。

(四)固安县驻防

固安县与京师间仅有永定河相隔。《固安县志》云:"幽燕形胜,左环沧海,右拥太行,北枕居庸,南襟河济,而固安鼎峙

---

① 《钦定八旗通志》卷117《营建志六》第3册,吉林文史出版社2004年版,第1995页。

② 同治《畿辅通志》卷160《古迹略·署宅一》,北京图书馆藏光绪十年刻本。

③ 《直隶总督高斌为题请核估拆造大兴县采育营驻防官兵衙署营房需用工料银两事》,乾隆九年四月三十日,中国第一历史档案馆藏,内阁工科题本02-01-008-000443-0010。

④ 《钦定八旗通志》卷117《营建志六》第3册,吉林文史出版社2004年版,第1993页。

其间，实为孔道。”[①]足见固安县对于京师安全之重要。顺治二年（1645），清廷在此设驻防营，驻镶红旗满洲甲兵50名，设镶红旗防守尉1员。固安县防守尉公署在南街，西向，扼县城南门。[②]

（五）东安县驻防

东安县地处京师之南，系由渤海入京之要道。据《东安县志》记载：“顺治五年，因土寇刘东坡为乱，满兵驻防实始于此。”[③]而《八旗通志》则称：“顺治六年设。镶蓝旗满洲拨什库、甲兵共50名。”[④]二者在设置时间上略有出入。因《八旗通志》编撰在前，且其所记内容依据“本驻防来册”，加之民国《东安县志》未载驻防设置时间，仅称顺治五年（1648）刘东坡作乱为清廷向东安县派驻八旗官兵的原因，故本书采信《八旗通志》的相关记载，即清廷于顺治六年（1649）向东安县派驻镶蓝旗满洲甲兵50名，设防守尉1员。东安县八旗驻防衙署设于县城内大街以南路东。[⑤]

（六）良乡县驻防

良乡县地处京师之西，距广安门仅50里，“以蕞尔之地，为京兆首邑，通九省之衢”[⑥]。据《良乡县志》记载：“防守尉署、

① 咸丰《固安县志》卷1《舆地》，成文出版社1968年版，第59页。

② 咸丰《固安县志》卷1《舆地》，成文出版社1968年版，第52页。

③ 民国《东安县志》卷10《武备》，成文出版社1968年版，第224页。

④ （清）鄂尔泰等修：《八旗通志》卷27《兵制二》，东北师范大学出版社1985年版，第512页。

⑤ 《钦定八旗通志》卷117《营建志六》第3册，吉林文史出版社2004年版，第1993页。

⑥ 民国《良乡县志》卷1《舆地志·疆域》，成文出版社1968年版，第34页。

防御署俱在东街……骁骑校署在东街。”[①] 顺治八年（1651），清廷向良乡县派驻正红旗满洲甲兵 50 名，设防守尉 1 员、防御 2 员。[②]

除顺治朝设置的 6 处驻防之外，还包括康熙朝为平定三藩之乱，加强京师防御而设置的 3 处八旗驻防。

（七）雄县驻防

雄县战国时为燕国要邑，唐置瓦桥关，五代晋初地入契丹，后周世宗收复后置雄州，遂成“雄”名之源，明洪武年间降为雄县，清代雄县隶保定府。此处有易水（大清河）流经，素为兵家必争之地。清廷于康熙十二年（1673）向雄县派驻镶红、镶蓝二旗驻防甲兵 50 名，设防守尉 1 员，其驻防衙署设于县城东门内。[③]

（八）霸州驻防

霸州位于固安县南，隶顺天府。康熙十二年（1673），清廷往霸州派驻正黄、正红二旗满洲八旗甲兵50名[④]，设防守尉1员，其驻防衙署在州城东门内街北。

---

① 民国《良乡县志》卷 2《建置志 · 公署》，成文出版社 1968 年版，第 108 页。

② 民国《良乡县志》卷 2《建置志 · 公署》，成文出版社 1968 年版，第 108 页。

③ 《钦定八旗通志》卷 117《营建志六》第 3 册，吉林文史出版社 2004 年版，第 1995 页。

④ （清）鄂尔泰等修：《八旗通志》卷 27《兵制二》，东北师范大学出版社 1985 年版，第 512 页。

（九）宝坻县驻防

宝坻县位于京师以东，隶顺天府，其地山环水带，同为自渤海西进京之要道。康熙十二年（1673），清廷自采育里移驻镶白旗满洲甲兵50名，设防守尉1员，其驻防衙署设于县城东门外。[①]

第二节　密云等处八旗驻防

密云“襟山带河，东北要塞自古称最，元明以来，倚为重镇”[②]。清代，密云既是联系京师与塞外的枢纽，也是清帝北巡的重要通道，战略位置不言而喻。密云副都统设置后，除辖本处驻防官兵外，亦兼管古北口、昌平州、顺义县、三河县、玉田县等处驻防。

一、密云副都统的设置

密云虽具有重要的战略位置，但因清代满蒙关系紧密，加之乾隆朝口外屯戍八旗重兵，设有热河副都统和察哈尔都统，清廷未急于向密云派驻八旗官兵。随着八旗生计问题的日益严峻，乾隆帝沿用雍正朝向外疏散京师旗人的策略，向直隶派驻八旗官

---

① 《钦定八旗通志》，卷117《营建志六》第3册，吉林文史出版社2004年版，第1993页。

② 民国《密云县志》卷1《舆地・关隘》，成文出版社1968年版，第63页。

兵。乾隆四十二年（1777）十月，上谕：

> 现在八旗满洲，生齿日繁，若不稍为酌办，伊等生计日蹙。密云县地方，密迩畿辅，彼处城邑亦大，尽可建盖兵房，安插兵丁一二千名，一转移间，既于新驻兵丁有益，且京城出有多缺，又可补挑闲散壮丁，于八旗满洲等，大有裨益。著军机大臣于八旗满洲兵内，挑选二千名，派往密云县驻防。至于管辖此项兵丁，著设副都统一员。①

乾隆帝选择在密云设八旗驻防，主要是因为此处有两大优势：一则密云“密迩畿辅”，在此设兵有助于拱卫京师，同时便于兵丁及家口移驻，减少决策推行的阻力；二则此处“城邑亦大”，能够满足增建衙署及官兵房屋的需求，进而便于大规模疏散在京旗人。

此外，密云系清帝北巡的必经之地，且建有行宫，而后来密云驻防营即设于行宫旁。总之，乾隆帝添设密云驻防且设副都统管辖，是基于多方考量而作出的决议。次年，八旗官兵整体移驻，密云副都统亦正式设立，进而引发了京师以北直隶地区长城边口驻防归属的调整。

二、密云副都统所辖驻防

乾隆四十五年（1780），密云副都统设置后，除辖本处驻防

---

① 《清高宗实录》卷1043，乾隆四十二年十月庚申。

官兵外，同时就近管理古北口驻防，后于四十八年（1783）兼辖昌平州驻防，又于五十八年（1793）兼辖顺义县、三河县、玉田县等处驻防。

（一）密云本处驻防

乾隆帝谕旨筹设密云八旗驻防后，清廷旋即议准了具体方案：

> 请照张家口之例，于两旗合设协领一，每旗佐领二、防御二、骁骑校二。住房，协领十六间、佐领十五间、防御十二间、骁骑校八间、兵每人二间。并副都统衙门、两翼办公所及演武厅，一切房屋，共计五千余间。应令直隶总督派员赴密云，详度地势修盖。再张家口因驻兵设理事同知一员，今密云亦应仿办。查古北口理事同知与密云相隔较近，或即令兼管，或另设。并各官饷米如何支放，统令直隶总督详查议奏。①

在后续落实过程中，于次月确定：密云旗民事务由古北口理事同知兼辖；每年需兵米三万石，改用折色，每石折银一两四钱；官兵住房委派专员勘估修盖。② 其中，驻防官兵的住房建造事宜由周元理负责统筹，③ 其奏议获准：

---

① 《清高宗实录》卷1043，乾隆四十二年十月庚申。

② 《清高宗实录》卷1045，乾隆四十二年十一月壬午。

③ 《周元理奏报办理密云添设驻防满洲兵丁事》，乾隆四十二年十二月十九日，台北故宫博物院编：《宫中档乾隆朝奏折》第41辑，台北故宫博物院1982年版，第459页。

> 新移密云县驻防官兵住房，勘有行宫旁隙地一百八十丈，坐落城外，可四围另筑堡墙，与易州等处营房相等。惟需用木植不下七八万件，请于热河围场山内照数办运。①

密云驻防营位于“县东北三里，据冶山之阳”，紧邻行宫而建，“虎皮石垣，周四里，营形正方，置三门，无楼堞。惟东南角有奎楼太阳宫，副都统驻之”②。官兵房屋及衙署建成后，京师2000名八旗甲兵及其家口，于乾隆四十五年（1780）四月初八动身，历时20余天，于当月29日完成了移驻密云任务。③

根据《密云县志》记载，密云驻防营设副都统衙门官厅1座，设左右二司房各1所、印房1所；同时根据所设官员额数，共设协领房4所、佐领房16所、防御房16所、骁骑校房16所；另建有甲兵住房4000间、城门堆拨房3所、档房2间，操演处25间、军器库3间、火药库6间；校场在营房东门外二里。④

---

① 《清高宗实录》卷1048，乾隆四十三年正月己巳。

② 民国《密云县志》卷2《舆地·城营》，成文出版社1968年版，第102页。

③ 《密云副都统都尔嘉为报密云驻防八旗官兵分布诸情形事》，乾隆四十五年五月十七日，中国第一历史档案馆藏，满文咨呈03-0188-2830-009。满文原文：mi yūn hiyan de tebunjire juwe minggan cooha be. ere aniya duin biyai ice jakūn ci orin uyun de isibume. meyen aname hafan coohai boigon anggla siran siran i yongkiyame gurinjifi meni meni gūsai niru falga be jorime dendefi tebuhebi. 密云驻防二千甲兵，本年四月初八日至二十九日，官兵家口皆由该旗佐官员带领，携带家口，陆续移驻。

④ 民国《密云县志》卷2《舆地·衙署》，成文出版社1968年版，第109—111页。

（二）古北口驻防

古北口位于密云县东北120里，是长城沿线重要关隘，其“两崖壁立，中有路，仅容一车，下有深涧，巨石磊砢，凡四十五里，为险绝之道”[①]。因古北口地势险要，明朝即将之视为东北门户，设重兵防守。

由于清朝与漠南蒙古关系稳固，故顺治二年（1645）仅于古北口设4名八旗甲兵，十一年（1654），兵部尚书噶达浑鉴于其监管之三口（独石口、喜峰口、古北口）兵丁不敷派遣，题请“独石口等三处驻防原各四名甲兵之外再派四名，各口驻守披甲八名”[②]。康熙年间，随着木兰围场和热河行宫的相继设置，古北口成为清帝赴塞外北巡的重要关口。加之清准战争期间，古北口系清军出征及运输辎重的重要通道，其战略地位愈发重要。康熙二十三年（1684），古北口兵额增至80名。

雍正二年（1724），清廷将古北口驻防甲兵增至100名，并在小城潮河川建衙署营房百余间。[③]六年（1728），设防守尉1员管辖，十年（1732），古北口与昌平州等处划归一路，归京师副都统管辖。

---

① 光绪《畿辅通志》卷67《舆地二十三·关隘一》，《续修四库全书》第631册，上海古籍出版社2002年版，第539页。

② 《兵部尚书噶达浑题议请准直隶独石口喜峰口古北口三地增派甲兵事》，顺治十一年四月初八日，中国第一历史档案馆藏，内阁兵科题本02-02-019-001250-0030。满文原文：uttu ofi došikeo i jergi ilan duka de tehefe duite uksin de. gai duite uksin unggifi emu duka de jakuta uksin obuki.

③ 孙继新：《承德形成与发展探微》，《中国紫禁城学会论文集》第8辑，故宫出版社2014年版，第634—644页。

乾隆五年（1740），清廷筹划在独石口设副都统，古北口驻防兵额随之增至200名。后独石口副都统设而复裁，古北口驻防所增兵额未改，归京师副都统兼辖。三十二年（1767），清廷再次调整直隶北部长城沿线八旗驻防归属，古北口驻防就近改由热河副都统兼管。[①] 同时，古北口驻防官员的军政考核亦由热河副都统兼辖："古北口驻防官，令热河副都统兼管。遇军政之年，该副都统一体考验，定额荐举一人，酌添一人。各该处如无堪膺荐举者，任阙无滥。"[②]

乾隆四十五年（1780），密云副都统设立后，鉴于古北口与之相距甚近，"所有该处官兵，即著密云副都统兼管"[③]。

（三）昌平州驻防

昌平州位于京师西北部，地处居庸关之南[④]，被喻为"京师之枕"。明崇祯十七年（1644），李自成率军攻陷昌平，"焚十二陵享殿，乘夜自沙河而进陷京师"[⑤]。清朝定鼎北京后，为加强京师防御，于顺治二年（1645）派正黄旗满洲、蒙古甲兵50名驻守昌平，设防守尉1员管辖。[⑥]

雍正十年（1732），昌平州与郑家庄、千家店、独石口等处驻防划归一路，由京师副都统管辖；乾隆三十二年（1767），昌

① 《清高宗实录》卷780，乾隆三十二年三月乙丑。

② 光绪《钦定大清会典事例》卷604《兵部·八旗处分例》，《续修四库全书》第807册，上海古籍出版社2002年版，第404页。

③ 《清高宗实录》卷1114，乾隆四十五年九月丁丑。

④ 《清高宗实录》卷145，乾隆六年六月乙卯。

⑤ 光绪《昌平州志》卷6《大事表第五》，成文出版社1968年版，第350页。

⑥ 光绪《昌平州志》卷13《营卫》，成文出版社1968年版，第589页。

平州与独石口、千家店等处改归察哈尔都统管辖。

继古北口划归密云副都统管辖后，察哈尔副都统乌尔图纳逊于乾隆四十八年（1783）奏请：

> 唯昌平州距张家口四百里，间隔崇山险隘，且向来昌平州官兵并不拴养马匹，不仅官兵铨选、办理公差往返甚繁，且奴才等因路远兼管甚不得力。奴才等愚思，昌平州距密云县仅百余里，今密云县设副都统管辖驻防官兵事务，昌平州协领(防守尉）一员、防御二员、骁骑校一员、兵丁五十名，应照古北口官兵例，就近管辖。①

可见，此前昌平州归属察哈尔都统所辖之时，路途遥远，兼管不力，密云副都统设置后，为便于管理，就近改归密云副都统管辖。

---

① 《乌尔图纳逊奏请将昌平之驻防官兵交密云副都统管理折》，乾隆四十八年十二月二十七日，中国第一历史档案馆藏，军机处满文录副奏折 03-0190-2991-002。满文原文：damu cang ping jeo ci imiyangga jase de isibume duin tanggū ba sandalabuha. bime sidende alin furdan giyalabuhabi. cang ping jeo i hafan cooha daci alban morin hūwaitahakū. yaya sonjome gaire ilgara. jai siden i baitai jalin amasi julesi yabure de mujakū largin teile akū. ahasi goro jugūn giyalabufi kadalame baicara de inu asuru hūsun baharakū. ahasi i mentuhun gūninde. cang ping jeo ci mi yūn hiyan de isbume teni tanggū funcere ba giyalabuha. te mi yūn hiyan de beleni seremšeme tebuhe hafan cooha be kadalara meiren i janggin bisire be dahame. cang ping jeo i gūsai da emke. tuwašara hafan i jergi janggin juwe. funde bošokū emke. cooha susai be inu moltosi jasei hafan cooha be guribume kadalabuha songkoi.

（四）顺义县驻防

顺义县位于京师以北六十里，北枕牛栏山，是通往古北口要道。唐、辽、明等政权均曾于此设兵戍守。顺治五年（1648），清廷派镶黄旗满洲、蒙古甲兵50名驻守顺义。[①] 其防守尉署在县城东门内路北，分为满洲、蒙古两署，满署在东门内防守尉署东侧，蒙署在东街南；骁骑校署在东街路南，北对防守尉署[②]。

（五）三河县驻防

三河之名源于洵河、泇河、鲍邱河三水贯境。三河县于唐开元四年（716）始置，原治所偏东，五代唐长兴三年（932）复置，移治今三河县。明清两代，均以三河县为京师东部重要门户。顺治六年（1649），清廷向三河县派驻正白旗满洲甲兵50名，设防守尉1员、防御2员、骁骑校1人。康熙三十四年（1695），为筹备亲征准噶尔蒙古事宜，加强京师防御，“添正白旗满洲甲兵二十二名，蒙古甲兵二十八名。拨什库在内，共一百名”[③]。

（六）玉田县驻防

玉田县隶遵化州，背靠燕山，地势险要。清廷于康熙十二年（1673）向玉田县派驻镶黄、正白二旗满洲、蒙古甲兵50

① （清）鄂尔泰等修：《八旗通志》卷27《兵制二》，东北师范大学出版社1985年版，第511页。

② 民国《顺义县志》卷2《建置志公廨》，成文出版社1968年版，第141页。

③ （清）鄂尔泰等修：《八旗通志》卷27《兵制二》，东北师范大学出版社1985年版，第512页。

名，后又于三十四年（1695）添镶黄、正白二旗满洲、蒙古甲兵50名。[①]

前述顺义县、三河县、玉田县3处驻防，划归密云副都统兼管的时间较晚。雍正十年（1732）五月，清廷调整直隶各驻防归属时，将此3处驻防一并改由山海关副都统管辖。[②]乾隆五十八年（1793）三月，山海关副都统德福管辖不力，且参劾顺义县协领灵保不实，被乾隆帝痛斥。[③]同年六月，兵部来文："玉田县、三河县、顺义县等三处满洲官兵就近归密云副都统兼辖。"[④]

乾隆晚期调整顺义县等处驻防归属的直接原因，虽存在山海关副都统德福与顺义县协领之间矛盾的因素，而清廷顺势调整相关驻防之归属，一方面是为便于就近管理，另一方面则是因密云副都统日益重要。

附：郑家庄驻防

郑家庄驻防亦在京师以北，与前述密云等处驻防联系紧密。不过，在清廷添设密云副都统前，已将郑家庄驻防裁撤。鉴于郑家庄驻防存世较短，不便专节探讨，故将之附此略作说明。

---

① （清）鄂尔泰等修：《八旗通志》卷27《兵制二》，东北师范大学出版社1985年版，第512页。

② 《清世宗实录》卷118，雍正十年五月壬申。

③ 《寄谕山海关副都统德福著改小气心性不可任意劾处下官》，乾隆五十八年三月二十八日，中国第一历史档案馆译编：《乾隆朝满文寄信档译编》第23册，岳麓书社2011年版，第418页。

④ 《密云副都统观音保奏准伊兼管玉田三河顺义等处官兵而谢恩折》，乾隆五十八年六月初三日，中国第一历史档案馆藏，军机处满文录副奏折03-0194-3431-046。满文原文：coohai jurgan ci benjihe bithei dorgide. ioi tiyan. san ho. šūn i jergi ilan bai manju hafan cooha be. hanci be tuwame mi yūn hiyan i meiren i janggin de kamcifi kadalabureo seme.

前文已述，雍正帝增设郑家庄驻防主要是出于政治意图。但还需指出的是，郑家庄的位置亦较为重要，其地处德胜门外20里（一说40里）的昌平南境，是清帝北巡的必经之地。同时，于郑家庄设八旗驻防的计划，本由康熙帝最早提出。

康熙五十七年（1718），康熙帝敕建郑家庄王府及兵丁住房。六十一年（1722）三月，上谕：

> 近看八旗兵丁愈多，住房更觉难容。朕因思郑家庄已盖设王府及兵丁住房，欲令阿哥一人往住。今著八旗每佐领下，派出一人，令往驻防。此所派满洲兵丁，编为八佐领，汉军编为二佐领。朕往来此处，即著伊等看守当差。[①]

由此来看，康熙帝于郑家庄设八旗驻防的初衷有三：其一，外调京师旗人，以缓解生计问题；其二，赏赐阿哥居住，以示君父厚恩；其三，便于往来驻跸，以保圣驾安全。不过，康熙帝生前仅称"欲令阿哥一人往住"，始终未做明确安排，设郑家庄驻防的设想也未及落实。

雍正帝继位后，践行和发展了通过疏散京师旗人来缓解其生计问题的策略。值得注意的是，雍正帝向郑家庄派驻八旗官兵的同时，也借机加强了对废太子允礽势力的监控。雍正元年(1723)五月，上谕：

> 郑家庄修盖房屋，驻扎兵丁，想皇考圣意或欲令二阿哥

① 《清圣祖实录》卷297，康熙六十一年三月乙未。

前往居住，但未明降谕旨，朕未敢揣度举行。今弘皙既已封王，令伊率领子弟，于彼居住甚为妥协。①

康熙帝生前并未明示郑家庄为安置废太子允礽的住所，但在其去世之后，雍正帝随即将康熙帝宠爱的长孙、废太子允礽的长子弘皙封为理郡王，以示恩泽，实则借机落实自己的政治部署。康熙晚年的夺嫡之争并未随着雍正帝的登基而平息，各方势力仍在暗波涌动。雍正帝选派弘皙移驻郑家庄，无疑是对其采取了防范的态度，具有很强的政治意图。尤为令人玩味的是，雍正帝在谕令诸王大臣会议弘皙移驻后“如何上班及会射诸事”时，特意强调“彼处距京师二十余里，不便照在城居住诸王一体行走”。而诸王大臣会议的结果则是，“升殿之日，理郡王听传来京，每月朝会一次，射箭一次”。② 如此，弘皙渐渐疏离于清朝权力核心。

雍正二年（1724）十二月，允礽去世后，雍正帝谕令：“著择定出殡日期，送至郑家庄设棚安厝，令伊子弘皙得尽子道。”③ 这样一来，康熙朝废太子允礽的丧事，也被安排在了京师以外。

因此，郑家庄驻防是第一个为缓解京师旗人生计问题而设置的八旗驻防，同时也具有浓厚的政治色彩，在一定程度上可以视为康熙晚年夺嫡之争的延续。

弘皙迁往郑家庄之时，护军、领催、马甲以及亲随执事等在

---

① 《清世宗实录》卷 7，雍正元年五月乙酉。

② 《清世宗实录》卷 7，雍正元年五月乙酉。

③ 《清世宗实录》卷 27，雍正二年十二月壬午。

内共计345名随同前往，以供其差使。同时钦放长史1员，所请护卫12员，暂行跟随侍卫3员，蓝翎侍卫1员，一同前往。雍正元年（1723）五月，驻防八旗兵丁及相关差役人员一同随弘晳迁至郑家庄，郑家庄设城守尉1员、佐领6员、防御6员、骁骑校6员、笔帖式2员[①]，管辖驻防八旗甲兵共600名。

雍正十年（1732），清廷调整直隶各驻防点归属时，曾将郑家庄与昌平州、古北口一并划归京师副都统管辖。乾隆中期，清廷于东南地区实行汉军出旗为民政策，并抽调满蒙八旗以为补充。乾隆二十九年（1764）二月，清廷决议将郑家庄八旗满蒙官兵移驻福州。[②]

按刑部尚书舒赫德等奏请，经拣选裁汰后，拟于所余280名满蒙八旗甲兵中，派往福州250名，其余30名老弱病残者撤回原旗佐。[③]但乾隆帝念及"伊等多系亲属，共处年久"，谕旨"著将此三十名，一同派往"。[④]故清廷从郑家庄移驻福州的满蒙八旗甲兵为280名。至于郑家庄原驻200名汉军八旗，则按其意愿，

---

① 《清世宗实录》卷7，雍正元年五月乙酉。

② 《清高宗实录》卷704，乾隆二十九年二月甲申："尚书舒赫德等奏郑家庄兵，除拣派福州驻防外，其余应回京当差。得旨，郑家庄兵丁，伊等多系亲属，共处年久，今遣往福州二百五十名，其余三十名回京当差，殊觉不便，著将此三十名，一同派往。"

③ 《刑部尚书舒赫德奏挑选增驻昌平郑家庄八旗兵丁折》，乾隆二十九年二月初四日，中国第一历史档案馆藏，军机处满文录副奏折03-0181-2069-010。满文原文：encu boigon i cooha be ne fujeo de tebuneme unggirengge ci tulgiyen. funcehe sakda asihan komso boigon i urse be gemu gūsade bederebure be dahame.

④ 《清高宗实录》卷704，乾隆二十九年二月甲申。

依例调至绿营。[①]

第三节　天津水师营

天津水师营设于雍正三年（1725），是直隶八旗驻防中唯一一处满洲水师营。它既是直隶八旗军事防御体系的重要构成，也是雍正朝海防战略的重要一环，对保障京师及海疆安全至关重要。鉴于天津水师营存世较短，且一度由其兼辖之沧州八旗驻防已于前文并入“小九处”驻防述之，故本节主要探讨天津水师营的设置、调整及裁撤情况。

一、天津水师营的设置与调整

天津东滨渤海，北靠燕山，是京师东部的重要门户。清人有言曰：“津门，京畿之蔽也。”[②]与此同时，天津亦是海防线上的关键一环。如《清史稿》描述天津大沽海口时称：“为南北运河、永定、大清、子牙五河入海口，北连辽东，有旅顺、大连以为左翼，南走登、莱，有威海卫以为右翼，为北洋第一重镇。”[③]

① 《刑部尚书舒赫德奏挑选增驻昌平郑家庄八旗兵丁折》，乾隆二十九年二月初四日，中国第一历史档案馆藏，军机处录副奏折 03-0181-2069-010。

② 光绪《畿辅通志》卷 93《海防二》，《续修四库全书》第 632 册，上海古籍出版社 2002 年版，第 635 页。

③ 赵尔巽等：《清史稿》卷 138《兵志》，中华书局 1976 年版，第 4098 页。

早在康熙朝，即有官员建议于天津大沽一带筹建水师。康熙五十六年（1717），时任天津镇总兵官马见伯奏请立水师、造海船等事，康熙帝朱批令其与直隶巡抚赵弘燮[①]会议再奏。二人商议后，由赵弘燮具奏：

> 臣查天津海口虽通山东、奉天之洋，但天津地势颇高，外洋之船必赖海潮方能进口，如无潮水，不敢轻入，因非险要，所以从前不设水师海船。今天津镇臣马见伯既称，大沽营汛并无海船，兵丁不习水性，倘有紧急重务不能远行，必致迟误等语。应如所请，照伊折奏设立、召募，并先动盐库银两打造海船十只。[②]

赵、马二人会议后，基本达成了共识。由赵弘燮奏陈内容可知，此前天津未设水师，主要是因该处海口地势略高而水位偏低，一些吃水量大的外国船只进港时需借助潮水，故防御压力较轻。赵弘燮表示，马见伯所言“大沽营汛并无海船，兵丁不习水性”等客观情况属实，建议按此前马见伯奏请，设立水师并先动用盐库银两打造海船 10 只。

因档案文献记载缺失，目前仅知康熙帝朱批“具题”，事件

① 康熙帝朱批以“总督”称之，赵弘燮时任“总督管理直隶巡抚事务兵部右侍郎兼都察院右副都御史”。另需说明的是，《康熙朝汉文朱批奏折汇编》编订目录时改作“直隶总督”，然直隶总督正式设于雍正二年（1724），后文引述相关档案时，从之。

② 《直隶总督赵弘燮奏请动用盐库银两打造海船折》，康熙五十六年二月二十五日，中国第一历史档案馆编：《康熙朝汉文朱批奏折汇编》第 7 册，档案出版社 1984 年版，第 740—741 页。

后续如何，暂难考究。但基本可以肯定的是，从后来雍正帝增设天津水师营的决策及实行情况看，赵弘燮、马见伯的奏议当未兑现。[①]至于个中缘由，亦无史料记载。不过，结合当时形势来看，康熙帝或有以下考虑：

其一，天津以北，已设吉林水师营、黑龙江水师营及旅顺口水师营，东北八旗水师部署完备[②]，天津以南则有山东绿营水师，清廷北方的海防力量虽有待加强，但尚够调用驱使，加之西北战事吃紧，再斥资于天津添设水师未免财政窘迫。

其二，就现有史料看，力主增设天津水师的朝臣不多，除天津镇总兵官马见伯最为积极，仅赵弘燮赞同，而其间赵弘燮老迈体弱，常向康熙帝请医求药[③]，能耗费在筹建水师上的心力自当有限，马见伯则于康熙五十八年（1719）正月奉调固原，协理提

---

① 常建华：《清雍乾时期天津满洲水师营考略》，《史学集刊》2023 年第 1 期。

② 还需指出的是，清顺康时期，水师营或由绿营兵组成，归驻防将军统辖；或直接由内地流徙之汉人组成，如黑龙江、松花江等水师营，均非八旗披甲组建。参见定宜庄：《清代八旗驻防研究》，辽宁民族出版社 2003 年版，第 45 页。

③ 《直隶总督赵弘燮奏为请假养病并请准允暂接章文鑛至署诊治折》，康熙五十四年八月二十一日，中国第一历史档案馆编：《康熙朝汉文朱批奏折汇编》第 6 册，档案出版社 1984 年版，第 453—459 页；《直隶总督赵弘燮奏陈病情并请赐御制药酒折》，康熙五十五年六月十一日，中国第一历史档案馆编：《康熙朝汉文朱批奏折汇编》第 7 册，档案出版社 1984 年版，第 203—207 页；《直隶总督赵弘燮奏陈病状并请旨药酒与补酒可否兼用折》，康熙五十五年八月初八日，中国第一历史档案馆编：《康熙朝汉文朱批奏折汇编》第 7 册，档案出版社 1984 年版，第 352—355 页；《直隶总督赵弘燮奏陈因病请恩准带人扶掖见驾折》，康熙五十五年八月二十八日，中国第一历史档案馆编：《康熙朝汉文朱批奏折汇编》第 7 册，档案出版社 1984 年版，第 387—390 页。

督事务[1]，这均影响到了天津水师的筹建。

其三，清帝重八旗轻绿营的思想根深蒂固，马见伯以天津镇总兵官身份奏请添设水师，虽系从海防安全考虑，然“津门”关系京师安危，康熙帝固然要谨慎从事，有限制绿营的警觉亦在情理之中。

当然，这些仅为根据现有史料进行的一些推测，有待今后研究及相关档案的发现予以证实。但康熙晚期关于在天津设水师的倡议，则为雍正朝正式添设天津水师营提供了方向。

由于满蒙八旗不善水战，清朝水师主要由汉军及绿营组建。这种局面无疑促使清统治者加强防范并试图扭转。雍正二年（1724）七月，兵部议覆侍郎牛钮关于请令江宁、杭州、荆州、京口、广州、福州等处驻防兵丁学习水师的条奏，鉴于仅京口设有战船，决议仅令京口驻防拣选兵丁学习。[2]次年八月，雍正帝上谕：“满洲兵丁，于技勇武艺，俱已精练，惟向来未习水师。今欲于天津地方设立水师营，分拨八旗满洲前往驻防操演，似属有益。”[3]

---

① 《清圣祖实录》卷285，康熙五十八年九月丙戌。

② 《清世宗实录》卷22，雍正二年七月辛酉。

③ 《清世宗实录》卷35，雍正三年八月丙子。按：该谕旨内容亦见《世宗宪皇帝上谕内阁》卷23，然日期则记为雍正二年八月十一日，两处档案所记内容完全相同，殊不合理。李阳光《天津满洲水师营都统表的编纂及相关研究》（硕士学位论文，内蒙古师范大学历史系，2009年，第8—9页）分析指出，增设天津水师营的最早上谕发于雍正二年八月十一日，但廉亲王允禩故意推诿，拖延议覆，并将该事件归结于“康熙时期诸皇子帝位之争的矛盾余波”。然同一谕旨逾年再发，且关于雍正帝就此诘问、发难之最早记载，系在雍正三年十一月二十五日，细审之，则不排除《世宗宪皇帝上谕内阁》记载日期讹误，故暂从《清世宗实录》。

事实上，雍正帝决议设立天津水师营，除为提升满洲兵丁水战技能外，还有缓解京师旗人生计问题的用意。雍正帝曾于后来的上谕中直言：

> 朕诏承大统以来，见京城八旗满洲生齿日繁，生计窘迫，特恩准取满洲幼丁为养育兵，分驻热河等地。又念我满洲向无水师，命于天津、西安、杭州等地设立水师营，安置满洲闲散幼丁，操习水师技艺，俾其成为江海防守之一劲旅，且不得钱粮口米之满洲闲散幼丁亦得食钱粮口米也。①

由此观之，雍正帝决议在天津等地设水师营，是缓解京师旗人生计问题及解决满洲闲散幼丁安置的应对之策。当然，从军事意义上看，八旗水师与陆军互补，无疑可以提升战斗力。具体到天津水师营的部署，则是欲使之与旅顺水师营呼应配合，以实现"尽可轮班巡察"② 的效果。

按照雍正帝旨意，天津海口驻扎兵额 2000 名，并先行派大臣相地，选址于"天津海口芦家嘴"③；同时，和硕怡亲王允祥等遵旨议覆，制定了具体实施方案。

---

① 《都统拉锡奏报抵达天津水师营颁宣谕旨事折》，雍正七年二月初四日，中国第一历史档案馆译编：《雍正朝满文朱批奏折全译》，黄山书社 1998 年版，第 1695 页。

② 《清世宗实录》卷 55，雍正五年闰三月丁卯。

③ 光绪《畿辅通志》卷 93《海防二》，《续修四库全书》第 632 册，上海古籍出版社 2002 年版，第 641 页。

> 此所派兵丁，令八旗满洲蒙古都统等于各该旗余丁内挑选。每满洲旗分，各派二百名，设立三佐领。蒙古旗分，每旗挑选五十名，设立一佐领。立为左右两营。兵丁习练火器，为鸟枪手，并设副都统一员，令其总管。满洲旗分，应补佐领、防御、骁骑校各三员，每翼，补协领各二员。蒙古旗分，应补佐领、防御、骁骑校各一员，每翼，补协领各一员。再，驻防满洲兵丁，应补理事同知一员、笔帖式三员。其船只，令制造大赶缯船十六只、小赶缯船十六只。①

与康熙朝赵弘燮、马见伯等建议不同，雍正帝力主增设的天津水师营系由满蒙八旗兵丁构成，且兵额达到2000名，并设副都统1员管辖。同月，雍正帝又“改管理天津水师营副都统为都统”②，并“升正红旗满洲副都统觉罗巴延德，为直隶天津水师营都统”③，是为天津水师营第一任都统。

乾隆七年（1742），鉴于京师八旗生计问题的更加严峻，清廷继续向天津水师营加派在京闲散余丁1000名。④至此，天津水师营共驻防八旗甲兵3000名，成为当时直隶最大的八旗驻防点。同时，因水师营规模庞大，事务繁重，仅置都统一人管辖实

① 《清世宗实录》卷39，雍正三年十二月己巳。

② 《清世宗实录》卷39，雍正三年十二月癸未。

③ 《清世宗实录》卷39，雍正三年十二月甲申。

④ 《天津满洲水师都统富昌奏派往天津驻防满洲兵丁之子弟内如有兼养育兵者准一并派往折》，乾隆九年四月十五日，中国第一历史档案馆藏，军机处满文录副奏折03-0171-0349-002。满文原文：tiyan jin de nonggime tebure emu minggan cooha.

难周全，清廷又增设副都统 1 员，协助都统管辖。[①]

天津水师营都统、副都统下设满蒙协领共 6 员。其中，满洲左右翼协领各 2 员，蒙古左右翼协领各 1 员。设满洲旗佐领、防御、骁骑校各 24 员，设蒙古旗佐领、防御、骁骑校各 8 员。乾隆朝增兵后，协领、佐领、防御、骁骑校的设置情况一仍其旧。[②] 此外，都统衙门设笔帖式 3 员、理事同知 1 员。乾隆八年（1743），天津都统阿扬阿、副都统常久奏请："水师营事务繁冗，请添左右二司。每司拣选协领一员为司章京，并铸给关防钤记。"[③]

天津水师营是直隶地区乃至全国首个都统级满洲水师驻防，又因其镇守"津门"，关系京师安危，故备受清廷重视，设都统管辖，并于雍正十年(1732）将沧州八旗驻防改归天津都统管辖。

二、天津水师营的裁撤

自雍正三年（1725）始设，经乾隆七年（1742）大幅增兵，再到乾隆三十二年（1767）裁撤，天津水师营存世 40 余年，且在短期内完成了由兴盛到撤废的过程。其中最主要的原因，便是天津水师营并未达到清统治的战略意图。

此前雍正帝力主设立天津水师营的政治军事意图，是为促使满洲八旗掌握水战技艺，进而更好地维护清朝统治。故天津水师营设置伊始，雍正帝即为其配备船只火药，调派资深教习，并极

① 《清高宗实录》卷 164，乾隆七年四月癸巳。

② 乾隆《大清会典》卷 59《兵部》，凤凰出版社 2018 年版，第 282—283 页。

③ 《清高宗实录》卷 195，乾隆八年六月庚辰。

为重视官兵们的军事训练，要求都统将海上训练情形详细奏报。在雍正帝的关注和支持下，天津水师营兵丁很快具备了海上作战技能，故清廷逐步裁撤绿营教习官员及汉人水手，欲使水师技艺完全由满洲八旗所掌握。

但事与愿违，雍正帝驾崩后，天津水师营失去了强有力的支持者。虽乾隆年间一度向天津水师营增派八旗甲兵，但实则是以疏散在京闲散余丁为目的。因军纪松弛、训练荒废，加之八旗制度原本即欠缺行之有效的淘汰机制，故天津水师营虽经多年训练，战斗力不升反降。

乾隆三十二年（1767）三月，乾隆帝巡视天津水师营，结果大失所望。

> 本日阅看天津满兵，技艺均属平庸，且未能娴习国语。前经赏给拴养马四百匹，而两翼队内，并无骑马者，皆由怯懦不能乘骑，故令步下演习，有是理乎。伊等驻防年久，该大臣等，果能勤加训导，何遽至此。是皆历任大臣等，未能悉心操演所致，各省驻防兵，若皆似此，成何事体。①

经此巡视，乾隆帝亲见水师营满兵不仅水战技艺平庸，而且已怯于骑马，尤其清语荒废，故而震怒。关于乾隆是年阅兵的情形，昭梿在《啸亭杂录》中亦有详细记载。

> 是日大风，海船逆势，难以施演。时都统为奉义侯英

① 《清高宗实录》卷780，乾隆三十二年三月庚午。

偻，年既衰老，复戎装繁重，所传令俱错误，兵丁技艺既疏，队伍紊乱，竟操，喧哗不绝。上大怒，因裁革焉。①

纵使操演受天气影响，但天津水师营都统老迈、兵丁涣散，特别由此暴露出“国语骑射”的衰退，使得乾隆帝在震怒的同时，亦心生忧虑。乾隆帝强调：

> 天津如此，其余各驻防官兵，恐亦未必操演纯熟。……嗣后务将该管官兵，悉心训练，毋失满洲旧规，若复如天津颓靡，一经查出，维将该将军、大臣等从重治罪，决不轻贷。②

为以示惩戒，乾隆帝将都统富当阿、副都统雅隆武革职，并谕令对天津历任都统、副都统以及现任协领、佐领等相关官员进行议处。③不仅如此，乾隆帝鉴于天津水师营八旗兵丁疏于“国语骑射”，加之当时海疆相对稳定④，故而决心将其裁撤。三十二年（1767），乾隆帝上谕：“此项兵（按：天津水师营）为防海口而设，今海面久已宁谧，自可移拨他省。”⑤

当时，清廷为应对全国性旗人生计问题，筹划实施大规模汉

① 昭梿：《啸亭杂录》卷4《天津水师》，中华书局1980年版，第107页。

② 《清高宗实录》卷781，乾隆三十二年三月乙酉。

③ 《清高宗实录》卷780，乾隆三十二年三月庚午。

④ 李阳光：《天津满洲水师营都统表的编纂及相关研究》，硕士学位论文，内蒙古师范大学历史系，2009年，第14页。

⑤ 《清高宗实录》卷782，乾隆三十二年四月乙未。

军出旗为民政策，并从各驻防中调派满蒙八旗以为填补。其中，面临裁撤的天津水师营八旗驻防，即在调整之列。是年四月，清廷议定将天津水师营移驻福州、广州、凉州等地，并对移驻事宜做了多方筹划。

其一，天津水师营兵丁的移驻与出旗。

天津水师营曾于乾隆三十年（1765）裁撤500名甲兵，仅余2500名甲兵①，另设有养育兵333名。水师营裁撤后，将八旗甲兵与养育兵分别派遣至各地戍防：一是派往广州、福州、凉州等3处戍防；② 二是对于兵丁内另记档案之人分别归入绿营或出旗为民；③ 三是将“孤单无靠，不能派往三十四名”④ 养育兵遣回京师。详见表2—1。

表2—1 乾隆三十二年天津水师营兵丁移驻与出旗情况一览表

安置情况	八旗甲兵	养育兵	备注
移驻广州	498	70	
移驻福州	229	37	
移驻凉州	1081	192	初计划派遣1000名兵丁，后将所余81名一并派往
归入绿营	334	—	
出旗为民	358	—	
遣回京城	—	34	

① 《清高宗实录》卷749，乾隆三十年十一月戊戌。

② 《清高宗实录》卷782，乾隆三十二年四月乙未。

③ 《清高宗实录》卷797，乾隆三十二年十月庚寅。

④ 《清高宗实录》卷783，乾隆三十二年四月丙辰。

另外，官兵户口册内刑部发遣为奴的厄鲁特 32 名，带往移驻处所；黑龙江披甲闲散遣犯 3 名，改发保定府驻防 1 名、沧州驻防 2 名。原归属天津水师营都统兼辖之沧州八旗驻防官兵，改归稽查保定等处京师副都统管辖。[①]

其二，天津水师营官员的处置。天津水师营官员因管理不善而遭议处：除遵照部议革职者 15 员外，降留 1 员，革留 1 员，免议 3 员。至于议革者 78 员内“验其才力，尚堪驱策，请仍准其留任弹压前往”[②]。理事同知改驻天津府城。

其三，其他事项。天津水师营都统衙署改为大沽汛游击衙门，兵房归地方官估价变卖。库存火药火绳，交天津镇收贮。官马交直隶总督将疲羸之马，照例变价，其余作为八旗官马。营内赶缯船 8 只、舢板船 8 只，原由福建、江苏、浙江 3 省造送，行文该省，派专员来津驾送回南方各省。[③]

第四节　长城沿线驻防

清初满蒙关系稳固，北部边疆相对安定，顺治朝仅于直隶北部长城沿线的张家口、独石口、古北口、喜峰口、山海关等 5 处，驻扎几名至几十名不等的八旗甲兵。康雍两朝，因北部边疆问题显现，清廷在增设罗文峪、冷口、千家店等驻防的同时，不断增加各关口八旗兵额，并调整其统属关系。乾隆前期，随着长

① 《清高宗实录》卷 783，乾隆三十二年四月丙辰。

② 《清高宗实录》卷 783，乾隆三十二年四月丙辰。

③ 《清高宗实录》卷 783，乾隆三十二年四月丙辰。

城沿线都统、副都统的设置，各关口八旗驻防分属山海关副都统及察哈尔都统管辖，其格局基本延续至清末。

一、山海关副都统所辖驻防

山海关位于河北省与辽宁省交界处，元代为迁民镇，明洪武十四年（1381）置山海卫，并于次年筑城设关，即山海关。山海关背山临海，地势险要，为东北与内地之咽喉，明代防御之要塞，被称为“天下第一关”。清朝定鼎北京后，山海关作为“奉天等3省以及朝鲜、蒙古地方之通衢”，仍是“京东紧要关隘”。①

山海关驻防自顺治初始设，后经历次增兵。乾隆五年（1740）清廷议定于山海关设副都统，八年（1743）加派兵丁正式移驻。山海关副都统设置后，除管理本部驻防官兵外，职权最大时一并兼辖顺义县、三河县、玉田县、永平府、喜峰口、冷口、罗文峪等7处驻防；五十八年（1793），三河县、玉田县、顺义县3处驻防改归密云副都统兼辖。本节所述山海关副都统所辖驻防，包括山海关本处及其兼管之永平府、喜峰口、冷口、罗文峪等处驻防。

（一）山海关本处驻防

顺治二年（1645），清廷向山海关派驻46名八旗甲兵，设防

① 《大学士总理兵部事务鄂尔泰为核议山海关副都统题请添设佐领等事》，乾隆八年闰四月十八日，中国第一历史档案馆藏，内阁兵科题本02-01-006-000583-0014。

御2员。[①] 康熙十四年（1675），清廷为应对布尔尼叛乱，向山海关派驻兵丁至800名，据《八旗通志》记载："拨陵上壮丁披甲，八旗设甲兵八百名。康熙二十年，将陵上壮丁撤回，止存甲兵四百名。"[②] 在山海关八旗兵丁中，陵上壮丁占据半数，可见清廷为平定三藩之乱，造成北方八旗兵力的空虚。二十年（1681）三藩之乱平定之后，清廷旋即裁撤陵上壮丁400名，仅留八旗甲兵400名。

康熙二十七年（1688），为康熙帝亲征准噶尔蒙古做准备，清廷将山海关334名甲兵移驻奉天沿路防守[③]，并自京师移来94名八旗甲兵以为补充。三十四年（1695），复添40名，山海关八旗甲兵增至200名，其中满洲八旗甲兵146名、蒙古甲兵49名、汉军甲兵5名，设总管1员、防御8员、骁骑校8员、笔帖式3员。

乾隆五年（1740），清廷筹划在山海关设置副都统，并于八年（1743）闰四月从京师闲散养育兵内挑选600名移驻山海关。至此，山海关驻防甲兵增至800名，设副都统1员，协领2员，佐领、防御、骁骑校各8员。山海关副都统衙门设左右二司，于

---

① 刘锦藻编纂：《清朝文献通考》卷183《兵》第2册，浙江古籍出版社1988年版，第6437页。

② （清）鄂尔泰等修：《八旗通志》卷27《兵制二》，东北师范大学出版社1985年版，第515页未记载增兵时间，结合《清朝文献通考》卷183《兵》，第6843页所载："是年（康熙十四年），增设山海关总管一人，防御八人，满洲蒙古汉军兵七百五十名。"可知其增兵时间为康熙十四年。

③ 《山海关副都统倭恒额题为山海关原设驻防兵丁数目清册》，光绪二十八年正月，中国第一历史档案馆藏，驻防兵丁数目清册15-02-001 000400-0025。

八旗佐领官内选干练者 2 员，协理八旗官兵家口粮饷，审理案件等项事务，并设有随印笔帖式 3 员。[①] 八旗营房设在关城南 1 里许的南翼城、关城北 3 里处的北翼城两处以及南翼城外北面教场之旁的空地上。[②]

山海关副都统设置后，沿袭雍正十年（1732）畿辅驻防归属的划分，兼管顺义县、三河县、玉田县、永平府 4 处驻防，同时原由陵寝处大臣等稽查的喜峰口、冷口、罗文峪等 3 处驻防，亦改由其兼辖。乾隆五十八年（1793），三河县、玉田县、顺义县 3 处驻防改归密云副都统兼辖，山海关副都统仅兼管永平府、喜峰口、冷口、罗文峪 4 处驻防官兵。

（二）永平府驻防

永平府(治今卢龙县)，东至山海关180里，西至京师550里，[③] 虽辖地狭仄，然隘口众多，是守护京师东部之要地，素有“冀北之神皋，燕东之天府”[④] 之称。康熙三十四年（1695），清廷将原驻于滦州之镶白、正蓝二旗满洲甲兵移驻永平府，设甲兵 100 名，防守尉 1 员，镶白旗、正蓝旗防御 2 员，骁骑校 2 员，[⑤] 其八旗驻

① 《清高宗实录》卷 191，乾隆八年闰四月癸酉。

② 《直隶总督孙嘉淦揭请拨给古北口添设官兵衙署所需银两》，乾隆五年十二月十八日，张伟仁主编：《明清档案》第 98 册，联经出版事业股份有限公司 1986 年版，第 31 页。

③ （清）顾祖禹：《读史方舆纪要》，团结出版社 2022 年版，第 709 页。

④ 光绪《畿辅通志》卷 68《舆地二十三 · 关隘二》，《续修四库全书》第 631 册，上海古籍出版社 2002 年版，第 558 页。

⑤ （清）鄂尔泰等修：《八旗通志》卷 27《兵制二》，东北师范大学出版社 1985 年版，第 512 页。

防营建在卢龙县城内西街。[①]

（三）喜峰口驻防

喜峰口，又称“喜逢口”，相传“昔有久戍不归者，其父求之，适相遇此山下，相抱大笑，喜极而死，遂葬于此，因谓之喜逢口”[②]。喜峰口地处迁安县西北150里，西南距遵化州70里。喜峰口地势险要，“石壁峭绝万仞，无蹊径可上”[③]。喜峰口为明代蓟边要地，也是乌梁海进贡的必经之路。清代，喜峰口系喀喇沁、敖罕等蒙古各部进京的重要通道。[④]

顺治二年（1645）六月，清廷于喜峰口初设八旗甲兵4名，以石汉为守关章京。[⑤]十一年（1654），又增设甲兵4名。康熙二十三年（1684），为加强对西北的防御，复将喜峰口驻防兵额增至80名。雍正二年（1724），又添设甲兵20名，兵额增至100名。乾隆五年（1740），清廷鉴于喜峰口官兵所承担事务繁杂，原设兵丁不敷差遣，添设甲兵100名，驻防兵丁增至200名。

喜峰口驻防设满洲正黄旗防守尉1员，满洲正黄、镶白二旗

① 民国《卢龙县志》卷2《建置志》，成文出版社1968年版，第60页。

② 光绪《畿辅通志》卷68《舆地二十三·关隘二》，《续修四库全书》第631册，上海古籍出版社2002年版，第561页。

③ 光绪《畿辅通志》卷68《舆地二十三·关隘二》，《续修四库全书》第631册，上海古籍出版社2002年版，第561页。

④ 《直隶总督孙嘉淦揭请拨给古北口添设官兵衙署所需银两》，乾隆五年十二月十八日，张伟仁主编：《明清档案》第98册，联经出版事业股份有限公司1986年版，第31页。

⑤ 《清世祖实录》卷17，顺治二年六月壬子。

防御 2 员，满洲正红、镶白、正蓝三旗骁骑校 3 员，蒙古镶黄、正白二旗骁骑校 1 员，笔帖式 2 员。[①] 其防守尉衙署及营房设于迁安县城内。[②]

（四）冷口与罗文峪驻防

冷口地处迁安县北 50 里，“内外道路坦夷，往来四达”[③]，为明蓟镇长城的重要关隘，曾是兀良哈三卫入京朝贡的必经之地，清代此处常有蒙古及内地商民贸易出入；罗文峪位于遵化州北 18 里，为马兰峪东第十四关口，虽为偏僻小口，但“外通大川，各墩空俱通骑，极冲”[④]。

康熙八年（1669），康熙帝鉴于直隶圈地导致百姓流离失所，谕令：“自后圈占民间房地，永行停止。”[⑤] 同时为满足旗人对土地的需求，将口外空地拨给旗人耕种，其中罗文峪、冷口以外土地分别拨给正白旗与镶白旗、正蓝旗耕种。[⑥] 次年，清廷向罗文峪、冷口二处各设八旗甲兵 12 名，并于二十三年（1684）增至 24 名，[⑦] 以稽查关口往来耕种贸易事宜。

---

① 《清高宗实录》卷 123，乾隆五年七月辛卯。

② 《钦定八旗通志》卷 117《营建志六》第 3 册，吉林文史出版社 2004 年版，第 1997 页。

③ 光绪《畿辅通志》卷 68《舆地二十三・关隘二》，《续修四库全书》第 631 册，上海古籍出版社 2002 年版，第 559 页。

④ 光绪《畿辅通志》卷 68《舆地二十三・关隘二》，《续修四库全书》第 631 册，上海古籍出版社 2002 年版，第 614 页。

⑤ 《清圣祖实录》卷 30，康熙八年六月戊寅。

⑥ 《清圣祖实录》卷 32，康熙九年正月癸未。

⑦ 刘锦藻编纂：《清朝文献通考》卷 183《兵》第 2 册，浙江古籍出版社 1988 年版，第 6437 页。

雍正朝为加强直隶北部长城沿线防御，于雍正二年（1724）将冷口八旗甲兵添足50名，六年（1728）设防守尉1员[①]，七年（1729）“增罗文峪驻防十有六名”[②]，其兵额增至40名。

乾隆五年（1740），鉴于冷口与罗文峪八旗官兵驻扎口内，稽查把守事务繁重，不敷差派，遂进一步筹划向此二口增兵。其中，冷口八旗兵额增至150名，设满洲正红旗防守尉1员、防御2员、骁骑校4员，官兵营房建于口内以南的平坦空地上；罗文峪添设甲兵60名，兵额总数达到100名，由满洲镶黄、镶红、正蓝三旗甲兵组成，设防御1员、骁骑校2员，八旗官兵营房设于口内东南2里下营堡北部的平坦空地上。[③]

二、察哈尔都统所辖驻防

乾隆二十六年（1761），清廷于张家口设察哈尔都统，以之“总理游牧八旗事务，兼辖张家口驻防官兵”[④]。至此，察哈尔八旗不再由京师八旗蒙古都统管辖，与张家口驻防官兵一并改归察哈尔都统管辖。随着察哈尔都统衙门建置的完善，清廷于乾隆三十二年（1767）将独石口、千家店、昌平州3处驻防

---

① 《清世宗实录》卷75，雍正六年十一月甲寅。

② 刘锦藻编纂：《清朝文献通考》卷183《兵》第2册，浙江古籍出版社1988年版，第6437页。

③ 《直隶总督孙嘉淦揭请拨给古北口添设官兵衙署所需银两》，乾隆五年十二月十八日，张伟仁主编：《明清档案》第98册，联经出版事业股份有限公司1986年版，第31页。

④ 光绪《钦定大清会典事例》卷977《理藩院十五》，《续修四库全书》第811册，上海古籍出版社2002年版，第691页。

改归察哈尔都统兼管[①]，后又于四十八年(1783）将昌平州驻防改归密云副都统管辖。需要指出的是，因察哈尔八旗驻牧于宣化府、大同以北，且清代文献中未将其记载于畿辅驻防之下，故本书仅探讨察哈尔都统所辖之张家口、独石口和千家店 3 处驻防。

（一）张家口驻防

张家口北接蒙古，西界大同，系明清两代的军事要塞。明宣德四年（1429)，指挥张文在此构筑城堡，名“张家保”，后守备张珍于明嘉靖八年(1529）开设北门，因其门小如口，故俗称“张家口”，又有“小北门”之名。

顺治元年（1644)，清廷即向张家口派驻八旗兵丁，唯规模甚小，仅设防御 1 员，满洲八旗甲兵 8 名，[②] 驻守于徕远堡内边墙大境门一带[③]；十年(1653)，增设张家口八旗甲兵 16 名[④]，以稽查“蒙古朝贡往来，民人贸易耕种出入”[⑤] 等事宜。不过，因清廷此时致力于统一全国，加之满蒙关系相对稳固，在长城沿线派驻的八旗官兵较少，虽遣员管理，但调换频繁。

康熙二十二年（1683)，清廷为加强对准噶尔蒙古于边口贸

---

① 《清高宗实录》卷 780，乾隆三十二年三月乙丑。

② 刘锦藻编纂:《清朝文献通考》卷 183《兵五》第 2 册，浙江古籍出版社 1988 年版，第 6438 页。

③ 乾隆《宣化府志》卷 16《兵志》，成文出版社 1968 年版，第 308 页。

④ 刘锦藻编纂:《清朝文献通考》卷 183《兵五》第 2 册，浙江古籍出版社 1988 年版，第 6438 页。

⑤ 乾隆《宣化府志》卷 14《塞垣》，成文出版社 1968 年版，第 281 页。

易的监管，于张家口增设八旗甲兵136名[①]，设总管1员、防御8员[②]。因此，与直隶北部长城沿线其他关口不同，张家口于康熙朝即设总管管辖，规格较高。关于这一变动，亦有研究认为与监督口外察哈尔八旗有关[③]，加之此前左翼四旗察哈尔兵曾于康熙十四年(1675）哗变[④]，响应布尔尼叛乱[⑤]，故相关推测当具有合理性。三十七年（1698)，清廷于张家口驻防兵额内“分设领催十六名，骁骑一百四十四名”[⑥]。乾隆六年（1741)，清廷筹划于独石口设副都统，拟将张家口八旗驻防改归独石口副都统管辖，并将其兵额增至300名。虽后来设置独石口副都统的计划未能落实，但张家口所增兵额未减，共驻300名八旗满洲蒙古甲兵，仍

① 刘锦藻编纂：《清朝文献通考》卷183《兵五》第2册，浙江古籍出版社1988年版，第6438页。

② 参见刘锦藻编纂：《清朝文献通考》卷183《兵五》第2册，浙江古籍出版社1988年版，第6438页。但乾隆《宣化府志》卷16《兵志》中记载：“顺治年设正黄、正红二旗防御各一员，康熙二十二年，增设六员，连旧共八员。”二者记载顺治年间所设置的防御额数不同，但康熙二十二年增设之后防御8员是实。

③ 张懿德：《边疆内地化的渐进：清代察哈尔治理的发展历程》，《内蒙古社会科学》2021年第4期。

④ 《清圣祖实录》卷54，康熙十四年四月丁巳。

⑤ 《清圣祖实录》卷55，康熙十四年五月辛酉。

⑥ 刘锦藻编纂：《清朝文献通考》卷183《兵五》第2册，浙江古籍出版社1988年版，第6439页。此处与《八旗通志》中所记载的“康熙二十二年，每旗添甲兵十七名，八旗拨什库十六名，甲兵一百一十四名”不同。若每旗添设17名，则一共添设136名，加之此前的24名，共计160名，这点可在雍正《大清会典》中佐证，“张家口设兵160名”。而这160名兵丁中，拨什库（领催）16名，则甲兵应为144名，而非114名，故《八旗通志》记载有误。

归京师副都统管辖。

乾隆二十六年（1761），清廷于张家口设察哈尔都统，“令辖该处（张家口）弁兵，无庸京城八旗都统兼管”①。由此，张家口所驻八旗官兵遂改归察哈尔都统管辖。二十九年（1764），清廷裁汰右卫八旗驻防官兵，依察哈尔都统巴尔品所奏，将右卫官兵移驻张家口。② 右卫驻防八旗移驻后，张家口所驻兵额增至1020名，增建的营房衙署“坐落于右翼满营南”③。此后，又于嘉庆十一年（1806）增添满洲八旗养育兵20名，道光二十三年（1843）新添抬枪兵60名。④ 张家口所驻兵额增至1100名。

随着同治朝伊犁官兵东迁，张家口驻防八旗兵额进一步增加。同治七年（1868）十二月，上谕伊犁所余之150名兵丁“即著于绥远城、热河、张家口三处，分别安插，毋庸改隶京旗”⑤。

① 《清高宗实录》卷648，乾隆二十六年十一月辛丑。

② 据《钦定八旗通志》卷117《营建志六》第3册，吉林文史出版社2004年版，第1996页记载：“二十七年，由右卫移来官兵，将总管补为协领，又添协领二员，佐领十员，防御八员，步军尉二员，骁骑校二员，兵丁、匠役七百二十名。”而在其他相关文献及满汉文档案中均未见二十七年移驻官兵之事，巴尔品首次提出移驻之事是在乾隆二十九年正月。《清高宗实录》中所记载的移驻计划也仅乾隆二十九年一次，故《钦定八旗通志》关于右卫官兵移驻张家口的时间记载有误。

③ 《钦定八旗通志》卷117《营建志六》第3册，吉林文史出版社2004年版，第1996页。

④ 《驻防直隶张家口于顺治元年起至道光三十年止陆续增添满洲蒙古兵丁数目清册》，光绪三十一年十一月，中国第一历史档案馆藏，驻防兵丁数目清册15-02-001-000618-0102。

⑤ 《清穆宗实录》卷148，同治七年十二月丁未。

次年，清廷决定于独石口安插伊犁官兵38名[①]，但落实过程则甚为波折。为安置这部分官兵，需建房104间。时任察哈尔都统文盛起初奏请由其都统衙门派员兴修，并从库存军需项下拨银，后鉴于库存军需不敷应用，又奏请改由直隶总督令地方官办理。尽管同治帝随即敕命时任直隶总督曾国藩“责成该地方官蹋察地势，委托建盖”，并要求察哈尔都统文盛“先行借给住房，勿令该官兵失所”[②]，但修建兵房一事不断拖延。

由于文献失载，其具体落实情况暂难详考。不过据有关档案显示，直至同治十一年（1872）七月十九日，工部才核议“需用工料银两”[③]。而从新任察哈尔都统额勒和布同年十一月十三日的奏折来看，当时张家口、千家店、独石口等处均存在严重欠领月饷、兵米情况，且其在奏请中特意申明“虽经咨行直隶总督设法措款修补营房，并札饬张家口理事同知转催各州县赶紧采运米石，然皆缓不济急”[④]。

面对如此窘境，察哈尔都统额勒和布鉴于当时独石口地方日

① 这部分官兵原定安插独石口，但因“营房不敷居住，复值独石口外地方安静无事，张家口外台路差务加紧，时须派人前往照料”，故时任察哈尔都统文盛奏请安插张家口，获准。参见《察哈尔都统额勒和布奏请附防独石口伊犁官兵改驻张家口事》，同治十二年六月二十日，中国第一历史档案馆藏，朱批奏折04-01-01-0918-072。

② 《清穆宗实录》卷265，同治八年八月戊午。

③ 《大学士管理工部事务文祥为核议直隶总督题请核估赤城县独石口修建安插伊犁官兵新兵住房房屋需用工料银两事》，同治十一年七月十九日，中国第一历史档案馆藏，朱批奏折02-01-008-004487-0018。

④ 《察哈尔都统额勒和布奏请附防独石口伊犁官兵改驻张家口事》，同治十一年十一月十三日，中国第一历史档案馆藏，朱批奏折03-4843-051。

趋安宁，而张家口外台路恰缺兵丁照料，故于同治十二年(1873)六月奏请将这部分熟悉蒙语的伊犁官兵改驻张家口。

> 将安插独石口之伊犁驻防佐领额勒格春等官兵三十八员名内，除由独石口闲散顶补甲缺二名外，余均调至张家口居住，以便随时派往边外当差，俾资得力。其应领俸饷马乾米石，即按张家口驻防官兵现办成数改归张家口关支。[①]

此后，清廷按额勒和布所请，将安插于独石口的伊犁官兵改驻张家口。据光绪二十九年（1903）《直隶省改驻张家口伊犁额设兵丁数目清册》记载：

> 乾隆二十五年间，由西安携眷驻防伊犁，同治十二年九月间，由独石口改驻张家口，原设兵丁三十六名内，俱系满洲蒙古八旗。领催二名、前锋十四名、马甲二十名内，除现在归回伊犁当差马甲柯们布一名，实有兵丁共三十五名。[②]

据此来看，36名伊犁官兵于同治十二年（1873）九月正式移驻张家口，后又于光绪朝调马甲1名回伊犁当差。至此，张家

---

① 《察哈尔都统额勒和布奏请附防独石口伊犁官兵改驻张家口事》，同治十二年六月二十日，中国第一历史档案馆藏，朱批奏折 04-01-01-0918-072。

② 《直隶省改驻张家口伊犁额设兵丁数目清册》，光绪二十九年十一月，中国第一历史档案馆藏，驻防兵丁数目清册 15-02-001-000604-0138。

口驻防八旗官兵总数达到1135名。

（二）独石口驻防

独石口位于赤城县东北100里，其地势险要，孤悬绝塞，故有“京师之肩背在宣镇，宣镇之肩背在独石”①之说。明代土木之变，议者欲弃独石不守。于谦曾曰：“弃之，不独宣大、怀来难守，即京师不免动摇。”②由此可见，独石口在京师防御体系中之地位。

顺治元年（1644），独石口仅驻4名甲兵；十一年（1654），增至8名。后清廷于康熙二十三年（1684），将独石口八旗甲兵增至80名，又于雍正六年（1728）增至100名。乾隆六年（1741），清廷议定在独石口添设副都统，但因此处冬季严寒且构筑房屋困难，不宜大规模驻军，故又恢复防守尉之制，仍由京师派副都统兼管。

独石口驻防官兵在口外城中居住，口内轮值防守，而随着蒙古出入关隘频繁，巡查多有不便。乾隆二十七年（1762），镶白旗护军统领弘晌奏请：“拟照古北口例，将旧住官房，改造口内。”③三十年（1765）五月，工部议准扩建独石口衙署，由原来的85间扩充至260间。④

---

① 民国《直隶疆域屯防详考》第八章《口北道区形势及各县之屯防地》，成文出版社1968年版，第179页。

② 民国《直隶疆域屯防详考》第八章《口北道区形势及各县之屯防地》，成文出版社1968年版，第179页。

③ 《清高宗实录》卷674，乾隆二十七年十一月丙寅。

④ 《清高宗实录》卷737，乾隆三十年五月癸卯。

（三）千家店驻防

千家店地处长城以北，独石口东南，康熙五十年（1711）始设八旗驻防。据乾隆朝档案记载，当时清廷“拿获口外之千家店、花盆、龙潭等处栖息之贼匪方小嘴儿（fang siyoo dzui el）后，查此等处无人管辖，遂派独石口章京一员，兵四十名驻防于此”[①]；另据《八旗通志》记载：“营盘口关外，千家店、花盆、龙潭等处，既有现成房地，着调拨独石口章京一员，拨什库四名，披甲兵丁三十六名，驻防千家店等处。”[②]

是故千家店驻防设置的直接原因是清廷在这一带剿匪后发现尚未派兵监管，故从独石口调拨官兵驻防，共驻甲兵 40 名（内含领催 4 名），设防御 1 员。由于千家店并非重要的关口，故其兵额长期维持在 40 名，而且当时负责监管的正蓝旗满洲副都统六格，还曾于乾隆二年（1737）奏请，将所驻官兵调回独石口[③]，但并未获允。

---

① 《总理事务庄亲王允禄奏议副都统六格所奏千家店驻防兵丁无庸撤驻独石口折》，乾隆二年十月二十七日，中国第一历史档案馆藏，军机处满文录副奏折 03-0171-0324-009.2。满文原文：jase tule ciyan giya diyan. hūwa pen, lung tan i jergi bade tomoho fang siyoo dzui el i jergi butu hūlha be jafaha amala. ere jergi babe kadalara baicara niyalma akū seme. dušikeo i janggin emke.cooha dehi be tucibufi. ciyan giya diyan i jergi bade dendeme tebuhe.

② （清）鄂尔泰等修：《八旗通志》卷 27《兵制二》，东北师范大学出版社 1985 年版，第 513 页。

③ 《总理事务庄亲王允禄奏议副都统六格所奏千家店驻防兵丁无庸撤驻独石口折》，乾隆二年十月二十七日，中国第一历史档案馆藏，军机处录副奏折 03-0171-0324-009.2。

第五节　热河等处驻防

明末以来，热河成为漠南蒙古各部的游牧地。热河东接盛京，西临察哈尔，北至喀尔喀，南以长城与京师为界，战略位置极为重要。康熙朝以降，清廷于口外设木兰围场、肇建避暑山庄及周围寺庙，不断巩固与漠南蒙古的关系，同时加强对热河等地的经略与治理。向热河派驻八旗动议于康熙后期，至雍正初期正式派驻并设总管统辖，后又不断扩大，乾隆朝改设副都统，嘉庆朝升格为都统。

一、热河八旗驻防的设置与调整

康熙二十二年（1683），清廷于口外设立木兰围场①，为便于巡狩，又于口外新建多处行宫，其中即包括避暑山庄（始称“热河行宫”）。不过，口外各处行宫初建时，虽由热河总管所辖之内务府三旗汉军官兵看护，② 并先后于四十七年（1708）、五十一年

① 有关木兰围场建立时间，史学界多有争议，包括康熙二十年说、康熙二十二年说、康熙三十四年说三种。其中康熙二十年说法见中国人民大学清史研究所、承德市文物局合编：《承德避暑山庄》，紫禁城出版社1994年版，第12页。康熙二十二年说法见胡廷荣：《木兰围场开创年代新考——康熙第一、二次北巡最北到今宁城境考实》，《昭乌达蒙族师专学报》2000年第1期；安忠和：《木兰围场始置时间新考》，《承德民族师专学报》2003年第3期。康熙三十四年说法见玉海：《清代翁牛特右翼旗献地及木兰围场始置时间新考》，《吉林师范大学学报》2019年第3期。此处采信康熙二十二年说。

② 乾隆《钦定热河志》卷84《职官》，天津古籍出版社2003年版，第848—849页。

(1712)两次从盛京、黑龙江等处调拨藩下之人共80户至热河行宫内看守[①]，但均非驻防八旗[②]。至于行宫外围安全，则每年秋季按例调口内官兵前往看守。[③]

康熙五十年（1711）正月，九卿奏议向热河派驻1200名骁骑校与800名护军，遭康熙帝驳回：

> 这驻防一事，应当周详定议。尔等议谓护驾为要，此兵能有几何？护驾自有兵在也，护军无出屯外省之例，且护军已经节次沙汰，可弗派遣。边外山川，朕无不知数年霜降节迟，是以年年丰收，现在米谷亦多积贮。先是七月降霜，屡年无获，朕闻张三营等处之人皆食柞栗，故命随驾兵卒厮役拴带古北口之米，前去赈济。此往戍之兵所关紧要，不可不豫筹也。如密云县内府鹰户原有三十名，今滋生至二三百人，此辈种田为生，竟成农夫矣。如所遣之兵不使谷食充足，令其种田为生，亦俱成农夫耳。屯兵带家眷一并搬移，甚是不易，一经安插，再难复动，必须先令人耕田，俟有数

① 《热河园庭现行则例》卷2《添裁员役》，石利锋点校，团结出版社2012年版，第49页。

② 此外，布尼阿林：《热河八旗驻防简述》，《承德师专学报》1988年第1期；许富翔：《清代热河驻防八旗的沿革与职掌（1702—1810）》，《通化师范学院学报》2020年第5期等文，根据《热河内属中国及行宫驻防始末记》相关记载，认为康熙朝即设置火器营，雍正二年裁撤。然《热河内属中国及行宫驻防始末记》真实与否存疑，故该说有待商榷。

③ 《镇守直隶古北口等处地方副将杨铸奏报拣派兵丁前往热河守护行宫折》，康熙五十三年十一月十八日，中国第一历史档案馆、承德市文物局编：《清宫热河档案》第1册，中国档案出版社2003年版，第58页。

年之积，再行安插。[①]

康熙帝反对于热河设八旗驻防的原因有三：其一，北巡往来自有官兵随行护驾，且护军无出屯外省之例；其二，口外丰歉无常，驻军生计问题难以解决；其三，恐八旗甲兵及后裔竟成农夫。但结合当时情况来看，康熙朝未设热河八旗驻防的主要原因，当是此地尚不具备供养新增八旗官兵的条件。

早在康熙九年（1670），清廷即将口外空闲之地分拨八旗[②]，同时设置八旗官庄和修建宫仓。不过，由于口外地区积温低，霜冻早，加之不易灌溉，十年九歉实属常态，庄头所交米石远不足供应兵米发放，常需直隶总督遣员于各州县采买。因此，康熙帝才强调“必须先令人耕田，俟有数年之积，再行安插”，并担心“如所遣之兵不使谷食充足，令其种田为生，亦俱成农夫耳”。事实上，康熙帝设立木兰围场，除加强与漠南蒙古联系外，则是为提升八旗官兵的作战能力。从这一点来讲，康熙帝甚为排斥并设法防范“兵农合一”，力图保持八旗“以武功开国”[③]的骑射传统。

康熙朝虽设热河八旗驻防，但为加强对避暑山庄的看护，清廷于康熙五十三年（1714）“新设看宫千总一员，苏拉九十三名”[④]。苏拉，满语“sula”，为闲散之意，系内务府汉军旗人，而

① 台北故宫博物院编：《清代起居注册·康熙朝》第19册，联经出版事业股份有限公司2009年版，第10476—10477页。

② 《清圣祖实录》卷32，康熙九年正月癸未。

③ 《清世祖实录》卷48，顺治七年三月戊寅。

④ 《镇守直隶古北口等处地方副将杨铸奏报拣派兵丁前往热河守护行宫折》，康熙五十三年十一月十八日，中国第一历史档案馆、承德市文物局编：《清宫热河档案》第1册，中国档案出版社2003年版，第58页。

非八旗驻防兵丁，且规模不大，“实不敷用”①。直至雍正年间，热河等地始设八旗驻防。

（一）热河八旗驻防的初设

雍正元年（1723），青海和硕特部罗卜藏丹津叛乱，地处长城以北的热河地区，因关系京师稳定，军事战略位置愈显重要。与此同时，清廷鉴于京师旗人生计问题日益严峻，开始以派驻八旗驻防为由疏散在京旗人。

虽距康熙朝廷议设置热河八旗驻防仅十余年，但其间赴口外农垦民人日众。如康熙帝上谕中曾有“山东民人往来口外垦地者，多至十万余”以及“今在口外种地度日者甚多”②等情况。在此期间，热河地区的农业生产也得到了一定发展，官仓、宫仓均有一定积累。如康熙五十四年（1715）清廷自口外向归化城调兵时，上谕：“倘粮不足，著支领唐三营仓米。”③次年春，因北巡途中扈从大臣及官兵集中采买粮食，导致热河米价暴涨，故康熙帝谕令：“著将热河之仓及唐三营仓所贮之米发出，设立一厂。每石定价银一两，卖与随驾官兵。”④

虽因研究主旨所限，未及详考热河农垦及产粮问题，然据有关记载及相关研究⑤可知，及至康雍之际，热河地区当已达到了

① 《镇守直隶古北口等处地方副将杨铸奏报拣派兵丁前往热河守护行宫折》，康熙五十三年十一月十八日，中国第一历史档案馆、承德市文物局编：《清宫热河档案》第1册，中国档案出版社2003年版，第58页。

② 《清圣祖实录》卷268，康熙五十五年闰三月壬午。

③ 《清圣祖实录》卷263，康熙五十四年四月丁亥。

④ 《清圣祖实录》卷268，康熙五十五年闰三月乙巳。

⑤ 纪欣：《康熙与承德开发》，辽宁民族出版社2011年版，第204—211页。

“俟有数年之积，再行安插”[①]的条件。雍正元年（1723）六月，上谕：

> 边外地方辽阔，开垦田亩甚多。将京城无产业兵丁移驻于彼，殊为有益。著直隶古北口提督董象纬定议。再著总理事务王大臣等，会同兵部详议具奏。[②]

随后议准于热河、喀喇河屯、桦榆沟3处驻兵，从在京满洲蒙古八旗兵中选派无产业、情愿去者800名，其中热河驻400名，喀喇河屯与桦榆沟各驻200名，设总管1员、翼长2员，佐领、骁骑校各16员。经筹备完成后，于次年（1724）春正式移驻。

（二）热河八旗驻防的扩大与升格

雍正十年（1732），因西北战事紧张，清廷从喜峰口等处的打牲壮丁及村庄园圃等额丁内拣选情愿充兵、壮健者1000名，前往热河操演鸟枪、弓箭[③]，后又将这批鸟枪兵及其家眷移驻归化城。[④]为补充热河军事力量，清廷于乾隆二年（1737）六月议

① 台北故宫博物院编：《清代起居注册·康熙朝》第19册，联经出版事业股份有限公司2009年版，第10476—10477页。

② 《清世宗实录》卷8，雍正元年六月辛酉。

③ 《热河总管巴图奏请拨给新增驻防热河之一千二百兵丁家眷房屋折》，乾隆二年七月二十九日，中国第一历史档案馆藏，军机处满文录副奏折03-0171-0390-006。满文原文：hūwaliyasun tob i juwanci aniya de boo i amban ošan. že ho de jifi. sonjome gaiha urebure emu minggan tuwai agūra cooha de tebure boobe.

④ 《清世宗实录》卷9，雍正十三年十二月丙戌。

定，从京城闲散人丁内拨往热河1200名。[①] 至此，热河驻防八旗总兵额达到2000名，其中1400名驻热河，400名驻喀喇河屯，200名驻桦榆沟。[②]

乾隆二年（1737）十一月，总理事务和硕庄亲王允禄鉴于热河驻军“共成二千名营伍”，奏请“派大臣管辖”[③]，经兵部会议，“将总管一缺，改为满洲副都统”[④]。至此，热河八旗驻防升格为副都统级。次年，议准热河副都统那苏泰（又作那素泰）疏请，依例于热河副都统衙门设立左右二司，由经制官内拣选，令掌关防，办理粮饷刑名事件。[⑤]

嘉庆朝，随着口外流寓民的增加，热河地区蒙汉交涉案件增多。嘉庆帝鉴于主掌军务的热河副都统，难以应对当地日益复杂的形势，遂决议“改设都统一员管理”[⑥]，以实现“既以借资弹压，亦可就近经理公务”[⑦] 的效果。至此，热河八旗驻防级别再次升格，由热河都统统筹军政要务。

---

① 《清高宗实录》卷44，乾隆二年六月丁卯。

② 乾隆《钦定热河志》卷84《兵防》，天津古籍出版社2003年版，第847页。另赵尔巽等：《清史稿》卷130《兵一·八旗》第14册，中华书局1977年版，第3864页载：“乾隆三年，增热河驻防兵两千人，……以千四百人驻热河、四百驻喀喇河屯、二百驻桦榆沟。”

③ 《总理事务和硕庄亲王允禄等题为热河地方周延添增官兵更定直隶地方营制等事宜事》，乾隆二年十一月二十日，中国第一历史档案馆藏，内阁兵科题本02-01-006-000159-0006。

④ 《清高宗实录》卷57，乾隆二年十一月辛未。

⑤ 《清高宗实录》卷70，乾隆三年六月丙申。

⑥ 《清仁宗实录》卷231，嘉庆十五年六月乙巳。

⑦ 中国第一历史档案馆编：《嘉庆朝上谕档》第15册，广西师范大学出版社2009年版，第421页。

二、热河都统所辖之驻防

热河副都统除管辖热河、喀喇河屯、桦榆沟3处驻防之外，乾隆二十九年（1764），裁桦榆沟驻防的同时，木兰围场驻防官兵改归热河副都统兼辖[①]，热河八旗驻防格局基本确立。热河都统设置后，基本沿袭了热河副都统管辖的情况，除管理热河、喀喇河屯两处驻防之外[②]，亦兼辖木兰围场驻防。

（一）热河、喀喇河屯驻防

热河、喀喇河屯及桦榆沟均建有行宫。其中，热河行宫（今河北省承德市区）自康熙四十二年（1703）肇建后，因受清帝青睐而不断扩建，并于康熙五十年（1711）更名为“避暑山庄”，素有“塞外皇都”之称；喀喇河屯，蒙古语意为“黑城”，位于热河西南部（今河北省承德市滦河镇），在避暑山庄兴起前，喀喇河屯行宫为口外行宫中规模最大者；桦榆沟行宫（今河北省承德市滦平县），文献亦作“化育沟”，同为康熙帝北巡经常驻跸之所。故雍正朝始设热河八旗驻防时，决议向上述3处派驻八旗官兵。这3处八旗驻防虽非一地，但军事编制实属一体，且清代档案中亦多一体记载，故此处一并述之。

---

① 《围场总管韦陀保奏请特派总管专管木兰围场事宜折》，嘉庆九年十月，中国第一历史档案馆藏，军机处录副奏折03-0197-3674-028。

② 乾隆中期持续向伊犁等处加派官兵，其间热河等处驻防亦在派遣之列。乾隆二十八年十二月，清廷决议将桦榆沟驻兵200名全部移驻伊犁。详见《清高宗实录》卷701，乾隆二十八年十二月乙巳。但该条中另有“喀喇河屯有满洲蒙古兵二千名”及“再于喀喇河屯兵内拣派八百名”等语，讹误。

前文已述，清廷于雍正元年(1723）决议向热河、喀喇河屯、桦榆沟3处共派八旗甲兵800名，并于次年春正式移驻。其中，热河驻400名，由总管1员直辖，喀喇河屯与桦榆沟分别驻200名，各由翼长1员管辖。

乾隆二年（1737），热河等处增设兵丁至2000名[①]，改总管为副都统[②]，裁撤喀喇河屯、桦榆沟所设之翼长，改设协领。次年三月议准，热河副都统那苏泰疏请，喀喇河屯设满洲协领1员，管辖4个满洲佐领；桦榆沟设蒙古协领1员，管辖2个蒙古佐领；热河设满洲协领3员，管辖12个满洲佐领，设蒙古协领1员，管辖2个蒙古佐领。[③]经此调整，热河本处所驻兵丁增至1400名，喀喇河屯驻防兵丁增至400名。[④]

乾隆中期，清廷持续向伊犁增兵。乾隆二十八年（1763）十二月决议，从热河派拨兵丁1000名移驻伊犁。[⑤]此后，热河所缺兵额“由京派补”[⑥]。其间，桦榆沟驻防官兵全部移驻伊犁，清廷后来从京城补拨兵额时，将该处所缺200名甲兵改驻热河本处，故热河本处兵额增至1600名，喀喇河屯驻防兵额补齐400名。

乾隆三十三年（1768），在热河副都统呼什图奏请下，继而添设养育兵100名[⑦]；五十七年（1792），随着热河驻防旗人生齿日繁，闲散众多，据统计，当时热河八旗甲兵及养育2100名，

① 《清高宗实录》卷44，乾隆二年六月丁卯。

② 《清高宗实录》卷57，乾隆二年十一月辛未。

③ 《清高宗实录》卷64，乾隆三年三月丁巳。

④ 乾隆《钦定热河志》卷84《兵防》，天津古籍出版社2003年版，第847页。

⑤ 《清高宗实录》卷701，乾隆二十八年十二月乙巳。

⑥ 《清高宗实录》卷706，乾隆二十九年三月壬子。

⑦ 《清高宗实录》卷825，乾隆三十三年十二月乙亥。

其家口已增至“八千五百余口，且此内十八岁以上，三十岁以下之闲散四百四十余名”①，一人披甲难以维持家中生计，副都统保成遂奏请热河、喀喇河屯添设甲兵100名②，并从家口众多、身强体壮的闲散中挑选。满文档案亦记载：“热河、喀喇河屯二处驻防兵额二千二百名。”③

此后，据光绪朝《热河驻防原设续添兵丁数目清册》记载，道光、光绪两朝两次增设抬炮兵共100名。如此，热河、喀喇河屯总兵额达到2300名。其中，热河驻兵1840名，喀喇河屯驻兵460名。④

关于热河八旗营房位置，学界亦有较为翔实的考证：“镶黄旗营房在狮子沟；正白旗营房在小南门、迎水坝一带；镶白旗营房在南营子居仁里（原名白旗营房）；正蓝旗营房在五条胡同下口荆芭铺一带，后于道光年间迁至南营子头条胡同下口路南即肃

---

① 《热河副都统保成奏请热河喀喇河屯增加披甲缺及修营房折》，乾隆五十七年七月十五日，中国第一历史档案馆藏，军机处满文录副奏折03-0194-3395-005。满文原文：ne uheri jakūn minggan sunja tanggū funcere anggala de isinaha bime. ere i dorgi juwan jakūn se ci wesihun. gūsin se de isinara sula uthai duin tanggū dehi funcembi.

② 《热河副都统保成奏请热河喀喇河屯增加披甲缺及修营房折》，乾隆五十七年七月十五日，中国第一历史档案馆藏，军机处满文录副奏折03-0194-3395-005。满文原文：že ho kara hoton de emu tanggū. aba hoihan de susai uksin i oron nonggime.

③ 《热河副都统保成奏请驻防热河喀喇河屯官兵家眷多少不等应均齐各牛录闲散以利挑补披甲折》，乾隆五十九年二月初三日，中国第一历史档案馆藏，军机处满文录副奏折03-0195-3459-040。满文原文：halhūn be jalara gurung. kara hoton juwe bade tebuhe cooha juwe minggan juwe tanggū.

④ 《热河驻防原设续添兵丁数目清册》，光绪二十九年十一月十三日，中国第一历史档案馆藏，驻防兵丁数目清册15-02-001-000603-0061。

顺府对面的罗王府；镶蓝、镶红二旗营房在滦河镇；正红旗营房在西大街迤西下营房一带；正黄旗营房在殊像寺附近。”①

虽然热河因地势原因，未能如直省驻防城规制之严格，但八旗营房基本围绕避暑山庄与喀喇河屯两座行宫而建。

（二）木兰围场驻防

木兰，满语“哨鹿”之意。康熙二十二年（1683），清廷在喀喇沁、敖罕、翁牛特诸蒙古王公的支持下，于漠南蒙古腹地建立木兰围场。木兰围场是清代重要的皇家猎苑，东至喀喇沁，西至察哈尔，南至承德府界，北临巴林及克什克腾界，“周一千三百余里，东西三百余里，南北二百余里”②，四面界以“柳条边”，并根据山川形势划分为七十二围。

关于木兰围场驻防的始设时间，文献与档案记载不一。按《钦定热河志》记载，木兰围场于康熙四十五年（1706）派驻蒙古兵丁101名③；而光绪朝《围场原设添设满洲蒙古兵丁数目清册》记载：“围场原设蒙古兵八十名，康熙四十五年奉旨添设领催一名，兵二十名，原额添设共蒙古兵一百零一名。”④相较而言，似以兵丁数目清册较可信，但受史料所限，木兰围场驻防的初设时间尚难考证。

---

① 布尼阿林：《热河八旗驻防简述》，《承德师专学报》1988年第1期。

② 光绪朝重订《承德府志》卷首26《围场》，辽宁民族出版社2006年版，第397页。

③ 乾隆《钦定热河志》卷46《围场二》，天津古籍出版社2003年版，第534页。

④ 《围场原设添设满洲蒙古兵丁数目清册》，光绪二十九年，中国第一历史档案馆藏，驻防兵丁数目清册15-02-001-000544-0093。

此后，经雍正十二年(1734)[①]、乾隆十八年(1753)[②]两次增派甲兵，木兰围场驻防兵额增至800名。乾隆二十九年（1764），木兰围场驻防改由热河副都统兼辖。[③]

乾隆五十七年（1792），因围场八旗闲散繁多，据热河副都统保成统计“今八旗所有二十岁以上之年纪大些的闲散，计四百三十有余”[④]。同时，为加强围场巡哨治安，增设甲兵50名[⑤]；嘉庆七年(1802)，添设围场副都统，专管围场事务[⑥]，但因收效甚微，又于九年（1804）裁撤围场副都统，复设总管，继续由热河副都统兼管[⑦]。十五年（1810）热河副都统升格为热河都统后，仍兼管木兰围场。十八年（1813），清廷议准热河都统毓秀奏请，添设甲兵150名以加强围场的警戒。[⑧]至此，木兰围场驻防增至1000名八旗甲兵。

---

① 《清世宗实录》卷143，雍正十二年五月丁丑。

② 乾隆《钦定热河志》卷46《围场二》，天津古籍出版社2003年版，第534页。

③ 《围场韦陀保总管奏请特派总管专管木兰围场事宜折》，嘉庆九年十月，中国第一历史档案馆藏，军机处录副奏折03-0197-3674-028。

④ 《热河副都统保成奏请热河喀喇河屯增加披甲缺及修营房折》，乾隆五十七年七月十五日，中国第一历史档案馆藏，军机处满文录副奏折03-0194-3395-005。满文原文：ne jakūn gūsade bisire orin se ci wesihun hahardaha amba sula uheri duin tanggū gūsin funceme bi.

⑤ 《热河副都统保成奏请热河喀喇河屯增加披甲缺及修营房折》，乾隆五十七年七月十五日，中国第一历史档案馆藏，军机处满文录副奏折03-0194-3395-005。满文原文：aba hoihan de susai uksin i oron nonggime.

⑥ 《清仁宗实录》卷103，嘉庆七年九月乙亥。

⑦ 《清仁宗实录》卷132，嘉庆九年七月己酉。

⑧ 《大学士勒保等奏报遵旨议奏变通围场旧制七条折》，嘉庆十八年二月初三日，中国第一历史档案馆、承德市文物局编：《清宫热河档案》第12册，中国档案出版社2003年版，第297页。

清末，随着围场放垦政策的实施，木兰围场驻防员弁看守围场的功能不复存在，光绪三十三年（1907），署直隶总督杨士骧进奏："热河围场开办屯垦，裁撤驻防员弁，另筹安置。并酌留翼长等员，分管旗籍。"[①] 自此，围场八旗驻防被裁撤，八旗兵丁陆续转业为民。

---

① 《清德宗实录》卷585，光绪三十三年十二月甲戌。

第三章　直隶八旗驻防职官

直隶八旗驻防点众多，管理分散，职官设置颇为复杂并常有变动。乾隆朝直隶八旗驻防军事格局确立后，除“小九处”仍归京师八旗都统衙门管辖外，其余各独立驻防营（城）及长城边口的小规模驻防点，均就近归都统、副都统所辖。在直隶八旗驻防职官中，以都统、副都统为大员，其次为城守尉、总管、协领、防守尉、佐领等中级武职官员，复次为防御、骁骑校等下级武官。此外，各八旗驻防中一般还设有专司文书档案的笔帖式与处理旗民案件的理事同知。

第一节　都统

都统，满文名原称“固山额真”，“旗主”之意，顺治十七年（1660）定汉字为“都统”①；雍正元年（1723）改满字为“固

① 《清世祖实录》卷 133，顺治十七年三月甲戌；（清）鄂尔泰等修：《八旗通志》卷 34《职官一》，东北师范大学出版社 1985 年版，第 617 页。

山昂邦"[①]（满文"gūsa i kadalara amban"），意为"管旗大臣"。都统有在京八旗都统与驻防都统之分，虽均为从一品官，但职掌不同，其中驻防都统"掌所守地方旗兵之军政"[②]。清代一、二品武职大员的选任主要包括兵部［康熙三年（1664）前为吏部］开列具题与王大臣会推等形式[③]，后逐渐以前者为主，供皇帝最终确定。除按例选任外，皇帝亦可特旨由某人充任。[④]

有清一代，曾设置有十几处将军级驻防，但都统级驻防仅设5处（归化城左右翼都统、天津水师营都统、察哈尔都统、乌鲁木齐都统及热河都统），而直隶地区即占其三。其中原因，正如有学者所言："则是要强调这些驻防点与京师八旗之间存在特殊的统领与被统领关系的缘故。"[⑤]本节按设置先后，对直隶地区驻防都统及相关问题略作考述。在此需要指出的是，鉴于各都统关于所辖驻防八旗之军事训练、武备管理、官员考核及调补、旗人赏恤与人口管理等常规职能，已为学界所熟知，故除有必要作强调或说明外，均不赘述。

一、天津水师营都统

天津水师营都统，清代档案文献中又作"直隶天津都统"或

① 《清世宗实录》卷9，雍正元年七月壬辰。

② 刘子扬：《清代地方官制考》，故宫出版社2014年版，第169页。

③ 杜家骥：《清代八旗官制与行政》，中国社会科学出版社2015年版，第108页。

④ 杜家骥：《清代八旗官制与行政》，中国社会科学出版社2015年版，第113页。

⑤ 定宜庄：《清代八旗驻防研究》，辽宁民族出版社2003年版，第122页。

“天津满洲水师营都统”。雍正三年（1725），清廷原议定于天津设副都统[①]，但旋即“改管理天津水师营副都统为都统”[②]，并“升正红旗满洲副都统觉罗巴延德，为直隶天津水师营都统”[③]。

天津水师营都统为满洲缺。据《八旗通志》记载：“天津府都统一员、协领四员、佐领四十八员、防御四十八员、骁骑校四十八员，以上俱满洲缺。”[④]按例，都统主要由前锋、护军统领、八旗副都统等开列。其中，八旗副都统以满洲、蒙古副都统为主。乾隆二年（1737），清廷将汉军副都统加入题补之列：“天津都统员缺，将前锋，护军各统领，满洲、蒙古副都统，满洲任汉军副都统开列题补。”[⑤]七年（1742），复将满洲任提督者一并开列。[⑥]不过，以汉军副将及提督题补时，任者均须为满洲旗人。

天津水师营都统自雍正三年（1725）设置，至乾隆三十三年（1768）裁撤，45年间共历22任，其中9任署理，其余为实授（参见附表1），任职者均为满洲、蒙古旗人。[⑦]

---

① 《清世宗实录》卷39，雍正三年十二月己巳。

② 《清世宗实录》卷39，雍正三年十二月癸未。

③ 《清世宗实录》卷39，雍正三年十二月甲申。

④ （清）鄂尔泰等修：《八旗通志》卷35《职官志二》，东北师范大学出版社1985年版，第632页。

⑤ 光绪《钦定大清会典事例》卷558，《续修四库全书》第806册，上海古籍出版社2002年版，第726页。

⑥ 光绪《钦定大清会典事例》卷558，《续修四库全书》第806册，上海古籍出版社2002年版，第726页。

⑦ 参见李阳光：《天津满洲水师营都统表的编纂及相关研究》，硕士学位论文，内蒙古师范大学历史系，2009年；李阳光：《雍正时期直隶天津满洲水师营都统觉罗伊礼布离职日期考》，《广播电视大学学报》2010年第2期。

具体选授方式包括：由京旗的满洲、蒙古、汉军都统及各驻防将军的平调，以及由京旗副都统、驻防副都统乃至总管（商都达布逊诺尔驼马厂总管）升任等。

天津水师营都统除一度兼辖沧州驻防外，主要负责驻防营的军政要务。早在雍正三年（1725）十二月，清廷议定设置管理天津水师营副都统："……并设副都统一员，令其总管。"① 数日后，清廷又改副都统为都统，故原规划中所涉及水师营初建时各项事务，亦由首任都统巴延德负责。

雍正四年（1726），水师营所用船只自江南运往天津途中遭大风损坏严重，除负责运送的蓝翎侍卫林全受责外，都统觉罗巴延德亦被牵连受罚。② 此外，有学者考证指出："巴延德自任命为天津都统后，即开始履行其职责，在水师营初期建设方面也是有一定功劳的。"③

及至天津水师营建成后，驻防营中一些重要工程，亦由天津水师营都统会同有司筹划。雍正七年（1729）四月，工部议覆署天津满洲水师营都统拉锡等疏请：

> 水师营官兵俸粮，每岁从北仓新廒逐月运送，往返纷烦。请于水师营堡城内西北隅，盖造廒房二座，截留运往蓟遵漕米三万石，备贮二年之需。俟支放一年外，每年截留

---

① 《清世宗实录》卷39，雍正三年十二月己巳。

② 中国第一历史档案馆编：《雍正朝起居注册》第1册，中华书局1993年版，第838—839页。

③ 李阳光：《天津满洲水师营都统表的编纂及相关研究》，硕士学位论文，内蒙古师范大学历史系，2009年，第16页。

一万五千石，挨陈支放。并设仓大使一员，专司出入。应如所请。①

此外，驻防城内佛寺、城隍庙② 及教场③ 等相关工程的规划与实施，亦由天津水师营都统主持或参与。

在天津水师营初设时，整肃官兵军纪成为当务之急。雍正五年（1727）十一月，驻防兵丁到汛。④ 不过，时任水师营都统鄂齐疏于管理，以致官兵相继滋事，特别是兵丁巴宁阿与地方知县冲突事件，令雍正帝震怒，上谕：

伊乃当兵之人，将官员无故动刀戳伤，甚属可恶。此等之人若不加以重罪，则匪类不知警戒。著议政王大臣会同三法司，究拟具奏。鄂齐，乃有罪之闲散宗室，朕加恩用至大臣，赐封公爵，可谓尊荣之至。伊并不感戴朕恩，为国家效力，前差往藏内，凡事以私心办理。及回至朕前，朕将去年阿尔布巴等杀害康济鼐一事询问，伊亦不知羞愧，遮饰具奏。补授天津都统以后，仍不改过，总不实心办事，并不教训管束官员兵丁，陆续生事。鄂齐辜负朕

① 《清世宗实录》卷80，雍正七年四月戊寅。

② 《长芦巡盐御史郑禅宝奏覆会同勘估天津城内修建庙宇情形并请修建演武厅折》，雍正七年十二月十九日，中国第一历史档案馆编：《雍正朝汉文朱批奏折汇编》第17册，江苏古籍出版社1989年版，第565—566页。

③ 《清高宗实录》卷762，乾隆三十一年六月壬子。

④ 《署直隶总督宜兆熊等奏报委查天津水师营兵与当商争角暨吵闹同知公堂等情折》，雍正六年正月二十四日，中国第一历史档案馆编：《雍正朝汉文朱批奏折汇编》第11册，江苏古籍出版社1989年版，第477页。

恩，其公爵都统一并革去，补授三等侍卫，效力行走。不严行管束巴宁阿之该管协领、佐领、防御、骁骑校，俱著革职，即在天津披甲效力行走。所遗员缺，著都统速行拣选补授。[①]

在雍正帝看来，都统鄂齐“不教训管束”，是官兵滋事的重要原因，故于雍正六年（1728）九月以伊礼布调补天津都统。但是年十月十六日，伊礼布因在奉天将军任内挟仇条奏、蒙混具奏而被“交部查议”[②]。同月十九日，清廷命伊礼布署正黄旗满洲都统[③]。是年十二月，雍正帝以镶白旗满洲都统拉锡署直隶天津都统[④]，并训示拉锡“严加整饬彼处官兵”[⑤]。依清制，“署理”为临时差遣性质，但“办理事务，与现任无异”[⑥]，署理事务者本职一般仍被保留。因此，拉锡及其以后的阿鲁、迈禄、鄂弥达均为临时性的“署理”天津水师营都统，[⑦] 直至雍正十三年（1735）五月阿扬阿由“署理”改为“实授”前，天津水师营都统的正职

① 《清世宗实录》卷73，雍正六年九月癸亥。

② 中国第一历史档案馆编：《雍正朝起居注册》第4册，中华书局1993年版，第2353页。

③ 《清世宗实录》卷74，雍正六年十月丙申。

④ 《清世宗实录》卷76，雍正六年十二月辛卯。

⑤ 《都统拉锡奏报抵天津水师营整饬营伍情形折》，雍正七年二月初四日，中国第一历史档案馆译编：《雍正朝满文朱批奏折全译》，黄山书社1998年版，第1694页。

⑥ 光绪《钦定大清会典事例》卷70《吏部五十四》，《续修四库全书》第799册，上海古籍出版社2002年版，第230页。

⑦ 常建华：《清雍乾时期天津满洲水师营考略》，《史学集刊》2023年第1期。

始终为伊礼布保留[①]。

拉锡遵照雍正帝谕旨，在署理天津水师营都统后，鉴于“官员朝会伦理、督察法纪已甚废弛”，进行了严厉整肃：

> 故俱照省城律例妥善规制外，又交付协领等查出兵丁内不守本分、性不成器、无赖不肖之二人，将其解送京城；又将官员内办理佐领事务庸碌无能之数人严加训诫。据闻兵丁滋事失去生业避逃者，盖法纪松弛酗酒所致。奴才伏思，若不强令禁酒，必难匡治教育。故令城内禁开酒肆，概行逐出城外，一应酒酿不准带入城门，又将潜入城外酒肆饮酒之兵丁二人查缉问斩矣。[②]

拉锡还奏陈了通过捕鱼、挖井、垦荒、开设当铺及米铺等方式开源节流的做法和设想。雍正帝对拉锡的表现甚为满意，朱批：“览折嘉悦，赏银已送去。”因此，整肃军纪和解决官兵生计问题，亦是天津水师营都统的重要职责。

此前鄂齐任天津水师营都统时，即令奉命前来效力的俞琰制造和掌管操演火器，同时设置教习和制定训练规划。[③] 拉锡署理

---

① 李阳光：《天津满洲水师营都统表的编纂及相关研究》，硕士学位论文，内蒙古师范大学历史系，2009年，第19页。

② 《都统拉锡奏报抵天津水师营整饬营伍情形折》，雍正七年二月初四日，中国第一历史档案馆译编：《雍正朝满文朱批奏折全译》，黄山书社1998年版，第1694页。

③ 《直隶天津水师都统鄂齐等奏报俞琰来津制造操演火器等事折》，雍正六年八月二十四日，中国第一历史档案馆编：《雍正朝汉文朱批奏折汇编》第13册，江苏古籍出版社1989年版，第281页。

天津水师营都统后，除整肃军纪和谋划官兵生计外，也制定和实施了入海训练，[①]并不断对战船、纤绳、火炮等军备进行补充与更新[②]。与此同时，拉锡还曾条奏水师营兵丁拴养马匹：

> 天津州水师营满洲兵丁二千名，虽系水师，亦不可不熟习弓马，且驻防海口，沿海一带遇有追捕贼盗之事，若无马匹，尤为不便。请恩准兵丁拴养马二百匹，给与喂养钱粮。[③]

拉锡从以备“追捕贼盗之事”层面，强调提升兵丁骑射水平和拴养马匹的重要性，并获雍正帝支持。[④]而这也在一定程度上促成水师营同样重视“归城旱操”[⑤]的传统。

经过拉锡等历任都统的整顿，天津水师营的军事训练逐渐步

---

① 《都统拉锡奏报水师择吉入海演练折》，雍正七年三月二十九日，中国第一历史档案馆译编：《雍正朝满文朱批奏折全译》，黄山书社1998年版，第1710—1711页；《都统拉锡奏报天津水师营海上训练情形折》，雍正七年八月二十二日，中国第一历史档案馆译编：《雍正朝满文朱批奏折全译》，黄山书社1998年版，第1848页；《天津水师营都统拉锡奏报演练炮裂缘由折》，雍正八年五月二十六日，中国第一历史档案馆译编：《雍正朝满文朱批奏折全译》，黄山书社1998年版，第1981页。

② 《天津水师营都统拉锡奏报战船纤绳延误不送折》，雍正八年四月初五日，中国第一历史档案馆译编：《雍正朝满文朱批奏折全译》，黄山书社1998年版，第1965页。

③ 《清世宗实录》卷79，雍正七年三月甲子。

④ 《都统拉锡奏谢御赏马匹折》，雍正七年三月二十九日，中国第一历史档案馆译编：《雍正朝满文朱批奏折全译》，黄山书社1998年版，第1711页。

⑤ 《清高宗实录》卷195，乾隆八年六月庚辰。

入正轨。雍正十二年（1734）六月初十日，署理都统迈禄奏称：

> 窃奴才于雍正十二年四月十六日到任查得，水师营每年演武，自四月登战船，于海河往返操练，趁初一、十五大潮来水顺风吉日，即出海口，令兵丁操练攻战之道。到八月终后停止操练，将船收入船坞，令兵丁操练射箭、放枪、藤牌、挑刀。①

天津水师营都统除管辖八旗兵丁军事训练之外，还有稽查水师军备器械之责。乾隆八年（1743）六月，都统阿扬阿鉴于“天津兵丁所用弓箭撒袋，年久率多破烂”，奏请“由部制造发给，于钱粮内坐扣”。② 乾隆帝予以批准，并谕令其自行从生息银两中酌量拨款修造。

此外，天津水师营都统还与直隶总督协办案件，如乾隆八年（1743）元展成获罪，乾隆帝谕令：“著都统富昌率同该督委员严查伊家产，不得稍容寄顿隐匿。”③

总之，天津水师营都统作为驻防大员，从水师营规划建设、初期水师营官兵军纪的整饬到日常管理军备器械、组织军事训练、解决旗人生计问题等一切军政要务均由其负责，并曾一度兼辖沧州驻防八旗。

---

① 《天津水师营都统迈禄奏查操练水师并滋生银两等事折》，雍正十二年六月初十日，中国第一历史档案馆译编：《雍正朝满文朱批奏折全译》，黄山书社1998年版，第2271页。

② 《清高宗实录》卷194，乾隆八年六月乙卯。

③ 《清高宗实录》卷203，乾隆八年十月丙寅。

乾隆三十二年（1767），鉴于官兵军纪涣散、战斗力低下，乾隆帝将都统富当阿革职，并决议裁撤天津水师营，移驻他省。[①]

二、察哈尔都统

察哈尔都统设于乾隆二十六年（1761），驻张家口，《清高宗实录》中亦偶作“张家口都统”，是清代直隶地区设置的第二个都统级驻防大员。当时，清廷平定西北后，开始大幅裁撤、调整归化城及绥远城等处军事大员[②]，并进一步强化对察哈尔蒙古的管控。

天聪八年（1634），林丹汗病逝于青海大草滩，其部众在各寨桑率领下先后归附清朝（后金），成为后来八旗察哈尔的主体；次年，林丹汗之子额哲来降，所部被单独编为察哈尔扎萨克旗，安置于义州边外。故清初察哈尔八旗与察哈尔扎萨克旗并存。[③]

顺治初年，察哈尔八旗迁至大同、宣府边外驻牧。[④]康熙十四年（1675），清廷平定布尔尼叛乱期间，时驻宣府的左翼四旗察哈尔奉调镇大同，以协助应对陕西王辅臣叛乱。但此四旗察哈尔兵“众哗，毁边墙私遁”[⑤]。所幸清军在其哗变前，已于达禄

---

① 《清高宗实录》卷780，乾隆三十二年三月庚午。

② 《清高宗实录》卷648，乾隆二十六年十一月辛丑。

③ 达力扎布：《清初察哈尔设旗问题考略》，《内蒙古大学学报》1999年第1期；《清初察哈尔设旗问题续考》，宝音德力等编：《明清档案与蒙古史研究》第1辑，内蒙古人民出版社2000年版，第145页。

④ 达力扎布：《清代八旗察哈尔考》，《民族史研究》第4辑，民族出版社2003年版，第196页。

⑤ 《清圣祖实录》卷54，康熙十四年四月丁巳。

射杀了布尔尼兄弟，迅速平叛。

鉴于当时清朝忙于应对“三藩之乱”及陕西王辅臣叛乱，康熙帝在严惩教唆、追随布尔尼叛乱一干人等的同时，对哗变的左翼四旗察哈尔予以“宽宥”①，但将之改调河南府驻防②。此外，清廷还从右翼四旗察哈尔兵中抽调300名派往榆林。③

与此同时，清廷重新编设察哈尔八旗：“定每旗设总管各一人，副总管各一人，参领各三人，照内八旗之例，随人数设佐领、骁骑校等官……属在京蒙古都统兼辖。”④察哈尔八旗总管为中央直接任免之流官，“多由护军参领补放，皆系京职，驻扎蒙古地方”⑤，故此举显然是为加强对察哈尔八旗的管理⑥。

此后，察哈尔八旗职官又历经调整。其中，至清廷设察哈尔都统前，变动较大者主要有：康熙三十八年（1699），每旗各裁参领2员；乾隆五年（1740），正黄、正红、镶红、镶蓝四旗俱增设捕盗六品官各1员；七年（1742），正黄旗增设亲军校1员；二十一年（1756），正蓝旗增设佐领、骁骑校各1人；

① 《清圣祖实录》卷54，康熙十四年四月丁巳。

② 《清圣祖实录》卷55，康熙十四年闰五月乙巳。

③ 《清圣祖实录》卷55，康熙十四年五月庚辰。

④ 光绪《钦定大清会典事例》卷545《兵部》，《续修四库全书》第806册，上海古籍出版社2002年版，第531—532页。按：关于察哈尔八旗总管设定的时间记载不一，有康熙十四年说（光绪《钦定大清会典事例》）、康熙十五年说（乾隆《钦定大清会典则例》）、康熙三十八年说（《八旗通志续集》）。其中，后说显然讹误，前两说时间较近，但难确考，达力扎布认为“十五年之说更稳妥一些”（《清代八旗察哈尔考》，载氏著《明清蒙古史论稿》），从之。

⑤ 《清高宗实录》卷332，乾隆十四年正月甲寅。

⑥ 达力扎布：《清初察哈尔设旗问题考略》，《内蒙古大学学报》1999年第1期。

二十五年（1760），每旗增设副参领1员，协同参领办事。①

乾隆二十六年(1761）十一月，军机大臣等议奏裁撤归化城、绥远城、西安等处驻防要员的同时，奏请添设察哈尔都统：

> 察哈尔新设都统，请驻扎张家口，即令辖该处弁兵，无庸京城八旗都统兼管。其副都统二员，就左右翼游牧边界驻扎，应得之项，照绥远城将军、副都统例办给。并请铸给镇守察哈尔地方都统、管理察哈尔左右翼四旗副都统等印。②

鉴于察哈尔都统所辖事务繁重，乾隆帝特命西安将军宗室嵩椿调补："察哈尔都统紧要，著嵩椿调补。"③

察哈尔都统共历66任（含署理9任），计64人。④按例，察哈尔都统员缺，"将前锋、护军各统领、满洲、蒙古副都统，满洲、蒙古任汉军副都统，满洲、蒙古任外省提督职名，开列题补"⑤。从实际铨选情况看，历任察哈尔都统多为满洲旗人，且以上三旗为主，多从京师八旗蒙古都统或汉军都统等中央职官调任，其次为从边疆地区的将军、都统等大员调任，少数由副都统、绿营总兵或总督、巡抚等升任，虽旗分及职官有所差别，但

---

① 光绪《钦定大清会典事例》卷545《兵部》，《续修四库全书》第806册，上海古籍出版社2002年版，第532页。

② 《清高宗实录》卷648，乾隆二十六年十一月辛丑。

③ 《清高宗实录》卷648，乾隆二十六年十一月辛丑。

④ 任命后未到任者不计入。

⑤ 光绪《钦定大清会典事例》卷558《兵部十七》，《续修四库全书》第806册，上海古籍出版社2002年版，第726页。

任职者基本都具备丰富的治边或统兵经验。

清廷设置察哈尔都统，本是为加强对察哈尔蒙古的管控和整合口内外军务。察哈尔都统初设时，乾隆帝按绥远城将军节制绿营之例，“命大同、宣化总兵，听察哈尔都统节制”[①]。此举原是为“若仓卒有事，易于调遣”，不久便因“今已无事，徒存节制之名”，复令“二镇事务，应呈报总督、提督者，仍著照旧呈报”[②]。不过，之后发给察哈尔都统的敕谕再次申明，“宣化、大同二镇，附近张家口地方，亦听尔节制”，同时强调“钱谷词讼、民间情事俱属地方官管理，不得干与”。[③] 由此来看，察哈尔都统作为地方驻防大员，其职掌最初偏重甚至限定于军事。

根据乾隆二十七年（1762）正月军机大臣等议奏，察哈尔都统应办事宜及其权限主要包括：(1) 就近节制大同、宣化两镇绿营；(2) 负责察哈尔八旗及张家口驻防官员的铨选；(3) 管理台站及往来行文传事；(4) 遇大计年份，都统会同总督办理满蒙、民人交涉事件；(5) 每年年终奏请陛见，候旨遵行；(6) 按年巡查每翼，并主持训练行围；(7) 军政年份，照各省驻防例办理，都统每三年查阅军器具奏等。此外，官兵俸饷支领及有关公文咨行等，亦均需用都统印方可办理。[④]

察哈尔都统实际负责的事务更为繁杂。乾隆三十一年(1766)十一月，时任察哈尔都统安泰等鉴于“管理八旗牧厂及阿尔台一路驿站，事烦地广，所有巡查缉捕，悉赖绿营官兵”，奏请“以

---

① 《清高宗实录》卷652，乾隆二十七年正月乙巳。

② 《清高宗实录》卷665，乾隆二十七年六月丁巳。

③ 《清高宗实录》卷669，乾隆二十七年八月丙辰。

④ 《清高宗实录》卷652，乾隆二十七年正月乙巳。

张家口副将为中军”，清廷议准：“此一营拣补官员及军政大典，悉照京口例，除千把外委，交该都统办理外，自守备以上各员，俱咨商直隶总督会奏。”[①]

之后，直隶总督方观承以左卫、怀安两处，“系腹内汛地，为山陕军站大路，若归都统管辖，究于军站差务，上下不相联属”为由，建议“仍将二城，改归宣化镇标”。至于张家口副将所辖沿边一带之张家口中、左、右三营，万全、缮房、新河口、洗马林、柴沟、西阳河等营堡，“仍照原议统归都统”[②]。

乾隆三十七年（1772），清廷议准直隶总督周元理奏请：“将张家口副将所辖各城汛，仍归宣化镇统辖。沿边各小口缉逃缉匪，责成该镇，督令该副将实力巡查，其派出巡防之绿营弁兵，仍听都统察核。”[③]经此调整，各路绿营复归宣化镇管理，但察哈尔都统对沿边各处巡防绿营官兵有查禁之权。

除节制绿营外，清廷还于乾隆三十二年（1767）将独石口、千家店、昌平州3处驻防改归察哈尔都统兼管[④]，其中昌平州驻防于四十八年（1783）改归密云副都统管辖。加之察哈尔都统及其下辖的副都统、总管分理阿尔泰军台、驿道事务，[⑤]关系着军情传送和物资运输，同时还兼管辖境内牧厂，而且直接涉及八旗官马出牧事宜[⑥]。因此，察哈尔都统远不止“总理游牧八旗

① 《清高宗实录》卷773，乾隆三十一年十一月壬辰。

② 《清高宗实录》卷778，乾隆三十二年二月辛丑。

③ 《清高宗实录》卷917，乾隆三十七年九月庚戌。

④ 《清高宗实录》卷780，乾隆三十二年三月乙丑。

⑤ 《清高宗实录》卷774，乾隆三十一年十二月乙巳。

⑥ 《清高宗实录》卷749，乾隆三十年十一月庚寅。

事务，兼辖张家口驻防官兵”[①]，实为京师北部至关重要的军事大员。

此外，作为本地区最高军事长官，察哈尔都统自初设即负有处理所辖八旗生计问题的职责。如第二任都统巴尔品履职后即奏请，按例将察哈尔右翼地租银除公用外“分赏贫人”[②]，获准将“余银三千二百余两，应按各旗佐领多少，均匀分派”，并“查明贫乏户口分赏”[③]。察哈尔都统对兼辖之独石口、千家店两处八旗生计问题，亦负有应对之责。乾隆五十年（1785），都统乌尔图纳逊鉴于独石口、千家店两处“生齿日繁”，奏请“所有孀妇孤子，及残废闲散等户，请照京城例，支给养赡，孤子至得差时，即将钱粮裁汰”[④]，获准。随着驻防八旗生计问题日益严峻，察哈尔都统以筹措饷银、发商生息和增设养育兵等方式予以缓解，相关问题将于后文专述（详见第五章第一节）。

还需指出的是，察哈尔都统的职能还涉及兼管垦荒、开矿，管理关口贸易，清后期更是进一步涉及地方政务。鉴于本书旨在探究清代直隶八旗驻防且学界对察哈尔都统职掌问题已有详论[⑤]，兹不赘述。

---

① 光绪《钦定大清会典事例》卷977《理藩院十五》，《续修四库全书》第811册，上海古籍出版社2002年版，第691页。

② 《清高宗实录》卷672，乾隆二十七年十月庚子。

③ 《清高宗实录》卷674，乾隆二十七年十一月庚申。

④ 《清高宗实录》卷1245，乾隆五十年十二月戊戌。

⑤ 详见吴刚：《清代察哈尔都统的设立及其职司》，硕士学位论文，中央民族大学历史系，2018年；张懿德：《清代乾隆朝察哈尔都统研究》，硕士学位论文，内蒙古大学历史系，2018年。

三、热河都统

热河都统设置较晚，系嘉庆十五年（1810）由热河副都统改设。学界一般认为热河都统为热河地区的最高军政长官①；有的学者指出热河都统“虽无总督之名，但有总督之实”，为“最高行政长官”②；或认为热河都统的职掌“几乎相当于督抚的职权”③。总之，热河都统不仅是驻防军事大员，而且具有处理热河政务的职权。

清代热河都统共历73任，计67人，其中署理者11人，护理者5人④。热河都统的铨选例同前述天津水师营都统及察哈尔都统，但在实际的任职中，除由京师八旗都统调任外，以六部、理藩院官员与地方巡抚等题补者亦占据一定比重，这当与热河都统具有处理政务的需要和职权有关。另外，部分热河都统卒于任上，因事出紧急，在下任都统赴任之前，往往由热河当地官员护理。如光绪九年（1883）九月，热河都统恩福卒后，在继格赴任前，由热河总管富华暂行护理。⑤光绪十六年（1890）五月，热

① 秦兆祥：《清代热河都统的设立与职能演化》，硕士学位论文，内蒙古大学历史系，2005年；秦兆祥：《避暑山庄与热河驻防》，《内蒙古师范大学学报》2007年第6期；许富翔：《论嘉庆十五年热河军府制度的建立》，《清史研究》2019年第1期。

② 王晓辉：《清代避暑山庄官制演变与边疆治理》，《黑龙江民族丛刊》2017年第4期。

③ 刘文波、张文秀：《清代热河都统人物群体研究》，南开大学出版社2017年版。

④ 详情参见附表3。因热河都统的嬗变情况较为复杂，为便于统计，虽任命但实际未赴任之都统未被统计在内；对于一人既署又任亦计入署理之内，但在连任内先任后署，或先署后任均视为一任，若任期内又有他人接任，则统计为两任。此外，将护理都统亦统计在内。

⑤ 《清德宗实录》卷170，光绪九年九月丁未。

河都统谦禧卒后，在德福赴任前，则由热河道恩良暂行护理。[①]

嘉庆十五年（1810）六月，清廷以密云副都统积拉堪为热河都统[②]，但鉴于“该处一切章程，尚有另需详议之处”，故命“军机大臣会同原议各该衙门，再行悉心妥议具奏”，同时令积拉堪“以都统办理热河副都统原管事务”[③]。同年八月，清廷基本确定了热河都统章程，时任都统毓秀开始正式行使热河都统职权。嘉庆帝敕谕热河都统毓秀：

> 兹命尔统领八旗满、蒙古官兵，驻扎热河，专管辖热河、喀喇河屯等处，兼管热河道、承德府及所属州县、八沟等处理事司员，并辖河屯协副将绿营员弁，管理喜峰口边路夷汉台站，总管围场。尔宜持躬公正，纪律严明，董率属弁，训饬兵丁，练习行围，以精技艺，整理器械，以壮军容，一应俸饷等项，委员赴部支领。尤宜加意严饬官兵，不许滋事扰民。其蒙古、旗人刑名事件，由尔核办。其旗民交涉命盗等案，悉心定议，会总督后衔，分别奏咨办理。该处文武各员大计、军政，均实举劾，亦会总督后衔。其新设司员办理妥协者，保奏；不称职者，听尔参处。俱与所属等计议施行。其专系民人词讼及钱谷等项，仍循旧制，由地方官经理，不必干预。尔受兹重任，须殚心奋勇，布德宣威，弭盗缉逋，乂安黎庶，如或贪黩乖张，纵兵扰民，贻误重地，

---

① 《清德宗实录》卷285，光绪十六年五月丙戌。

② 《清仁宗实录》卷230，嘉庆十五年六月戊戌。

③ 《清仁宗实录》卷231，嘉庆十五年六月乙巳。

责有攸归，尔其慎之。[①]

因此，热河都统初设时，除管理原热河副都统所辖之八旗驻防、绿营官兵、喜峰口边路台站[②]和管理文武各员大计、军政考核[③]等事务之外，最重要的一项职责便是管理八沟等处理事司员，核办蒙古、旗人刑名案件以及旗民交涉命盗案件。鉴于原热河副都统职掌问题，将于本章第二节专文以述，故此处重点探讨热河都统“专司办理刑名案件”[④]问题。

嘉庆十五年（1810）制定的热河都统章程规定：“将热河围场等处及平泉等州县旗民交涉事件，令各该州县详报热河都统核办，并将八沟等处积员改为理事司员，为都统之属。”[⑤]八沟等处积员，原属理藩院管理，是年改设理事司员，并归热河都统管辖。这显示出热河边疆“内地化”的加深。为便于处理案件，清廷还明确了热河都统管理旗民、蒙汉交涉案件的程序：

着仿照各省核转之例，所有平泉等州县遇有旗民、蒙民

① 嘉庆《热河志略》，《续修四库全书》第730册，上海古籍出版社2002年版，第769页。

② 中国第一历史档案馆编：《嘉庆朝上谕档》第15册，广西师范大学出版社2009年版，第420—423页。

③ 嘉庆《热河志略》，《续修四库全书》第730册，上海古籍出版社2002年版，第769页。

④ 《清仁宗实录》卷272，嘉庆十八年八月辛丑。

⑤ 《奉旨著由刑部拣选并候旨简派一员帮同热河都统办理秋审计文武官员大计军政》，嘉庆十五年八月二十七日，中国第一历史档案馆、承德市文物局编：《清宫热河档案》第11册，中国档案出版社2003年版，第578页。

交涉命盗案件，经州县会同理事司员审拟后，由州县详解承德府，由府详道加看核转，至承德府所管地方民人、蒙古交涉命盗案件，亦由府道加看核转，统解热河都统衙门，讯拟核定，以照慎重。①

另外，在办案归属上亦有明确规定：承德府旗人案件由该府审详，热河都统题奏，若系旗民交涉之案，仍详总督会同都统题奏；至于民人案件则归直隶总督办理，不必由都统核办②。如此，旗人案件与旗民交涉案件均经由府州县加看之后，统解热河都统衙门办理，其中旗民交涉案件由都统与总督会同题奏，以示公允。

热河都统衙门事务殷繁，且"应用汉字案件较多"，故嘉庆帝上谕，除理藩院拣派司员按热河都统章程施行外，"应派六部司员，著专由刑部拣选熟悉刑名汉司官二员带领引见"，由其"简派一员前往"③。即便如此，热河都统衙门办案人员仍不敷

① 《谕内阁热河地方蒙古民人交涉事件着平泉等州县详解承德府再统解热河都统衙门》，中国第一历史档案馆、承德市文物局编：《清宫热河档案》第11册，中国档案出版社2003年版，第599页。

② 《奉旨著由刑部拣选并候旨简派一员帮同热河都统办理秋审计文武官员大计军政》，嘉庆十五年八月二十七日，中国第一历史档案馆、承德市文物局编：《清宫热河档案》第11册，中国档案出版社2003年版，第578页。

③ 《清仁宗实录》卷233，嘉庆十五年八月己酉；《奉旨著由刑部拣选并候旨简派一员帮同热河都统办理秋审计文武官员大计军政》，嘉庆十五年八月二十七日，中国第一历史档案馆、承德市文物局编：《清宫热河档案》第11册，中国档案出版社2003年版，第577页。另据光绪朝重订《承德府志》卷30《职官一》，辽宁民族出版社2006年版，第834页记载："（承德府）理刑司司官三员，嘉庆十五年，设办理承德府合属蒙民事件，由刑部、理藩院各派员外郎中一员领其事，隶都统。"

用，“向于办事理藩院、刑部司员外，酌派参领、佐领一二员帮办”[①]。道光七年（1827），经直隶总督那彦成奏请，清廷“将热河民案并热河文武官大计、军政悉归都统核办”[②]，以致热河都统衙门“案牍较前加繁数倍”[③]。因此，清廷依热河都统英和奏请，“除向例应派实缺司员外，再于刑部候补主事内拣派熟悉刑名者一员，前往帮办”，同时规定，“所有旧委刑司兼行之参领、佐领等，即行裁汰，其向设笔帖式二员，专令翻清译汉，不准干预案件”。[④]

不过，裁汰帮办之驻防协领、佐领，原是为避免“易滋物议”[⑤]，但裁撤后热河都统衙门“所管口外蒙古王公各旗案件，仅有理藩院司官一员”，故经松筠奏请，清廷复于道光八年（1828年）八月作出调整：

> 仍行拣派协领、佐领各一员，帮同理藩院司员，专办都统所属蒙古王公各旗案件。并于刑司贴写前锋领催内，择其清文通顺者二名，作为额外贴写笔帖式，帮办蒙古呈

---

① 《清宣宗实录》卷 130，道光七年十一月庚午。按：文中“参领”在《清宣宗实录》卷 141，道光八年八月丙申作“协领”。

② 光绪朝重订《承德府志》卷 30《职官一》，辽宁民族出版社 2006 年版，第 834 页。

③ 《清宣宗实录》卷 130，道光七年十一月庚午。

④ 《清宣宗实录》卷 130，道光七年十一月庚午；《谕内阁热河都统衙门事务较繁著再于刑部候补主事内拣派一员前往帮办等情》，道光七年十一月二十九日，中国第一历史档案馆、承德市文物局编：《清宫热河档案》第 14 册，中国档案出版社 2003 年版，第 440 页。

⑤ 《清宣宗实录》卷 130，道光七年十一月庚午。

> 词翻清事件。该章京、笔帖式等，均不准干预本地驻防旗人案件。至所请协领三年期满，由都统奏请送部引见之处，未免速而且繁，兼恐日久视为故套，转不足以昭核实，嗣后所派协领等官，著该都统随时察看，必须始终奋勉，办事秉公精细，方准于该员六年俸满例应引见时，出具切实考语保奏，傥仅止循分供职，断不准滥行奏请鼓励，以严考核。①

在热河都统衙门司法程序及建制不断完善的同时，不仅此前嘉庆帝严令须由地方官员经理的“民人词讼”改归热河都统核办，而且“钱谷”事务亦放权热河都统。

道光八年（1828）三月，护理直隶总督屠之申奏请：“口外民人命盗及一切刑名案件，既概归都统审办，应将民人命盗应题各案亦照交涉案件之例，咨部改题，均无庸与总督会衔，以归画一。”②同年八月，清廷从屠之申奏请，议准：“直隶承德府属刑钱案件，改归热河都统办理。”③清人俞正燮亦在《癸巳存稿》中称：“道光八年，承德仿照镇迪道例，事务俱归都统。”④因此，有学者指出，热河都统管辖口外一切刑名钱粮事务，是其正式介入地

① 《清宣宗实录》卷141，道光八年八月丙申。

② 《护理直隶总督屠之申提议热河府州县一切钱谷案件归热河都统题奏请旨事》，道光八年三月十六日，中国第一历史档案馆藏，内阁户科题本02-02-010-000711-0008。

③ 《清宣宗实录》卷141，道光八年八月壬辰。

④ （清）俞正燮：《癸巳存稿》卷5《热河》，辽宁教育出版社2003年版，第140页。

方财政事务之始。[①]

咸同年间，热河都统行政职权继续扩大，诸如稽查保甲[②]、管理垦种荒地税收[③]、办理矿务[④]、设局铸钱及推行钞法[⑤]等，均由其负责或参与，此外原热河副都统所办理之看守行宫、外庙，管理围场以及挑挖疏浚旱河诸项事务亦一并沿袭。故清末热河都统，已转变为热河地方最高军政长官，而热河地区虽名义上仍属直隶省，但俨然演变为一个相对独立的省级政区。[⑥]正如李鸿章所言："两京兆分管二十四州县，热河都统分管承德府，直省何曾仅止一督。"[⑦]

直隶三都统中，天津水师营都统专为建设满洲水师而设，后因收效甚微且海疆宁靖被裁；察哈尔都统原为加强察哈尔部管控和整合军务而设，后发展为管辖察哈尔地方及周边地区的军政要员；热河都统系由热河副都统改设，原是为处理蒙汉交涉案件，至清末统管军事、司法及行政事务，俨然为一省之最高长官。察哈尔都统与热河都统，在保障京师北部安全、团结游牧民族以及开发治理边疆等方面，起到了至关重要的作用。

---

① 陈肖寒：《七重奏：清朝统治直隶口外之艺术》，社会科学文献出版社2023年版，第197页。

② 《清文宗实录》卷35，咸丰元年六月己未。

③ 《清文宗实录》卷44，咸丰元年九月甲戌。

④ 《清文宗实录》卷93，咸丰三年五月丙午。

⑤ 《清文宗实录》卷134，咸丰四年六月丙申。

⑥ 周振鹤主编，傅林祥、林涓、任玉雪等著：《中国行政区划通史·清代卷》第二版，复旦大学出版社2017年版，第106页。

⑦ 李鸿章：《李鸿章全集》卷30《信函·复沈中丞》，安徽教育出版社2007年版，第547页。

第二节　副都统

副都统，满文原称“梅勒额真”，后改为“梅勒章京”（满文“meiren i janggin”），顺治十七年（1660）定汉字为“副都统”[①]，品秩正二品。在清代八旗驻防中，副都统多与将军、都统同城驻防，协办事务，专城副都统的设置较少。直隶八旗驻防中，则同时设有专城副都统与同城副都统。

一、专城副都统

清代直隶八旗驻防中，曾先后在热河、山海关、密云三处设专城副都统，其中热河副都统后升格为都统。此三处副都统，除职掌本处驻防事务，亦兼辖所属之防守尉驻防。

（一）热河副都统

热河副都统是直隶地区设置的第一个驻防副都统。自乾隆二年（1737）初设至嘉庆十五年（1810）升格为都统，先后职掌热河八旗军务70余年。前文已述，清廷始设热河驻防，原是为缓解京师旗人生计问题和加强行宫看护，后因清准战争焦灼，扩大热河八旗驻防规模，并添设热河副都统。

热河副都统为驻防满洲副都统，乾隆朝初设时其员缺“将

① 《清世祖实录》卷133，顺治十七年三月甲戌。（清）鄂尔泰等修：《八旗通志》卷34《职官一》，东北师范大学出版社1985年版，第617页。

满洲骁骑参领、本处协领、各城守尉，开列题补”[①]；乾隆五年（1740）议准，“驻防满洲副都统员缺，将在京记名参领等官，各按本翼开列十人，如八旗公额，每翼开列十人，均附疏以进”，同时规定“驻防满洲、蒙古协领引见记名者，遇有驻防满洲副都统员缺，除将俸深应升之人照例开列外，其记名协领别列名单，附疏以进”[②]；七年（1742），复将“各处三品总管，并满洲任总兵者”[③]纳入铨选范围；十年（1745）奏准，“驻防副都统员缺，将八旗现任副都统，按翼开列，附疏以进，恭候调补”[④]。

热河副都统共历29任（含3任署理），29人，额勒登额、庆杰任职期间，由玛瑺、新柱、明兴等人署理。热河副都统以满洲旗人任职为主，亦兼有蒙古、汉军旗人任职之情况，如那兰保、德勒克扎布为蒙古旗人，李侍尧、毓秀为汉军旗人，此外皆为满洲旗人担任。历任热河副都统的情况参见附表4。清廷议定添设热河副都统时，大学士总理兵部事务鄂尔泰题奏：现在办理总管色克图与本处应行开列协领品级相同，将总管色克图于此案开列副都统本内，一并开列，恭候钦点补放。

鄂尔泰鉴于色克图具有管辖热河驻防八旗的经验，且品级与

① 光绪《钦定大清会典事例》卷558《兵部》，《续修四库全书》第806册，上海古籍出版社2002年版，第726页。

② 光绪《钦定大清会典事例》卷558《兵部》，《续修四库全书》第806册，上海古籍出版社2002年版，第726—727页。

③ 光绪《钦定大清会典事例》卷558《兵部》，《续修四库全书》第806册，上海古籍出版社2002年版，第727页。

④ 光绪《钦定大清会典事例》卷558《兵部》，《续修四库全书》第806册，上海古籍出版社2002年版，第727页。

“应开列协领品级相同”，故将其一并开列。但乾隆帝批红：“那素泰补授热河副都统。”①

那素泰原系驻藏大臣，治边经验丰富，故被乾隆帝钦定为第一任热河副都统。值得注意的是，此后历任热河副都统，多由京师满洲、蒙古副都统，护军统领，任汉军副都统之满洲人以及各直省驻防副都统调补，以参领、城守尉、总管升任者甚少，且仅有富当阿一任由热河协领升任，足见清廷对热河副都统一职的重视程度。

按清朝典制，专城副都统与驻防将军、都统职责相近：“掌镇守险要，绥和军民，均齐政刑，修举武备。”② 与此同时，因热河副都统是在驻防总管基础上设置的，其在延续原总管统辖驻防官兵及协同看守行宫、外庙等职权的同时，军事职权又得以扩大。总体来看，热河副都统的职掌主要体现在以下几个方面：

1. 管理八旗驻防各项事务

管理热河等处八旗驻防事务，是热河副都统的首要职责，除常规军事训练与演习围猎外，凡军政考核、官员铨选、均齐旗佐及旗人生计等皆由其管理。

热河驻防八旗初设之时，军政考核与古北口、张家口、独石口等处一并归属京师副都统。档案记载，直至乾隆二年（1737）十二月底，热河总管及其所辖各佐领尚由时任巡查独石口、古北

① 《大学士总理兵部事务鄂尔泰题为拣员补授热河副都统事》，乾隆二年十二月十八日，中国第一历史档案馆藏，内阁兵科题本 02-01-006-000151-0006。
② 赵尔巽等撰：《清史稿》卷 117《职官四》，中华书局 1976 年版，第 3383 页。

口等处副都统六格考核。① 热河副都统赴任后，按“将军、都统、副都统自行陈奏，其所属官令将军等秉公考察”② 之例，对所辖官员进行考核。

热河副都统设置后，涉及荐举热河、喀喇河屯等处协领及以下官员时，亦由其出具考语。如乾隆十七年（1752），镶红旗满洲佐领出缺，时任热河副都统海常奏请由防御三全补放：

> 本佐领防御三全食钱粮俸禄二十年，练习行围六次，四十三岁。三全马步箭娴熟，佐领之事办理甚为勤勉，观音保之缺应由三全题补。③

与此同时，热河副都统还曾议奏完善铨选制度。热河驻防佐领等员缺原从本旗内拣选，但这种限定铨选范围的做法，容易遇到本旗内“拣选不得人”而他旗内可供效力之员又“不获升转”的情况，故时任热河副都统达勒党阿于乾隆六年（1741）奏请，“嗣后该处满洲蒙古官员缺出，先尽本旗人坐补，如本旗不

① 《大学士总理兵部事务鄂尔泰题为核议直隶等省军政甄别热河总管色克图等员事》，乾隆二年十二月十六日，中国第一历史档案馆藏，内阁兵科题本 02-01-006-000150-0001。

② 光绪《钦定大清会典事例》卷 604《兵部・八旗处分例》，《续修四库全书》第 807 册，上海古籍出版社 2002 年版，第 397 页。

③ 《热河副都统海常奏请补放满洲镶红旗佐领之缺折》，乾隆十七年五月十四日，中国第一历史档案馆藏，军机处满文录副奏折 03-0171-0284-011。满文原文：tesu niru i tuwašara hafan i jergi janggin saciowan. caliyan fulu jefi orin juwe aniya. tacibure aba de ninggun mudan yabuha. dehi ilan se. saciowan gabtara niyamaniyarangga urshūn. an i ucuri alban de kicebe. baita de fašašambi. nirui urse be bargiyatame kadalarangge sain. guwayemboo i oronde saciowan be dahabuci acambi.

得人，于本翼内拣选效力应升之人补放，倘翼内又不得人，再行文在京本旗拣补”①。该调整有利于热河驻防官员铨选时量才受用。四十三年（1778），经时任热河副都统恒秀奏请，清廷再次调整热河驻防职官的铨选，佐领、防御等出缺之时，若本翼内无合适人选，“则于左右两翼内拣选，拟定正、陪保送”②，有利于本处驻防官员的升迁。

乾隆中期，因热河驻防兵丁户口滋生日繁，加之八旗换防③，热河驻防各旗佐闲散与兵额差别悬殊，故热河副都统又重新编设旗佐。乾隆三十二年（1767），时任热河副都统玛瑺按旗分对满、蒙兵丁及其家口进行了再编。④随着热河旗人数量持续增长，各旗佐闲散再度相差悬殊，挑补披甲事宜难以有效落实。五十九年（1794），时任副都统保成奏请均齐热河、喀喇河屯两处八旗闲散，将各佐领闲散兵额均齐划一，另行造册，依次挑甲。⑤编设旗佐与均齐兵额，对驻防八旗得以有效组织和发挥作用至关重要。

此外，热河副都统还负责八旗兵丁俸饷支放⑥、造册领取清

① 《清高宗实录》卷 147，乾隆六年七月丁亥。

② 《清高宗实录》卷 1071，乾隆四十三年十一月甲寅。

③ 《清高宗实录》卷 701，乾隆二十八年十二月乙巳；《清高宗实录》卷 706，乾隆二十九年三月壬子。

④ 《清高宗实录》卷 792，乾隆三十二年八月丙子。

⑤ 《热河副都统保成奏驻防热河喀喇河屯官兵家眷多少不等应均齐各牛录闲散以利挑补披甲折》，乾隆五十九年二月初三日，中国第一历史档案馆藏，军机处录副奏折 03-0195-3459-040。

⑥ 光绪《钦定大清会典事例》卷 256《户部》，《续修四库全书》第 802 册，上海古籍出版社 2002 年版，第 119 页。

帝北巡接驾之兵丁赏银[①]、八旗官兵营房修缮[②]及驻防内刑事案件[③]等；自乾隆四年（1739）起，清廷将热河兵丁红白事件赏银增至4000两，并交由热河副都统管理其收放、赏犒、报销等事务[④]。

2. 护卫清帝北巡

按例，清帝北巡热河期间，相关事务主要由内务府统筹，避暑山庄总管办理。但热河副都统设置后，其作为当地最高军政长官，在护卫接驾及有关筹备事宜中同样具有关键作用。

以乾隆四十年（1775）清帝北巡前夕为例。是年三月，多鼐奉调热河副都统，乾隆帝上谕："朕躬五月幸热河，伊既有应办事宜，则伊接奉此旨后，即上紧启程前来。"[⑤]同时又谕令原

① 《热河兵备道明山保为发给热河前赴南石槽接驾满洲官兵银两呈军机大臣文》，乾隆三十八年六月初三日，中国第一历史档案馆、承德市文物局编：《清宫热河档案》第3册，中国档案出版社2003年版，第10页。

② 《热河副都统福长安奏报山水大发及查堪狮子沟等处沿河官兵住房情形折》，嘉庆十三年六月十七日，中国第一历史档案馆、承德市文物局编：《清宫热河档案》第11册，中国档案出版社2003年版，第1页。

③ 《寄谕避暑山庄副都统三全等著审明兵阿明阿伤其儿媳致死一案》，乾隆三十八年二月十九日，中国第一历史档案馆译编：《乾隆朝满文寄信档译编》第10册，岳麓书社2011年版，第603页；《寄谕避暑山庄副都统富昌著将因赌博板责毙命之披甲案送京审办》，乾隆五十六年三月初十日，中国第一历史档案馆译编：《乾隆朝满文寄信档译编》第22册，岳麓书社2011年版，第593页。

④ 《清高宗实录》卷93，乾隆四年五月癸酉。

⑤ 《寄谕热河副都统多鼐著奉旨后赶赴热河副都统新任所》，乾隆四十年三月初十日，中国第一历史档案馆译编：《乾隆朝满文寄信档译编》第11册，岳麓书社2011年版，第705页。

热河副都统三全，在多鼐抵达热河前“暂不可离开热河”[①]。由此可见，乾隆帝在北巡期间，对热河副都统甚为倚重。再如嘉庆帝首次行围木兰前，热河副都统庆杰接总理工程处来文：“所有上年奏请粘修活计，有情形较重者，现经奏准派员作速兴修，其余情形较轻者，暂可缓待者六十六款，恭备皇上驻跸热河后，请旨指示，再行修理。”[②]因此，筹备清帝北巡期间，修整行宫外庙亦由热河副都统负责或参与，并逐渐延及日常维护修缮。

此外，热河副都统还负责维护行宫安全，包括外围派兵驻守以及带兵赴避暑山庄内巡查等。详见第四章八旗兵丁职责部分，兹不赘述。

3. 节制绿营和兼管察哈尔左翼四旗

热河绿营本归督标、提标管辖，但热河副都统亦有调遣之权。乾隆二年（1737），清廷规定，绿营自副将以下官兵，“照宣大二镇之例，听热河驻防大臣调遣”[③]。

此外，察哈尔都统设置前，“（察哈尔）左右翼八旗事务，向

① 《寄谕宁夏将军三全著俟多鼐到热河后详细交待诸事》，乾隆四十年三月十四日，中国第一历史档案馆译编：《乾隆朝满文寄信档译编》第 11 册，岳麓书社 2011 年版，第 706 页。

② 《热河副都统庆杰等奏请派员详勘布达拉庙等处外庙应修活计折》，嘉庆六年三月初八日，中国第一历史档案馆、承德市文物局编：《清宫热河档案》第 10 册，中国档案出版社 2003 年版，第 2 页。

③ 《总理事务和硕庄亲王允禄等为热河地方周延添增官兵更定直隶地方营制等事宜事》，乾隆二年十一月二十日，中国第一历史档案馆藏，内阁兵科题本 02-01-006-000159-0006。

系绥远城将军及热河副都统兼管”[①]。其中，察哈尔左翼四旗[②]，就近由热河副都统兼辖。

还需指出的是，乾隆三年（1738）十二月，时任热河副都统那素泰为便于调遣察哈尔左翼四旗和绿营官兵，奏请赏给敕书令箭，但遭兵部驳回：

> 今该副都统虽奏称调遣四旗及绿旗官兵，事关甚要等语。但查热河与四川均系边关要地，情形亦属相同，且热河所管绿旗并非专汛，其调遣官兵原有印信为凭，无庸给与敕书。四川成都副都统既未给与敕书，则热河亦不便议给敕书。[③]

清廷认为，遇有紧急军务，热河副都统有调遣绿营及察哈尔左翼四旗兵丁的权力，但并无权管理绿营及察哈尔左翼四旗具体事务，故仅有印信即可。

乾隆二十七年（1762），察哈尔都统设立后，清廷随之取消了热河副都统对察哈尔左翼四旗的兼辖，仍保留其节制绿营之权。

---

① 《清高宗实录》卷652，乾隆二十七年正月乙巳。

② 参见刘文波：《康乾时期的清帝北巡与木兰围场设置问题探析》，《内蒙古师范大学学报》2021年第1期，第57页：“察哈尔镶白旗驻于土城子（今丰宁县凤山镇）、镶黄旗驻于大阁儿（今丰宁县），察哈尔正白旗驻牧于郭家屯（隆化县郭家屯）、正蓝旗驻牧于隆化县城”。

③ 《兵部尚书讷亲为核议热河副都统请领敕书令箭事》，乾隆三年十二月初一日，中国第一历史档案馆藏，内阁兵科题本02-01-006-000204-0009。

4. 管理寺庙及厄鲁特蒙古

康乾时期，清廷为巩固与蒙古各部的关系，于避暑山庄周围敕建寺庙。康熙朝所建溥仁、溥善二寺，原由避暑山庄总管管辖。乾隆二十三年（1758），清廷议准："普宁寺、溥仁寺、溥善寺均隶热河副都统暨总管管辖。"[①] 自此，热河副都统与热河总管共同管辖普宁寺及溥仁寺、溥善寺。同时，因清朝"兴黄教"本为"安众蒙古"[②]，故管理热河外庙时必须妥善处理与蒙古的关系。

乾隆二十六年（1761）四月，普宁寺佛尊被盗，时任热河副都统富当阿查案时禁止寺内蒙古喇嘛出入，形同拘禁。乾隆帝获悉后特寄谕：

> 富当阿如是办理，实不堪睹，不知轻重，反为蒙古喇嘛所耻笑。将此传谕富当阿，不可看押该寺喇嘛等，伊等出入，全听自便。并将冒昧拘禁喇嘛等，实属非是，朕闻降旨申斥之处，宣谕该寺喇嘛等知之。[③]

乾隆帝认为，富当阿行为有碍满蒙关系，随即以正蓝旗蒙古副都统额勒登额与之调换："热河现有应办厄鲁特及各蒙古喇嘛事务，富当阿恐不能胜任，著额勒登额补授热河副都统，所遗正

---

① 光绪《钦定大清会典事例》卷1203《内务府·营制》，《续修四库全书》第814册，上海古籍出版社2002年版，第586页。

② 《清高宗实录》卷1427，乾隆五十八年四月辛巳。

③ 《寄谕避暑山庄副都统富当阿著将普宁寺拘禁喇嘛等悉行解禁》，乾隆二十六年四月二十五日，中国第一历史档案馆译编：《乾隆朝满文寄信档译编》第2册，岳麓书社2011年版，第595页。

蓝旗蒙古副都统员缺，著富当阿来京调补。”[①]

热河副都统还负责处理厄鲁特蒙古事务。乾隆二十四年（1759），达什达瓦部众2000余人东迁至热河后，清廷将该部壮丁编设三旗。[②]此三旗厄鲁特官员应给马匹，即由热河副都统负责办理："著交副都统富当阿于此处官马，给总管各十匹，副管参领、佐领、骁骑校各一匹。”[③]二十七年（1762），乾隆帝赏达什达瓦羊3000只，由察哈尔都统巴尔品挑选、解送，“交副都统额勒登额，分给厄鲁特三旗”[④]。

此外，厄鲁特官兵的从征、迁戍伊犁以及达什达瓦蒙古房屋、牧场等处置问题，凡涉及热河地方办理者，亦均由热河副都统负责。乾隆二十九年（1764），清廷拟派热河满洲、厄鲁特兵丁1500名迁戍伊犁，届时热河所遗房屋除分给自京师调补满洲兵丁外仍有剩余，乾隆帝从舒赫德等奏请，将之给侍卫及拜唐阿居住，并谕令："著交玛瑺派人看守，毋使坍废，俟朕至热河备用。”[⑤]同年，署热河副都统玛瑺等奏请将原赏赐厄鲁特热河一带牧场收回耕种，但得旨绘图具奏后，遭乾隆帝严斥：

> 朕以此项地亩或在远处，是以命伊等绘图具奏。今阅图，皆在行宫近边一带。行宫山南地方，前已降旨禁止耕

① 《清高宗实录》卷635，乾隆二十六年四月丁酉。

② 《清高宗实录》卷587，乾隆二十四年五月己酉。

③ 光绪朝重订《承德府志》卷首二《诏谕》，辽宁民族出版社2006年版，第57页。

④ 《清高宗实录》卷666，乾隆二十七年七月乙亥。

⑤ 《清高宗实录》卷704，乾隆二十九年二月丙戌。

种，且此项地亩赏给厄鲁特时，皆按田亩数目分给。今厄鲁特兵丁虽已咨送五百名，而玉鲁斯等仍在彼处，伊等牲畜正资牧养。玛瑺、永和乃必欲将此项地亩仍令耕种者，特为伊等下属，希图获利，怂恿故耳。此断不可行。即伊等牧放，用之不尽，亦不可耕种。若不肖之徒希冀私行耕种者，朕惟玛瑺、永和是问。[①]

乾隆帝申斥玛瑺等人，一方面是因避暑山庄山南地方，“前已降旨禁止耕种”；另一方面则是出于保障留守热河厄鲁特生计，而且强调“即伊等牧放，用之不尽，亦不可耕种”。此后，乾隆帝亦将养赡热河厄鲁特蒙古孀妇与孤女一事由热河副都统办理。[②] 由此可见，热河副都统任职期间，一直遵循抚绥厄鲁特蒙古政策，在巩固清朝与蒙古关系方面发挥着重要作用。

5. 兼辖木兰围场

木兰围场初设时，由扎萨克蒙古管领。康熙四十五年(1706)，清廷设总管管辖围场事务，[③] 然木兰围场仍属“飞地”[④]。乾隆十四年(1749)，清廷始将木兰围场交由理藩院管辖[⑤]，后又

① 《清高宗实录》卷708，乾隆二十九年四月丙申。

② 《清高宗实录》卷1158，乾隆四十七年六月辛未。

③ 光绪《围场厅志》卷7《兵事》，国家图书馆藏光绪三十四年稿本。

④ 陈肖寒:《清代木兰围场的治理与周边政治单元的关系》，《江苏师范大学学报》2018年第1期。

⑤ 赵云田点校:《乾隆朝内务府抄本理藩院则例》，中国藏学出版社2006年版，第23页。

于二十九年（1764）改归热河副都统兼辖[①]。此后，清代文献中多以“热河围场”称之。

在清代档案中，屡见热河都统上报稽查围场内偷盗牲畜、砍伐树木贼犯。乾隆三十八年（1773），清廷奏准木兰围场拿获贼犯议叙事：“该管章京骁骑校等拿获贼犯至十名者，纪录一次；二十名者，总管纪录一次；翼长等拿获贼犯至十五名者，纪录一次；该管副都统，合计所属官员获贼至三十名者，纪录一次，如获贼不足数者注册，俟足数时再行议叙。”[②]四十六年（1781），总管蒙郭勒上报巡查围场时，遇有两个贼犯潜入围场偷猎，乾隆帝寄谕热河副都统恒秀：“派遣精干官兵，务必严查缉拿。”[③]

热河副都统兼管木兰围场后，亦负责对该处官员稽查铨选。乾隆晚期，围场官员出缺，除从本处拣选题补，也可从热河择优选派。乾隆五十五年（1790），管围翼长出缺，乾隆帝上谕：“其所出管围翼长缺，由富昌处选派贤员，俟朕御避暑山庄后，带领引见外……若一人难以顾及，则令富昌于热河协领、佐领内挑选贤能者，派往围场署理事务。”[④]如此，围场官员实则与热河驻防

---

① 《围场总管韦陀保奏请特派总管专管木兰围场事宜折》，嘉庆九年十月，中国第一历史档案馆藏，军机处录副奏折 03-0197-3674-028。

② 光绪《钦定大清会典事例》卷 609《兵部》，《续修四库全书》第 807 册，上海古籍出版社 2002 年版，第 474 页。

③ 《寄谕热河副都统恒秀著严缉务获擅入围场偷行伐猎之贼》，乾隆四十六年五月初六日，中国第一历史档案馆译编：《乾隆朝满文寄信档译编》第 15 册，岳麓书社 2011 年版，第 563 页。

④ 《寄谕避暑山庄副都统富昌著围场缺人若难兼顾另即拣员署任》，乾隆五十五年四月二十五日，中国第一历史档案馆译编：《乾隆朝满文寄信档译编》第 22 册，岳麓书社 2011 年版，第 532 页。

八旗官员一体铨选。

此外，热河副都统还与热河总管共同办理围场木植的砍办、运输，[①] 用于皇家园林、寺庙、陵寝等工程修建。其中，嘉庆七年（1802），因热河副都统管理不善，清廷改设围场副都统专管。[②] 但因收效甚微，又于九年（1804）裁围场副都统，复设总管，并仍归热河副都统兼管[③]。

6. 管理喜峰口路台站

康熙三十一年（1692），清廷在喜峰口、古北口、独石口、张家口、杀虎口外的蒙古各地设五路驿站。[④] 其中，喜峰口至扎赉特等旗1600余里，"除近边二百里旧有驿站外，添设站十四。设蒙古员外郎一人，笔帖式二人，每驿置马五十匹，设驿丁六百名，三十二年增设驿车"[⑤]。乾隆五年（1740），清廷议准："喜峰口边路台站，令热河副都统管辖。"[⑥] 自此，热河副都统负责喜峰口一路驿站壮丁、马匹、驿车的管理与调配[⑦]，报送驿站银两支

---

① 《钦差侍郎英和奏请嗣后砍伐木植仍令围场副都统会同热河总管妥办折》，嘉庆八年五月二十日，中国第一历史档案馆、承德市文物局编：《清宫热河档案》第10册，中国档案出版社2003年版，第192页记载："向来砍伐围场木植系热河总管会同热河副都统办理，盖因彼时围场一切事务，俱系热河副都统管辖，俾其一同办理，自为妥善。"

② 《清仁宗实录》卷102，嘉庆七年八月戊辰。

③ 《清仁宗实录》卷132，嘉庆九年八月辛巳。

④ 《清圣祖实录》卷155，康熙三十一年四月甲申。

⑤ 乾隆《钦定热河志》卷84《兵防》，天津古籍出版社2003年版，第851页；光绪朝重订《承德府志》卷25《兵防·驿置附》，辽宁民族出版社2006年版，第765页。

⑥ 《清高宗实录》卷125，乾隆五年八月己未。

⑦ 《清高宗实录》卷171，乾隆七年七月辛巳。

用清册[1]以及察核喜峰口监督[2]等。

乾隆中期至嘉庆前期，热河作为清朝塞外政治中心，其主要作用在于加强对北部边疆的治理，巩固清朝与各民族之间的关系，而其中又以满蒙关系为主线。热河副都统作为热河地方要员，在军事防御和巩固满蒙关系方面发挥了关键作用。随着清中期满蒙关系的进一步巩固以及蒙汉交往的日益频繁，热河逐渐从军区向政区转变，热河副都统难以应对热河愈加复杂的形势，清廷遂于嘉庆十五年（1810），将热河副都统改设都统，管理热河地区军政事务。

（二）山海关副都统

前文已述，乾隆初期曾筹划于独石口、八沟、山海关 3 处设副都统。其中，独石口因冬季严寒、地势险要不宜大规模驻军，该处副都统设而复裁；八沟则因邻近热河，加之设有绿营，添设副都统的计划亦未落实；唯山海关一处，因军事战略位置险要且往来事务繁重，得以增兵并升格为副都统级驻防。

山海关副都统自乾隆五年（1740）议定添设，一直延续到民国年间。[3]其中，有清一代山海关副都统共历 68 任（含 3 任署理），计 66 人（参见附表 5）。[4]山海关副都统铨选，按前述驻防副都

① 光绪《钦定大清会典事例》卷 685《兵部·邮政》，《续修四库全书》第 808 册，上海古籍出版社 2002 年版，第 547 页。

② 《清高宗实录》卷 820，乾隆三十三年十月戊午。

③ 佟佳江：《清代八旗制度消亡时间新议》，《民族研究》1994 年第 5 期。

④ 王月：《清代山海关副都统的建置沿革与人事嬗递》，《满族研究》2016 年第 4 期。

统例。从任职情况来看，山海关副都统以满洲旗人为主，且多为上三旗，由京师八旗副都统及各直省驻防副都统调任，其次由头等侍卫、蓝翎侍卫、内阁学士、兵部侍郎、浙江总兵、江南提督等调任，少数由协领升任，另外松筠一任系由将军降为副都统，属于特例。

就历任山海关副都统去向来看，任职期满一般可调为京师八旗副都统或各直省驻防副都统，履职优异者可升任将军。以山海关副都统宝琳为例，其任职前一直担任绿营职务，后由天津镇总兵升任山海关副都统，① 又因任职有为，期满升任杭州将军②。值得注意的是，乾隆帝在革职原山海关副都统果兴阿并以宝琳补授时称："眉绶于有将军地方，尚不能办事，山海关副都统，系专任地方，更不能胜任矣。所有山海关副都统员缺，著宝琳补授。"③ 可见，清廷对任专城副都统者能力的要求高于与将军同城驻扎之副都统，亦从侧面反映出专城副都统的职务更为繁重。

与热河副都统类似，山海关副都统除延续原总管统辖驻防八旗事务和把守关口外，还负责管理官员军政考核与职官铨选、监管关口税收等，并在清末抵御外敌中发挥重要作用。

1. 管理驻防官员的铨选与考核

山海关副都统军事职掌最繁时，除管辖本处驻防官兵外，同时兼辖永平府、顺义县、三河县、玉田县、喜峰口、冷口、罗文峪等 7 处。乾隆七年（1742），经时任海关副都统富和奏请，清

① 《清高宗实录》卷 1214，乾隆四十九年九月辛酉。

② 《清高宗实录》卷 1240，乾隆五十年十月丙戌。

③ 《清高宗实录》卷 1214，乾隆四十九年九月辛酉。

廷将其管辖之八城驻防职官一体铨选。[①] 五十八年（1793），三河县、玉田县、顺义县3处改归密云副都统兼辖后，山海关副都统管辖剩余五城官员铨选。

值得注意的是，乾隆五十九年（1794）山海关副都统德福因顺义县防守尉灵保对其不甚行礼，在出具考语时“任意劾处下官”。事件经查实后，乾隆帝特寄谕德福：

> 山海关副都统系专职，凡事秉公办理，方才合宜。德福如此苛薄疑心，任意劾处下官，不仅难令属员心服，亦有负朕恩。将此寄信德福，似此小气心性，令伊痛改。倘若不知悛改，仍如此肆意行事，伊此副都统任，亦不可保。若再有此等之事，必将伊从重治罪。[②]

由此可见，驻防大员对所辖官员出具考语后，军机大臣仍需审慎核实，同时也反映出驻防长官在兼管过程中，需妥善调和处理矛盾、分歧等。

2. 稽查关口

因山海关为京师通向东北之要隘，故该处驻防官兵在把守关隘、稽查违禁和缉拿逃犯等方面发挥重要作用，有关事务亦由山

---

① 《兵部尚书班第为核议山海关副都统题请驻防武职员缺酌于各旗内拣选升补事》，乾隆七年八月二十日，中国第一历史档案馆藏，内阁兵科题本02-01-006-000478-0001。

② 《寄谕山海关副都统德福著改小气心性不可任意劾处下官》，乾隆五十八年三月二十九日，中国第一历史档案馆译编：《乾隆朝满文寄信档译编》第23册，岳麓书社2011年版，第418页。

海关副都统负责。

乾隆二十六年（1761），清廷议准经时任山海关副都统富当阿奏请："旗人进关向无印票，稽察无由，恐有逃匪混入。查吉林、黑龙江、拉林、阿勒楚喀等处旗人进口，俱有该管官印票、关防，请画一办理。"[①] 由此，进关制度得以规范。

至于该处巡查机制的调整与完善，亦由山海关副都统考察修订。乾隆三十年（1765），时任山海关副都统伊勒图奏请：

> 山海关前经添设官兵轮值石门寨，查拿私蔆、貂皮、珍珠、一切禁物。计今二十余年，从未盘获一案。臣亲往查看，石门寨系一小城，与长城地界不连，虽通九门口等小边口隘，仍相距二三十里。奸猾匪徒，绕路行走，值班官兵难查。请嗣后另于长边内外，轮派官兵，不时巡察。此项值班官兵裁撤。[②]

其奏获准，"另于长边内外，轮派官兵，不时巡察"，从而避免了石门寨处轮值官兵的徒设，以有效稽查偷运禁物行为。

在乾隆三十三年（1768）稽查割辮匪徒[③] 及五十一年（1786）缉拿逃犯段文经[④] 时，乾隆帝均谕令山海关副都统悉心查处，并

① 《清高宗实录》卷651，乾隆二十六年十二月甲申。

② 《清高宗实录》卷729，乾隆三十年二月辛丑。

③ 《寄谕山海关副都统等著于边关严加查缉割辮匪徒》，乾隆三十三年十月初七日，中国第一历史档案馆译编：《乾隆朝满文寄信档译编》第8册，岳麓书社2011年版，第679页。

④ 《寄谕山海关副都统琳宁著严饬属员缉拿段文经等》，乾隆五十一年九月二十四日，中国第一历史档案馆译编：《乾隆朝满文寄信档译编》第19册，岳麓书社2011年版，第542页。

表示若能破案，将会重赏。嘉庆十九年（1814），时任山海关副都统额勒金布办案时玩忽职守，“以致掩毙无辜，至六命之多”[①]，被革去副都统之职。

由于山海关系重要关口，故清廷设山海关监督管理税务。同时，因山海关副都统在关口任值且为当地最高军事长官，故有参劾及监管税务官员之权。

乾隆十年（1745），时任山海关副都统富和参奏新任监督傅凯，“到关数日，并不接任，来往货物车辆，俱致壅滞”，乾隆帝上谕，“著来京，其员缺，著兵部郎中阿弥尔图去”[②]。四十年（1775），乾隆帝还特命山海关副都统对监督员“密访详查”：

> 岱星阿虽不管税务，但伊在彼驻数年，办理历年往来经过物件情形，伊必稔知。将此著寄信岱星阿，去岁经过山海关应抽税物件，较昔年如何？该监督员所办情形较他人何如？伊所用属下人等，有无私行侵渔之处，著密访详查，据实奏闻，不可粉饰隐匿。[③]

据该上谕可知，山海关副都统原并不管税务，但作为该处驻防大员且熟悉情况，故被授予“密访详查”之权，并须“据实奏闻，不可粉饰隐匿”。乾隆五十九年（1794），山海关税务监督普

---

① 《清仁宗实录》卷 283，嘉庆十九年正月丁亥。

② 《清高宗实录》卷 238，乾隆十年四月丁巳。

③ 《寄谕山海关副都统岱星阿著据实奏闻山海关每年收税情形》，乾隆四十年四月二十六日，中国第一历史档案馆译编：《乾隆朝满文寄信档译编》第 11 册，岳麓书社 2011 年版，第 713 页。

德奏报税银较去年少收后，乾隆帝再次寄谕时任山海关副都统绵佐“查明据实奏闻”[①]。

3. 护卫京师安全

山海关副都统的职能存在明显的前后变化。因关外系清朝龙兴之地，清前期，形势相对稳定，故山海关副都统在把守关隘、缉拿逃犯等方面的职能远重于军事防御；清后期，随着列强侵略的不断加深，山海关的海防功能迅速凸显。

鸦片战争期间，清廷在调兵防守时，即谕令署直隶总督讷尔经额协同山海关副都统扎拉芬泰，“相度地方情形，于山海关各要隘，豫为布置，随时哨探，加意巡防”[②]。第二次鸦片战争期间，山海关副都统“与副将和升、知县业坛和衷严防”[③]。咸丰帝仓皇“驻跸”热河时，山海关副都统亦调兵赴险要关隘布防，加强护卫。[④]

总之，因山海关战略地位重要，故该处驻防副都统一职多由京师或驻防副都统调任。清后期，随着内忧外患日益严重，清廷多以武职官员担任山海关副都统。尽管晚清时期山海关驻防官兵在防守方面多有失利，但其在保卫京师方面所作出的巨大牺牲和贡献不容忽视。

---

① 《寄谕山海关副都统绵佐著将山海关税银减少缘由查明具奏》，乾隆五十九年十一月十七日，中国第一历史档案馆译编：《乾隆朝满文寄信档译编》第24册，岳麓书社2011年版，第442页。

② 《清宣宗实录》卷343，道光二十年十二月己卯。

③ 《山海关副都统定福奏为遵旨复陈山海关严密防范情形事》，咸丰八年三月初七日，中国第一历史档案馆藏，朱批奏折04-01-01-0868-029。

④ 《山海关副都统宝山奏为圣主驻跸热河布防护卫事》，咸丰十年十月初五日，中国第一历史档案馆藏，军机处录副奏折03-4226-036。

（三）密云副都统

乾隆四十二年（1777），清廷为解决京师八旗生计问题，筹划“于八旗满洲兵内，挑选二千名，派往密云县驻防”，并“设副都统一员”[①]。四十四年（1779），清廷任命原山海关副都统都尔嘉为首任密云副都统：

> 都尔嘉现丁母忧，计其百日期满，密云县兵房，亦已工竣。正届驻兵之期，设驻防地方之副都统员缺，甚属紧要，必得善于管辖兼能办事之人，始可胜任。看来都尔嘉尚可去得，密云县驻兵时，即著补授该处副都统。[②]

可见，密云副都统亦属要职，需“善于管辖兼能办事之人”才能胜任。次年，都尔嘉正式任职密云副都统。密云副都统共历59任（含6任署理），计58人（参见附表6）。从历任情况看，密云副都统以八旗满洲、蒙古为主，兼有少数八旗汉军（如毓秀为镶黄旗汉军、马亮为正黄旗汉军）。密云副都统主要由京师副都统调任或直省驻防副都统调任，另有部分由城守尉、协领等升任。

密云是清帝北巡的必经之地，且地近京师，故密云副都统的觐见较为特殊。依例，专城副都统3年期满觐见一次，并于封印前后抵京。[③]但密云副都统的陛见更为频繁且受重视。按规定，

---

① 《清高宗实录》卷1043，乾隆四十二年十月庚申。

② 《清高宗实录》卷1090，乾隆四十四年九月壬辰。

③ 光绪《钦定大清会典事例》卷560《兵部》，《续修四库全书》第806册，上海古籍出版社2002年版，第752页。

每逢清帝秋狝启程前一日，密云副都统与直隶总督、提督、马兰镇总兵、长芦盐政等均赴御园请安，次日赴清河接驾，随至南石槽递折请安，听候召见。直至嘉庆十五年（1810），鉴于程序过于繁缛规定：“该总督、提督、密云副都统、马兰镇总兵、长芦盐政，俱不准赴园请安。”①

除清帝北巡之外，每遇元旦暨万寿节，密云副都统与直隶其他大员皆预期奏请赴京庆贺，并由清帝批准是否前来。嘉庆十六年（1811），清廷一度采用“年班”制：

> 嗣后直隶各镇除马兰、泰宁二镇外，其天津、正定、宣化三镇，著同密云副都统四人，分为二班，每岁轮派二人，于封印后来京，作为年班。以后均毋庸预期奏请。其每岁万寿节，该四员不必奏请来京叩祝。②

如此，天津、正定、宣化三镇绿营总兵与密云八旗驻防副都统分为两班觐见，同时省去了奏请程序和取消了万寿节赴京叩祝。道光二年（1822），清廷为加强地方操防，规定：“著自本年为始，所有大名、正定、宣化三镇及密云副都统，每岁轮班来京祝贺之处，永远停止。”③

前文已述，密云副都统除管辖本处驻防官兵之外，亦兼辖古

---

① 光绪《钦定大清会典事例》卷560《兵部》，《续修四库全书》第806册，上海古籍出版社2002年版，第753页。

② 光绪《钦定大清会典事例》卷560《兵部》，《续修四库全书》第806册，上海古籍出版社2002年版，第753页。

③ 《清宣宗实录》卷44，道光二年十一月癸未。

北口、昌平州、顺义县、三河县、玉田县等5处驻防。与其他专城副都统一样，密云副都统的基本职掌是统管所辖驻防八旗的军事训练、官员铨选及军政考核等事务。

由于清帝极其重视“武功开国”的传统，力图使八旗官兵精于“国语骑射”，故十分关注各驻防长官训练部伍的情况。

嘉庆八年（1803），时任密云副都统永壽奏请挑选数名兵丁学围，但经嘉庆帝检阅之后，遭到严厉申斥：“该兵丁等步射俱甚平常，步射骑射，乃满洲根本，甚属紧要，尤应精熟，今密云县官兵步射生疏，可见永壽平日并未操演，殊属非是。”[①] 因此，密云副都统作为八旗驻防大员，当以督率训练八旗官兵作为重要任务。

负责所属各级官员铨选与裁汰，亦是密云副都统的基本职责。按例，“各旗营员，遇有应升缺出，自应静候该管之大臣分别拣选”，道光六年（1826）密云县防御员缺，“该副都统（兴住）因骁骑校色布徵阿曾有诬控协领一案，且满汉字画不如彦喜，将伊拟陪”[②]。色布徵阿不服生事，被道光帝革职，以儆效尤。再如，道光三十年（1850）十一月，已革密云县马甲魁山京控协领一案，[③] 牵涉密云副都统德顺之子托京阿曾前往密云卖缺，[④] 至咸丰元年（1851）二月查实，德顺“协领缺出，即将办工草率之海玉升补，并将资格尚浅之恩成升补佐领，又于伊子私往密云，并

① 《清仁宗实录》卷118，嘉庆八年八月辛未。

② 《清宣宗实录》卷94，道光六年正月乙巳。

③ 《清宣宗实录》卷22，道光三十年十一月丁巳。

④ 《清宣宗实录》卷23，道光三十年十二月辛酉。

不阻止”，被“从重发往军台，效力赎罪”。[①] 由此可见，驻防大员因掌握员缺题补开列之权，在具体铨选过程中易滋生弊端。

还需指出的是，密云副都统还肩负护卫清帝北巡之责。乾嘉时期，因清帝频繁出巡，密云副都统出缺，清廷多以京师副都统或热河副都统调任，以便操办北巡相关事务。道光朝以降，密云副都统被派遣举行祭祀和管理皇陵的频次明显提升。道光七年（1827）六月，因甘霖滂沛，道光帝遣皇子及宗室、官员等赴各神祠祭祀，其中密云副都统兴住“诣白龙潭报谢”[②]。三十年（1850）九月，咸丰帝改元前，亦将查看西陵红桩一事交由密云副都统办理。[③]

随着清朝内忧外患的加剧，密云八旗驻防护卫京师安全的职责更重，故任职者多为以玻（博）崇武、定安等为代表的善战武将。在抗击外敌的过程中，密云副都统与热河都统、察哈尔都统通力配合，共同防堵，以维护京师安全。

二、同城副都统

有清一代，直隶地区除设专城副都统外，还于天津、察哈尔两处设同城副都统协助都统。[④] 故清代文献、档案中关于其铨选、职掌等情况记载较为简略。

---

① 《清文宗实录》卷 27，咸丰元年二月庚申。

② 《清宣宗实录》卷 120，道光七年六月丁亥。

③ 《清宣宗实录》卷 17，道光三十年九月庚子。

④ 其中，察哈尔副都统初设 2 员，且不与都统同城驻扎，后裁左右翼副都统，只留一缺，并改驻张家口，与都统一处驻扎办事。详见后文。

（一）天津水师营副都统

天津水师营初设之时，仅设都统一人管辖。雍正十二年(1734)，镶蓝满洲旗参领达奎曾奏请天津水师营添设副都统1员，然未经议准施行。①

乾隆朝，京师八旗生计问题严峻，清廷再次向天津水师营移驻1000名兵丁，水师营规模进一步扩大，事务更为繁重。乾隆七年（1742），直隶总督高斌奏请设置天津水师营副都统：

> 天津水师营墙垣内已无隙地，惟墙外向南地面闲旷，应添兵一千名，以足旧额三千之数。又沧州为运道要区，现亦官多兵少，应添兵二百名请敕交八旗满洲、蒙古都统等按数派拨。……惟各省驻防兵额至三千者，例设副都统，与将军兼管。今天津亦应添设副都统一员，协同都统管理，以符体制。所有天津添设之副都统员缺，请于八沟副都统常久、独石口副都统保善二员内补用一员，其余一员，遇缺请旨另补。②

天津水师营八旗兵额增至3000名后，符合添设副都统与将军、都统协管之制。故清廷议定设天津水师营副都统，由原拟设八沟副都统常久出任。乾隆八年(1743）闰四月，常久正式赴任，

① 《镶蓝满洲旗参领达奎奏请增补天津水师营副都统折》，雍正十二年六月二十日，中国第一历史档案馆译编:《雍正朝满文朱批奏折全译》，黄山书社1998年版，第2275页。

② 《清高宗实录》卷164，乾隆七年四月癸巳。

“协同都统阿扬阿办事”①。

天津水师营副都统历6任，计6人（详见附表7)。天津水师营副都统主要由各直省驻防副都统或京旗副都统调任，少数由京旗协领、驻防总管等升任。其觐见制度，按乾隆八年（1743）规定：“热河设副都统一人，……天津增设副都统一人，山海关设副都统一人，应令轮班陛见，嗣后……天津初令都统来京，二次令副都统来京，热河、山海关副都统均令间一年来京。”② 十一年（1746)，经乾隆帝酌定，各直省副都统分年陛见。③ 但天津因距京城较近，仍与天津水师营都统轮班陛见。

天津水师营副都统与都统同城驻扎，主要协同都统管辖和训练兵丁。乾隆八年（1743)，副都统常久与总兵官傅清奏：

> 满洲水师营，原设满洲兵二千名，战船二十只，每年按期习练水战。归城旱操，虽皆无误，但纪律不能严明，以致技艺生疏。现惟亲加督率，务期技勇纯熟，尽除游惰。④

乾隆帝谕旨：所奏俱悉，交常久加意整顿可也。天津水师营副都统亲自督率官兵训练，有利于提升驻防八旗军事技能，严明军纪。但因天津水师营副都统的相关记载较少，其职能有待进一步考察。

---

① 《清高宗实录》卷190，乾隆八年闰四月庚申。

② 光绪《钦定大清会典事例》卷560《兵部》，《续修四库全书》第806册，上海古籍出版社2002年版，第750—751页。

③ 《清高宗实录》卷256，乾隆十一年正月甲戌。

④ 《清高宗实录》卷195，乾隆八年六月庚辰。

（二）察哈尔副都统

乾隆二十六年（1761）十一月，清廷于张家口新设察哈尔都统的同时，设左右翼副都统 2 员，驻扎游牧边界，由清廷铸给管理察哈尔左右翼四旗副都统等印，两翼副都统每年轮流一人赴京觐见。① 其中，左翼副都统衙署建于独石口上都河地方，右翼副都统衙署建于右翼四旗适中之正红旗禾绍呼都克地方。②

察哈尔副都统初设时，虽不与都统同城驻扎，但一体办事。遇左右翼官员出缺，由该副都统出具考语，送都统衙门拟定正陪；承袭官爵之时，按家谱拣选，送都统衙门阅看；官兵领取俸饷之时，负责在总管所造册上用印，并行都统衙门右司查对，汇造总册，用都统印行部支领；遇有应行事件，各总管呈该副都统，行都统该司具稿，用都统印咨行；日常训练之时，本翼副都统量为巡查总管所操练之兵。③ 由此可见，察哈尔副都统初设之时所办理各项差事均与都统、总管事属一体。换言之，副都统仅负责总管与都统间对接环节，并无实权。

乾隆三十一年（1766），右卫官兵移驻张家口后，鉴于左右翼副都统“徒有副都统之名，而无承办事件”，且察哈尔都统署对察哈尔地方的管辖渐入正轨，乾隆帝决议“将左右翼二副都统裁汰，止留一缺，驻扎张家口，与都统一同办事”，原左右翼

---

① 《清高宗实录》卷 648，乾隆二十六年十一月辛丑。

② 《直隶总督方观承为题请核估新设察哈尔八旗都统并左翼副都统以及随印笔帖式添建衙署官房需用工料银两事》，乾隆三十年十二月十三日，中国第一历史档案馆藏，内阁工科题本 02-01-008-001427-0003。

③ 《清高宗实录》卷 652，乾隆二十七年正月乙巳。

副都统改为察哈尔八旗副都统，两翼事务由八旗总管等“俱呈报副都统办理”[①]。同年十二月，经察哈尔都统安泰奏请，清廷命察哈尔副都统专管阿尔泰军台事务，并会同都统管理苏鲁克牧群。[②]

自清廷改设察哈尔副都统，至清帝逊位，察哈尔副都统共历46任，计46人(参见附表8)。因察哈尔副都统与都统同城驻扎，协助都统办理军务，职责相对较轻，故任职也相对稳定。同治九年（1870)，时任察哈尔副都统杜嘎尔以病由奏请开缺，同治帝上谕:“察哈尔副都统事务较闲，非军营可比。杜嘎尔著无庸开缺，暂回察哈尔副都统本任，藉资调理，一俟痊愈，即著前赴军营，以资得力。”[③]同治帝未准杜嘎尔奏请，固因念其军功卓越、经验丰富，但察哈尔副都统“事务较闲”亦属于实情。还需指出的是，因察哈尔都统事务繁重，遇有赴别处办差、觐见之时，多由较为熟悉察哈尔事务的副都统暂行署理。不过，虽有副都统升任都统者，但较为少见。

另外，张家口作为畿辅屏藩，其军事战略地位十分重要。随着清后期内忧外患的加剧，察哈尔副都统亦承担着保卫京师的重任。清末庚子之变时，张家口防务紧要，上谕察哈尔副都统魁福:“所有战守一切事宜，著与芬车会同妥筹办理。”[④]在保卫京城过程中，察哈尔副都统明秀等身故，赐优恤。[⑤]

---

① 《清高宗实录》卷767，乾隆三十一年八月癸亥。

② 《清高宗实录》卷774，乾隆三十一年十二月乙巳。

③ 《清穆宗实录》卷275，同治九年正月壬辰。

④ 《清德宗实录》卷465，光绪二十六年六月丁丑。

⑤ 《清德宗实录》卷476，光绪二十六年十二月辛亥。

清代直隶地区专城副都统与同城副都统并存。其中，同城副都统主要协助都统管理事务，专城副都统作为职掌军政的驻防大员，所辖事务更为繁重。从历史进程来看，山海关及热河副都统是在驻防总管基础上升格而设，天津水师营副都统则是为协助都统而增设，三者均是在直隶八旗驻防发展过程中陆续设置的；察哈尔副都统与密云副都统设置时，直隶八旗驻防体系已趋于完善。另外，察哈尔副都统经历了由左右翼副都统 2 员与都统分驻，到察哈尔副都统 1 员与都统同城驻扎的调整，其中当与对察哈尔地方管控逐渐强化有关。从存续时间来看，天津水师营副都统历时最短，仅设 20 余年；热河副都统至嘉庆朝升格为都统，执掌热河军政 70 余年；察哈尔副都统延续到清末；山海关及密云二处副都统至民国初期仍沿设，二者在清后期护卫京师的作用凸显，且尤以山海关副都统的海防职责更重。

第三节　中下级武职官员

直隶驻防八旗除设都统、副都统等驻防大员之外，还设有城守尉、总管、防守尉等独立驻防城的职官，以及协领、佐领、防御、骁骑校等与都统或副都统同城驻防之职官。

一、城守尉

城守尉（满文“hoton i da”），意为“一城之长”，品秩正三品，是位居将军、都统及副都统以下之独立驻防城的长官。顺治五年（1648），清廷于直隶沧州、大名府、河间府 3 处设城守尉，后大名府驻防与河间府驻防分别迁至保定府、德州两处。此外，雍正元年（1723），清廷设城守尉管辖郑家庄驻防，但后于乾隆二十九年（1764）裁撤。故清代直隶八旗驻防中，仅保定、沧州两处城守尉一直延续至清末。①

清初，城守尉员缺主要由京师八旗官员题补。②康熙十二年（1673）题准："凡满洲协领、城守尉员缺，由步军副尉、阿达哈哈番、阿达哈哈番品级官员、内外佐领、拜他喇布勒哈番、拜他喇布勒哈番品级官员拟正陪题补。"③

雍正元年（1723），鉴于京师附近各驻防官员无升转之途，领侍卫内大臣、八旗都统等议定：

> 考选军政之年，将记名贤员，如德州等处之三品城守尉，交兵部，视应升之缺，列名具奏。玉田、顺义县等处之防守尉及山海关、张家口等处总管，视伊等应升之三品城守尉、京城参领员缺题补。④

自此，城守尉的铨选范围扩大，除从京师前锋、护军、骁骑营诸参领及头等侍卫内拣选外，直隶地区玉田县、顺义县等处应

① 另外，山海关曾于康熙三十三年（1694）设置城守尉，但旋即改为总管，故此处不计入城守尉之列。

② 光绪《钦定大清会典事例》卷 1132《八旗都统》，《续修四库全书》第 813 册，上海古籍出版社 2002 年版，第 588 页。

③ 康熙《大清会典》卷 82《兵部二》，凤凰出版社 2016 年版，第 1083 页。

④ 《清世宗实录》卷 8，雍正元年六月乙亥。

升之防守尉或山海关、张家口等处总管，亦可列名拣选补放。是年八月，清廷复将铨选范围扩大至蒙古八旗官员："至沧州、河南等处，嗣后遇有城守尉等缺出，令该旗拣选蒙古官员与满洲官员一同引见补授。"①

嘉庆朝，城守尉的铨选范围进一步扩大至协领："著交各省将军、副都统，于各该协领内挑取能办事者，出具考语，咨部带领引见。记名后，有城守尉缺出，著军机大臣等呈进名单，候朕补放。"②

因城守尉系三品大员，多由宗室补放，后鉴于部分地区城守尉由督抚管辖，若宗室受汉大臣节制，于体制不符，乾隆五十四年（1789），清廷规定除盛京城守尉外，各直省城守尉之缺皆"停用宗室"③。如此，保定、沧州两处城守尉遂停用宗室。咸丰七年（1857），为保证宗室的升迁之途，复在保定、沧州两处城守尉原设二缺的基础上增加了宗室一缺。④

直隶城守尉驻防中，因郑家庄与京师关系紧密，其城守尉员缺于"八旗公中选补"，且仅可自京城八旗职官中补授。⑤保定、沧州两处城守尉员缺，除京旗职官可题补外，亦可由玉田县、顺

---

① 《清世宗实录》卷10，雍正元年八月丙寅。

② 光绪《钦定大清会典事例》卷1132《八旗都统》，《续修四库全书》第813册，上海古籍出版社2002年版，第590页。

③ 《清高宗实录》卷1344，乾隆五十四年十二月癸亥。

④ 《镶蓝旗护军统领宗室载崇为拟请按旗分拣选正陪补放保定城守尉等事》，同治朝，中国第一历史档案馆藏，旧整宗人府来文06-01-001-000365-0123。

⑤ 光绪《钦定大清会典事例》卷1132《八旗都统》，《续修四库全书》第813册，上海古籍出版社2002年版，第588页。

义县等处防守尉升任，但题补者需历俸5年。[①]同时，因沧州城守尉为两白旗员缺，保定城守尉为两红旗员缺，故在铨选时采用轮缺的办法，清后期增设宗室一缺后，以三缺为一轮。[②]以保定城守尉的补受为例：第一缺出，专用镶红旗人员内拣选2员，拟定正陪；第二缺出，专用正红旗人员内拣选2员，拟定正陪；第三缺出，专用宗室人员带领引见，请旨拣放。因宗室人员额缺较少，不敷拣选，故宗室出缺时，“无用分旗，统以三品合例宗室，应升人员内拣选”[③]。

如遇有城守尉出缺无人可补，亦可由宗室拣选。光绪三十一年（1905）沧州城守尉松鹤病故出缺，但京城正白旗、镶白旗之前锋统领、护军统领以及侍卫处等均无应送人员，独石口防守尉也“碍难赴选”[④]，于是陆军部致宗人府：“将应升宗室人员迅速咨送拣选。”[⑤]

此外，还存在平级调补或降级补放城守尉的情况。相对而言，平级调补者居多，如乾隆三十五年（1770），保定城守尉舒

---

① 光绪《钦定大清会典事例》卷1132《八旗都统》，《续修四库全书》第813册，上海古籍出版社2002年版，第588—589页。

② 《镶蓝旗护军统领宗室载崇为拟请按旗分拣选正陪补放保定城守尉等事》，同治朝，中国第一历史档案馆藏，旧整宗人府来文06-01-001-000365-0123。

③ 《陆军部为片取拣选沧州城守尉宗室人员事致宗人府》，光绪三十二年十一月十四日，中国第一历史档案馆藏，旧整宗人府来文06-01-001-000388-0155。

④ 《兵部为独石口防守尉隆泰碍难赴选沧州城守尉一缺事致宗人府》，光绪三十一年四月三十日，中国第一历史档案馆藏，旧整宗人府来文06-01-001-000388-0153。

⑤ 《陆军部为片取拣选沧州城守尉宗室人员事致宗人府》，光绪三十二年十一月十四日，中国第一历史档案馆藏，旧整宗人府来文06-01-001-000388-0155。

明阿升迁，其所遗城守尉员缺“著河南城守尉富森布调补”[①]；又如道光二年（1822），以三品热河协领齐敏保补授保定府城守尉之缺。[②]以副都统降级任城守尉者属于个例，如乾隆二十四年（1759），庄浪副都统佛伦因徇私舞弊，被降级调任保定城守尉。[③]

二、总管

总管（满文“uheri da”），品秩初为四品，后改为正三品。不同地区所设之总管因其职权轻重，品级亦存在差别，如乾隆朝黑龙江总管与游牧察哈尔八旗总管为正三品，而张家口总管为从四品。[④]直隶曾在山海关、张家口、热河及木兰围场四处设八旗驻防总管，另游牧察哈尔八旗总管驻于宣府、大同以北，本书不

① 《清高宗实录》卷859，乾隆三十五年五月。又见《河南城守尉富森布奏谢授保定府城守尉恩并请陛见折》，中国第一历史档案馆藏，军机处满文录副奏折03-0184-2374-018。满文原文：abakai wehiyehe i gūsin sunjaci aniya sunja biyai orin nadan de hese wesimbuhangge jyli boo ding fu i hoton i da i oronde honan i hoton i da fusembu be forgošome sinda sehebe gingguleme dahafi.

② 《保定城守尉齐敏保奏谢任保定府城守尉折》，道光二年九月初二日，中国第一历史档案馆藏，军机处满文录副奏折03-0201-3977-012。满文原文：hese wesimbuhengge. boo ding fu i hoton i da i orode. že ho i gūsai da cimimboo be sinda sehe be gingguleme dahafi.

③ 《军机处奏将庄浪副都统佛伦降级调任保定府城守尉之处拟旨呈览片》，乾隆二十四年十一月，中国第一历史档案馆藏，军机处满文录副奏折03-0178-1797-016。满文原文：te foron be hoton i da sindaci. ini wasibure jergi de jing teherembi. uttu ofi. foron be boo ding fu i hoton i da sindara hese arafi gingguleme tuwabume wesimbuhe.

④ 乾隆《大清会典》卷59《兵部》，凤凰出版社2018年版，第283页。

予详论。

张家口在清初即驻有八旗甲兵，但因初设时兵额过少，故仅设防御管辖。康熙二十二年（1683），为稽查厄鲁特朝贡贸易，清廷向张家口增派八旗兵丁，并设总管管辖。① 乾隆三十一年（1766），察哈尔都统衙门职官设置调整之时，改张家口总管为协领。②

山海关驻防总管于康熙十四年（1675）升格为城守尉，③ 二十七年（1688）兵额裁至160名，同时改城守尉为总管。④ 乾隆八年（1743），清廷增设山海关副都统后，又改总管为协领。⑤

热河驻防总管设于雍正元年（1723）⑥。需要指出的是，清廷曾于康熙四十二年（1703）设避暑山庄总管，然是职隶属内务府，负责避暑山庄行宫内部诸事务，有别于八旗驻防系统中的总管。乾隆二年（1737），热河副都统设置后，驻防总管遂被裁撤。⑦

木兰围场总管设于康熙四十五年（1706）。品秩初为正四品，

---

① 刘锦藻编纂：《清朝文献通考》卷183《兵五》第2册，浙江古籍出版社1988年版，第6438页。

② 《吏部尚书兼管工部尚书事务托恩多为核议直隶总督题请核销右卫官兵移驻张家口建盖衙署兵房等项用过工料银两事》，乾隆三十一年四月十七日，中国第一历史档案馆藏，内阁工科题本02-01-008-001475-0013。

③ （清）鄂尔泰等修：《八旗通志》卷24《营建志二》，东北师范大学出版社1985年版，第639页。

④ 光绪《钦定大清会典事例》卷544《兵部》，《续修四库全书》第806册，上海古籍出版社2002年版，第519页。

⑤ 《清高宗实录》卷191，乾隆八年闰四月癸酉。

⑥ 《清世宗实录》卷8，雍正元年六月辛酉。

⑦ 《清高宗实录》卷57，乾隆二年十一月辛未。

乾隆十八年（1753），随着围场驻防规模的扩大，总管品秩升为三品。[①] 嘉庆七年（1802），嘉庆帝一度取消了原热河副都统兼管围场事务的职权，并"裁热河围场总管缺，以其衙署为新设副都统衙署"[②]。不过，围场副都统仅设1年多，便因管理不善被裁撤，复改设围场总管。[③]

上述4处驻防总管，除木兰围场总管外，其余3处均在该处驻防设都统、副都统等大员后，改为协领。而木兰围场总管则因其管理皇家猎苑的特殊性，基本存续至清末。

总管的职责较专司操练兵丁、整饬营伍之城守尉不同，其管辖范围更广。以张家口、山海关两处为例，因此两处为长城沿线重要关隘，其总管除管辖八旗军队之外，还具有把守关隘、稽查出入关口之责。清初规定："看守关口官员，将无票私出之人，不行查拿，该管关口官降一级调用，加级纪录，不准抵销。"[④]

另外，张家口总管还承担着护送贡使之责。康熙二十三年（1684）题准：

> 喀尔喀、厄鲁特贡使来京，从该旗汛地经过者，该旗守汛官即拨官二员、兵五名按次护送，交与张家口官员。回

---

① 乾隆《钦定热河志》卷46《围场二》，天津古籍出版社2003年版，第534页。

② 《清仁宗实录》卷103，嘉庆七年九月乙亥。

③ 《清仁宗实录》卷132，嘉庆九年八月辛巳。

④ 《大学士总理兵部事鄂尔泰为核议原任张家口总管常保防御保通失察商人多带人夫货物出口题请参处事》，乾隆八年六月十四日，中国第一历史档案馆藏，内阁兵科题本02-01-006-001278-0001。

> 时，张家口拨官一员，兵五名护送出界。如贡使回日，有在张家口外贸易者，事毕，守口官速催起身，各汛仍照前按次送出汛地。如无故淹留，将守边口官议处。[①]

护送贡使之责亦是在张家口总管设置之后议定，张家口总管负责派官兵护送蒙古贡使，贸易完毕即护送出汛地，以确保边关稳定。

还需指出的是，张家口总管与山海关总管职权亦不尽相同，这点从雍正十年（1732）直隶八旗驻防归属的调整中即可略窥。山海关总管兼管顺义县、三河县、玉田县、永平府等处驻防，近如驻防大员；张家口总管则与附近其他驻防一并统归京师直辖。二者职权轻重有别，概因当时正值清廷用兵西北，而张家口作为畿辅之屏藩而备受清廷重视所致。

热河八旗官兵因驻扎于行宫附近，故热河总管亦负有护卫行宫之责。这一点前文已述及，兹不赘述。木兰围场总管则主要负责稽查围场治安，在清前期口外行政区划尚不明晰时，其除管辖围内旗人争讼命盗之外，亦就近办理“场外一切命盗案”。四旗厅设立后，乾隆四年（1739），因总管与四旗厅通判之间权责不明确而发生互揭案。清廷规定，围场总管管辖察哈尔左翼四旗旗务，通判管辖旗人户婚、田土、命盗案及编查保甲，维护社会治安。[②] 此外，围场总管还负责与热河都统、总管协同办理围场木植的砍运。清后期，随着围场的开垦，围场总管负责督修卡伦，

---

① 康熙《大清会典》卷 82《兵部》，凤凰出版社 2016 年版，第 1087 页。

② 《清高宗实录》卷 105，乾隆四年十一月辛酉。

建立红桩，避免民人任意展垦。[①]

三、协领

协领（满文“gūsai da”），品秩正三品，后降至从三品。[②]协领包括与都统（副都统）同城驻防之协领和专城驻防协领两类。专城驻防协领主要分布在盛京地区，直隶地区所设协领均与都统或副都统同城驻防，其设置时间与都统或副都统一致，较晚于前述城守尉、总管等职。关于直隶地区驻防协领设置情况详见表3—1。

表3—1　直隶地区驻防协领设置一览表

序号	驻防地	时间	总额数	满洲	蒙古
1	天津	雍正三年	6	4	2
2	热河	乾隆二年	6	4	2
3	山海关	乾隆八年	2	2	0
4	张家口	乾隆三十一年	3	2	1
5	密云县	乾隆四十二年	4	4	0

天津水师营设协领6员，其中满洲左右翼协领各2员，蒙古左右翼协领各1员；[③]乾隆朝天津水师营虽驻兵规模扩大，但协领额数未变。[④]山海关设满洲左右翼协领2员。[⑤]密云县设满洲

① 《清穆宗实录》卷271，同治八年十一月丁酉。

② 顾松洁：《清代八旗驻防协领刍议》，《吉林师范大学学报》2017年第1期。

③ 《清世宗实录》卷39，雍正三年十二月己巳。

④ 乾隆《大清会典》卷59《兵部》，凤凰出版社2018年版，第282页。

⑤ 《清高宗实录》卷191，乾隆八年闰四月癸酉。

协领4员[①]。张家口设协领3员，其中满洲协领2员，蒙古协领1员。[②]热河驻防初设协领6员，其中满洲协领4员，热河3员、喀喇河屯1员；蒙古协领2员，其中热河1员、桦榆沟1员。[③]桦榆沟驻防迁戍伊犁后，清廷于乾隆三十五年（1770）裁撤蒙古协领1员，仅留1员。[④]

清初，驻防协领直接由京旗职官题补，康熙二十七年(1688)改为兵部选取外省应升之人交旗，同在京人员共同引见补授。雍正元年（1723）议准，驻防协领员缺，由该处驻防大员于参领、佐领内拣选一人拟正送部，交予该旗都统，将本旗应升之人，一同引见补授，扩大了驻防大员在驻防职官铨选中的权力。十年(1732)，为保障本处驻防官员的升迁之途，规定若该旗不得人，则"令该将军、都统等于本翼内遴选应升之人咨送"。[⑤]

雍正朝，直隶仅天津水师营设协领，尽管雍正十年（1732）天津都统兼辖沧州驻防，但无本处与兼辖之驻防一体拣选之例。至乾隆朝山海关副都统设置时，因其最初兼辖8城驻防，但清廷最初议准，山海关协领缺出，自山海关佐领及喜峰口、冷口两城

---

① 《副都统都尔嘉为报密云驻防八旗官兵分布诸情形事》，乾隆四十五年五月十七日，中国第一历史档案馆藏，满文咨呈03-0188-2830-009。满文原文：duin gūsai da be niyalma tome joriha juwe gūsai duin niru be kadalabume.

② 《吏部尚书兼管工部尚书事务托恩多为核议直隶总督题请核销右卫官兵移驻张家口建盖衙署兵房等项用过工料银两事》，乾隆三十一年四月十七日，中国第一历史档案馆藏，内阁工科题本02-01-008-001475-0013。

③ 乾隆《钦定热河志》卷84《兵防》，天津古籍出版社2003年版，第847页。

④ 光绪朝重订《承德府志》卷25《兵防》，辽宁民族出版社2006年版，第756页。

⑤ 光绪《钦定大清会典事例》卷1131《八旗都统》，《续修四库全书》第813册，上海古籍出版社2002年版，第584页。

防守尉内一体拣选保送，而未议及山海关副都统所兼辖之永平府、顺义县、三河县、玉田县4城防守尉，为避免此4城官员升迁之途壅滞，乾隆七年(1742)，山海关副都统富和(又作“福赫”)奏请8城驻防官兵的铨选划一办理：

> 今赖山海关自补授副都统以来，左右两翼添设三品协领二员，八旗添设佐领八员，所添佐领八员与七城防守尉同系四品，山海关两翼协领俱系三品，皆防守尉、佐领应升之阶。臣请嗣后三品协领缺出，酌量满洲、蒙古旗分，按翼于该翼佐领、四品防守尉内拣选贤能者一员题补……臣于此内拣选好者题补一员。如此，不论本城、别城，只将该旗应升人员，公同拣选补放，则应升人员庶免壅滞。①

经议准，“山海关协领员缺，以本处佐领及永平府，顺义、三河、玉田三县，喜峰口，冷口防守尉内拣选。该副都统按旗按翼，分别满洲蒙古，将合例之人拟正送京。该旗照例选一人拟陪，引见补授。如该处无可保送之人，即于在京人员内选拟正陪引见。”②

山海关本处及兼辖各处驻防官员一体铨选后，在扩大选官范围的同时，亦有利于人才的选拔和晋升。乾隆十二年（1747），

---

① 《兵部尚书班第为核议山海关副都统题请驻防武职员缺酌于各旗内拣选升补事》，乾隆七年八月二十日，中国第一历史档案馆藏，内阁兵科题本02-01-006-000478-0001。

② 光绪《钦定大清会典事例》卷1131《八旗都统》，《续修四库全书》第813册，上海古籍出版社2002年版，第585页。

山海关副都统富和对永平府防守尉富尔禅出具考语："人去得，办事敬谨。"① 次年，复举荐富尔禅题补山海关左翼旗协领："臣福赫（富和）将山海关等处左翼协领缺出，保举防守尉富尔禅，恳请户部遵旨议行。"② 乾隆五十八年（1793），顺义县、三河县、玉田县驻防改归密云副都统管辖之后，山海关协领出缺，随之改为本处佐领与永平府、喜峰口、冷口 3 处防守尉一体补放。

清后期，面对内忧外患的处境，山海关驻防官员的职责重大。虽然按规定山海关协领出缺由 4 城佐领、防守尉一体补放。但因山海关佐领较之各处驻防防守尉所承担的职责更重、经验更为丰富，故遇协领出缺，多以山海关佐领补放。如咸丰七年（1857），右翼协领出缺，副都统奏请由山海关镶白旗佐领和盛阿补授③；光绪二十八年（1902），右翼三品协领之缺由山海关正蓝旗佐领苏伦布补放。④

---

① 《山海关副都统福赫题为军政驻防八旗协领举荐事》，乾隆十二年十月十一日，中国第一历史档案馆藏，内阁兵科题本 02-02-019-001309-0009。满文原文：furcan niyalma olhoba. baita de ginggun kadalame mutembi.

② 《山海关副都统福赫题为请永平府协领富尔禅升补山海关左翼旗协领事》，乾隆十三年八月初二日，中国第一历史档案馆藏，内阁兵科题本 02-02-020-001313-0030。满文原文：amban fuhe bi. šanaha ba i dashūwan galai gūsai da i oron de duici jergi gūsai da furcan be kooli songkoi akdulafi sindara babe baime wesimbufi. bairengge enduringge ejen. harangga jurgan de hese weismbufi yabubureo.

③ 《山海关副都统定福奏为新授山海关右翼协领请俟回旗补行引见并委和盛阿暂署山海关右翼协领事》，咸丰七年九月初四日，中国第一历史档案馆藏，朱批奏折 04-01-16-0169-065。

④ 《山海关光绪三十年春季份武职官员经制清册》，光绪三十年三月，中国第一历史档案馆藏，武职官员经制清册 15-02-001-000322-0055。

密云县驻防初设之时，无兼辖之驻防，其协领之缺由密云本处该旗佐领铨选，乾隆四十七年（1782），因铨选之时无适合之人题补，副都统都尔嘉奏称："此次密云县所设四名协领，应由两旗合并补放。"① 若再不得人，则照佐领、防御管理之例，划一办理。② 至于蒙古协领员缺，"各于本翼四旗佐领内选拟正陪，咨送该旗带领引见补授"③。

古北口等5处驻防改归密云副都统管辖后，密云驻防协领之缺的铨选亦仿照山海关之例，由本处佐领与各处防守尉一体挑选。乾隆五十九年（1794），密云副都统观音保奏请："密云县协领缺出，由防守尉及所属之佐领一并拣选保题。"④ 经议准："密云县三品协领缺出，即将四品协领按翼与应升之佐领等一体合选补放。四品协领内若不得人，仍咨取在京出缺旗分人员，由该旗拣

① 《密云副都统都尔嘉为补放密云县满营佐领事呈文》，乾隆四十七年五月初七日，中国第一历史档案馆藏，满文咨呈 03-0189-2929-032。满文原文：ere mudan mi yūn hiyan de sindaci acara gūsai da duin be juwe gūsai acan sindara oron obuki.

② 《密云副都统都尔嘉为补放密云县满营佐领事呈文》，乾隆四十七年五月初七日，中国第一历史档案馆藏，满文咨呈 03-0189-2929-032。满文原文：gūsai da i oron tucike manggi. ilgame sonjoro de. niyalma baharakū de isiburakū ci ombime. nirui janggin tuwašara hafan i jergi janggin kadalara kooli de gemu emu obume icihiyaci ombi.

③ 光绪《钦定大清会典事例》卷1131《八旗都统》，《续修四库全书》第813册，上海古籍出版社2002年版，第586页。

④ 《军机大臣阿桂奏议古北口等五处协领出缺由该处防御内挑补事折》，乾隆五十九年十月初三日，中国第一历史档案馆藏，军机处满文录副奏折 03-0195-3479-030。满文原文：mi yūn hiyan i ilaci jergi gūsai da i oron tucici.duici jergi gūsai da jai harangga bai nirui janggin sai emgi barabume sonjofi dahabure.

选带领引见补授。”①

张家口协领共 3 员，其中满洲协领 2 员、蒙古协领 1 员。张家口满洲协领出缺，一般由本翼佐领内拣选补放。光绪二十一年（1895），张家口驻防右翼满洲协领景祺升任黑龙江副都统，察哈尔都统德铭奏称所遗协领一缺，由本翼拣选，若本翼不敷拣选，可由另翼满洲佐领中拟陪挑选。②

蒙古协领则由蒙古佐领拣选。张家口蒙古协领虽与察哈尔总管品级相同，但因并非同一系统，不可一体补放。道光十五年（1835），察哈尔都统凯音布曾奏请察哈尔总管缺出，请将张家口蒙古协领一体拣选。经兵部议定：“察哈尔总管，专办察哈尔八旗蒙古事务。向例遇有缺出，由该都统于该处蒙古人员内，拣选保送，其在京八旗蒙古人员，由该管大臣保送。值年旗拣选带领引见，候旨补放，旧例相沿，办理已久。若将张家口满洲、蒙古协领人员一体拣选，则察哈尔应选人员，未免向隅，殊失抚驭蒙古之道。嗣后遇有察哈尔总管缺出，著仍遵旧例办理。”③

协领主要协助都统或副都统管理军营事务。如天津水师营初设时，因尚未设副都统，故遇都统外出巡查等情况，由协领署理印务。④

---

① 光绪《钦定大清会典事例》卷 1131《八旗都统》，《续修四库全书》第 813 册，上海古籍出版社 2002 年版，第 587 页。

② 《察哈尔都统德铭奏为拣选张家口驻防翼满洲协领分拟正陪二员请旨遵行事》，光绪二十一年二月初三日，中国第一历史档案馆藏，军机处录副奏折 03-5901-011。

③ 《清宣宗实录》卷 270，道光十五年八月己未。

④ 《天津水师营都统扎尔泰奏请巡查沧州折》，雍正十二年十一月三十日，中国第一历史档案馆译编：《雍正朝满文朱批奏折全译》，黄山书社 1998 年版，第 2323 页。

随着八旗驻防管理机构的完善，在各驻防营(城）设左右二司后，一般由协领署理二司事务。

协领所辖事务包括管理八旗生息银两，乾隆三十一年(1766)，右卫官兵移驻张家口之时，其解到之红白喜事赏银及马价银由左司协领书图保管[①]；置办武器装备，道光十八年(1838)，密云副都统特依顺奏请密云旗营所需之腰刀“饬令协领等亲视监造”[②]；督率兵丁进行军事训练，光绪二十一年(1895)，察哈尔都统奏请协领塔清阿题补副都统之缺时，所出具之考语中称其“派委右司帮印精锐督操，凡遇差委，无不尽心竭力，筹划详备”[③]。

热河驻防协领还兼管佐领事。乾隆三十五年（1770)，热河驻防裁佐领5员，由协领兼佐领事。[④]四十年（1775)，热河正白旗满洲佐领琦朗缺出，由原辖镶黄、正白二满洲旗协领萨德兼辖。[⑤]

---

① 《吏部尚书兼管工部尚书事务托恩多为核议直隶总督题请核销右卫官兵移驻张家口建盖衙署兵房等项用过工料银两事》，乾隆三十一年四月十七日，中国第一历史档案馆藏，内阁工科题本02-01-008-001475-0013。

② 光绪《钦定大清会典事例》卷710《兵部》，《续修四库全书》第808册，上海古籍出版社2002年版，第839页。

③ 《察哈尔都统德铭奏请塔清阿署理察哈尔副都统事》，光绪二十一年十一月二十四日，中国第一历史档案馆藏，朱批奏折04-01-16-0244-221。

④ 光绪朝重订《承德府志》卷25《兵防》，辽宁民族出版社2006年版，第756页。

⑤ 《热河副都统多肅奏报热河协领布占等兼管佐领事务情形折》，乾隆四十年十二月初六日，中国第一历史档案馆藏，军机处满文录副奏折03-0187-2660-028。满文原文：ineku aniya nadan biyade. gulu šanyan i manju gūsai nirui janggin ciranga tucike oronde kooli songkoi jurgan de boolafi. tesu kubuhe suwayan gulu šanyan i juwe manju gūsa be kadalara gūsai da sade de kamcifi kadalabuha.

此外，根据都统、副都统所辖之事务的繁简，协领亦辅助其负责其他事务。以热河驻防为例，热河协领曾负责督办避暑山庄周围寺庙的修缮工程。乾隆二十九年（1764），副都统额勒登额进奏修葺溥仁、普宁二寺东西营房工程银两折内指出："后续据该监督协领多鼐、防御保住，骁骑校常昇等呈称，遵照原估粘修得溥仁寺西边营房五百十四间，普宁寺东边营房四百九十九间，西面北边营房一百十四间……"①

四、防守尉

防守尉，品秩正四品，因其满文意为"四品协领"（满文"duici jergi gūsa i da"），故清代档案文献中又作"协领"或"四品协领"，但品秩略低于一般意义上的协领。防守尉驻防主要设于直隶地区②，多为一旗或数旗驻扎之小规模独立驻防营，兵额为50人、100人或200人不等。

直隶地区防守尉驻防主要包括两种：一种为副都统所辖之驻防，如京师以北的防守尉级驻防，多由附近察哈尔都统、山海关副都统及密云副都统管辖；另一种则是京师八旗都统衙门直辖的小九处驻防。关于直隶地区防守尉设置情况参见表3—2。

---

① 《额尔登额等奏报溥仁、普宁二寺东西营房添开门口筑砌墙垣等项工程销算用过银两折》，乾隆二十九年十一月十九日，中国第一历史档案馆、承德市文物局编：《清宫热河档案》第1册，中国档案出版社2003年版，第548页。

② 盛京牛庄、盖州、奉天3处亦设有防守尉，其他地区不设防守尉。

表 3—2 乾隆朝直隶防守尉设置情况一览表

序号	防守尉	设置时间	旗分	所辖兵额	所属大员
1	采育里	顺治二年	正蓝旗	50	京师副都统
2	固安县	顺治二年	镶红旗	50	
3	雄县	顺治六年	镶红旗、镶蓝旗	50	
4	东安县	顺治六年	镶蓝旗	50	
5	良乡县	顺治八年	正红旗	50	
6	霸州	康熙十二年	正黄旗、正红旗	50	
7	宝坻县	康熙十二年	镶白旗	50	
8	永平府	康熙三十四年	镶白旗、正蓝旗	100	山海关副都统
9	喜峰口	雍正六年	正黄旗	200	
10	冷口	雍正六年	正红旗	150	
11	独石口	雍正六年	八旗	100	察哈尔都统
12	昌平州	顺治二年	正黄旗	50	密云副都统
13	顺义县	顺治五年	镶黄旗	50	
14	古北口	雍正六年	正白旗	200	
15	玉田县	康熙十二年	镶黄旗、正白旗	100	
16	三河县	康熙十二年	正白旗	100	

直隶设防守尉 16 员：采育里、固安县、雄县、东安县、良乡县、霸州、宝坻县等7处防守尉归京师直辖；永平府、喜峰口、冷口 3 处防守尉归山海关副都统管辖；独石口防守尉归察哈尔都统管辖；昌平州、顺义县、古北口、玉田县、三河县等 5 处防守尉归密云副都统管辖。其中，除喜峰口、古北口、独石口、冷口

等 4 处防守尉系雍正六年（1728）由防御改设外，其余各处驻防伊始即设防守尉管辖。

清初，防守尉由京师直接调补。① 雍正元年（1723），为保证京畿八旗官员的升迁之途，规定防守尉出缺可由“德州、玉田县、顺义县、山海关、张家口、古北口等处之防御及查围场之官员等”② 军政考核记名者题补。

山海关副都统尚未履职前，清廷于乾隆六年（1741）规定，顺义县、昌平州、三河县、良乡县、宝坻县、固安县、采育里、东安县、玉田县、霸州、永平府、雄县等 12 处防守尉员缺，“由该旗都统会同领侍卫内大臣、前锋、护军统领，于该旗前锋、侍卫、护军、骁骑营副参领、佐领、二三等侍卫及军政卓异、保举记名之德州各城防御内遴选正陪，引见补授。如应一旗专补，于本旗内遴选正陪；应两旗公补，于两旗内轮选正陪”③。各驻防大员实设之后，其所辖之防守尉与本处佐领一体铨选（详见山海关佐领一节）。

嘉庆三年（1798），清廷复规定，京师所辖宝坻县等 7 处防守尉缺出，“于保定、沧州等九处防御内，择其管辖严肃、熟谙事务者，拟定正陪，咨送在京旗分引见”④。七年（1802），清廷将宝坻县、采育里、东安县、沧州 4 处作为左翼，将保定府、固

① 光绪《钦定大清会典事例》卷 1132《八旗都统》，《续修四库全书》第 813 册，上海古籍出版社 2002 年版，第 590 页。

② 《清世宗实录》卷 8，雍正元年六月乙亥。

③ 光绪《钦定大清会典事例》卷 1132《八旗都统》，《续修四库全书》第 813 册，上海古籍出版社 2002 年版，第 590 页。

④ 光绪《钦定大清会典事例》卷 1132《八旗都统》，《续修四库全书》第 813 册，上海古籍出版社 2002 年版，第 591 页。

安县、雄县、良乡县、霸州5处作为右翼，遇有防守尉、防御缺出，不论旗分，从各翼中铨选，[①] 并规定“将何旗人拟正，即由拟正之旗引见”[②]。

防守尉除由防御升任外，还存在“改升为调”的情况。道光九年（1829），时任山海关副都统存华认为冷口、永平府两处所驻八旗官兵少，其防守尉员缺于防御内拣选，“可期胜任”，而喜峰口驻军既多，操防亦难，加之该处“地当孔道，差务较繁”，又离副都统衙门甚远，其防守尉需拣选干练之人，故奏请将喜峰口防守尉改升为调。[③] 经兵部议定，“嗣后该处防守尉缺出，准其于永平府、冷口两处防守尉内择其精明强干，谙练营务之员，奏请调补”[④]，若永平府、冷口两处防守尉，无勘调之员，则“于五处防御内拣选正陪，咨送京旗引见，候旨升补”[⑤]。此外，十八年（1838），经时任山海关副都统祥厚奏请，清廷将永平府防守

---

① 《为嗣后宝坻县保定府沧州霸州良乡雄县固安县东安县采育九处分为左右两翼派两大臣巡查管理》，中国第一历史档案馆藏，明发上谕03-18-009-000059-0003。

② 光绪《钦定大清会典事例》卷558《兵部》，《续修四库全书》第806册，上海古籍出版社2002年版，第718页。

③ 《山海关副都统存华奏为防守尉缺分繁简不同拟请将喜峰口防守尉缺出改升为调事》，道光九年十一月初一日，中国第一历史档案馆藏，朱批奏折04-01-01-0705-056。

④ 《兵部尚书松筠奏为核议山海关副都统宗室存华奏请改升喜峰口防守尉缺事》，道光九年十一月十七日，中国第一历史档案馆藏，军机处录副奏折03-2978-038。

⑤ 《山海关副都统祥厚奏请永平府防守尉伊立布与喜峰口防守尉卓凌阿对调事》，道光十八年九月二十五日，中国第一历史档案馆藏，军机处录副奏折03-2906-073。

尉伊立布与喜峰口防守尉对调。[1]

防守尉作为本处驻防营的最高长官，虽然所辖驻防规模小，但其职责与城守尉相同，除管理本处驻防八旗官兵的操练、军纪武备外，亦“掌本城旗籍”[2]。以咸丰十年（1860）宝坻县驻防马甲景观阻继涉讼案为例，景观欲将子元麟过继奎英为孙，其族长珠隆阿则呈请景恒应继奎英为嗣，于是互相争继，因涉及争讼，故由防守尉查办。[3]

还需指出的是，因清朝重视“国语骑射”，故对八旗驻防武职官员考核尤严。直隶各防守尉官兵被考核时，常有因“不能清语”而被处置者。如乾隆三十四年（1769）军政考核时，良乡防守尉常禄因不能清语，被“撤回本旗，以对品员缺调补”，同时“其不能清语之处，照例令各该旗督令学习，至下次考验时，如不能娴熟，参奏革退”；雄县防守尉雅图因“不能清语，又将幼丁妄行挑甲”，被处以“职任内降三级调用”。[4]

五、佐领

佐领（满文“niru i janggin”），又称牛录章京，品秩正四品，

---

① 《山海关副都统祥厚奏请永平府防守尉伊立布与喜峰口防守尉卓淩阿对调事》，道光十八年九月二十五日，中国第一历史档案馆藏，军机处录副奏折03-2906-073。

② 《清史稿》卷117《职官四》第12册，中华书局1976年版，第3383页。

③ 《清文宗实录》卷317，咸丰十年四月庚寅。

④ 《大学士管理兵部事务尹继善为核议直隶降调回旗前任雄县防守尉雅图并回旗对品调补前任良乡防守尉常禄年老题请勒休事》，乾隆三十四年七月十四日，中国第一历史档案馆藏，内阁兵科题本02-01-006-002140-0023。

是八旗中的基层武职官员。

直隶地区仅6处驻防中设有佐领一职。郑家庄满洲佐领6员，设于雍正元年（1723）[①]。天津水师营佐领32员，设于雍正三年（1725），其中满洲佐领24员、蒙古佐领8员[②]。山海关佐领8员，设于乾隆八年（1743），其中满洲佐领6员、蒙古佐领2员[③]。热河等处驻防于雍正元年(1723）初设佐领16员[④]，其中满洲佐领12员，热河驻10员、喀喇河屯驻2员；蒙古佐领4员，热河与桦榆沟分驻2员。乾隆三年（1738），增设佐领4员，总额增至20员，其中热河驻满洲佐领12员、蒙古佐领2员，喀喇河屯驻满洲佐领4员，桦榆沟驻蒙古佐领2员[⑤]；三十五年(1773)，根据“诸省佐领缺出，协领向有兼辖之例”[⑥]的规定，裁佐领5员，以协领兼佐领事；五十七年（1792），增兵100名，添设佐领1员，热河佐领16员为定额。[⑦]张家口佐领设于乾隆三十一年（1766），初设佐领10员，[⑧]三十五年（1770）裁满洲

① 《清世宗实录》卷7，雍正元年五月乙酉。

② 《清世宗实录》卷39，雍正三年十二月己巳。

③ 《清高宗实录》卷191，乾隆八年闰四月癸酉。

④ 《清世宗实录》卷8，雍正元年六月辛酉。

⑤ 《清高宗实录》卷64，乾隆三年三月丁巳。

⑥ 《热河副都统三全奏闻热河地方旗员拣署情形折》，乾隆三十八年十二月十七日，中国第一历史档案馆藏，军机处满文录副奏折03-0186-2560-008。满文原文：ereci julesi geren goloi nirui janggin oron tucifi. gūsai da de kamcifi kadalaburengge be kooli songkoi.

⑦ 光绪朝重订《承德府志》卷25《兵防》，辽宁民族出版社2006年版，第756页。

⑧ 《吏部尚书兼管工部尚书事务托恩多为核议直隶总督题请核销右卫官兵移驻张家口建盖衙署兵房等项用过工料银两事》，乾隆三十一年四月十七日，中国第一历史档案馆藏，内阁工科题本02-01-008-001475-0013。

佐领2员、蒙古佐领1员[①]，剩余佐领7员。密云驻防佐领16员，其中满洲佐领12员、蒙古佐领4员。[②]有关直隶地区佐领职官设置情况，参见表3—3。

表3—3　直隶驻防佐领职官设置一览表

序号	驻防地	雍正元年	雍正二年	雍正三年	乾隆二年	乾隆八年	乾隆二十九年	乾隆三十五年	乾隆四十二年	乾隆五十七年
1	郑家庄	6	6	6	6	6	—	—	—	—
2	天津	—	—	32	32	32	32	—	—	—
3	热河	—	15	15	20	20	20	15	15	16
4	山海关	—	—	—	—	8	8	—	8	—
5	张家口	—	—	—	—	—	10	7	7	7
6	密云	—	—	—	—	—	—	—	16	16
合计		6	21	53	58	66	70	22	46	39

雍正元年（1723）规定，驻防佐领员缺由该地方大员于本翼内选防御1人拟正，送部交旗；该旗都统等核系满洲、蒙古佐领，

① 光绪《钦定大清会典事例》卷544《兵部》，《续修四库全书》第806册，上海古籍出版社2002年版，第520页。

② 《清高宗实录》卷1043，乾隆四十二年十月庚申。

于本旗五品官内，选1人拟陪，一同引见补授。不过，郑家庄佐领的补授方式与之不同。雍正七年（1729）规定，郑家庄佐领员缺于该处遴选1人保送来京，并于京旗遴选1人，“该旗都统验看，或以在京人员拟正，或以保送人员拟正，总以才品优长为断”。①

山海关驻防副都统因兼辖多处驻防，故乾隆七年（1742）奏准，山海关佐领员缺，“将八城防御拣选一人拟正送京，该旗照例拟陪引见补受”②。五十五年（1790）继而规定：“嗣后山海关满洲佐领等员缺，本旗若不得人，各按本翼遴选保送。若蒙古人员缺少，本翼仍难得人，八旗通行遴选。”③

山海关佐领因具有管理旗务操防之责，所选人员务须精明干练方可胜任，故亦存在该路各处防守尉间平级调补的情况。如光绪十六年（1890），山海关镶白旗佐领玉兴因病出缺，所遗佐领员缺由冷口防守尉硕隆武调补④。

密云县驻防佐领最初同样按翼铨选。乾隆四十五年（1780），鉴于防御不敷挑选，规定蒙古佐领员缺，“不必按翼，于蒙古八旗应升人员内通行遴选，咨送该旗引见补授”⑤。至于满洲佐领，

---

① 光绪《钦定大清会典事例》卷1132《八旗都统》，《续修四库全书》第813册，上海古籍出版社2002年版，第591页。

② 光绪《钦定大清会典事例》卷1132《八旗都统》，《续修四库全书》第813册，上海古籍出版社2002年版，第591页。

③ 光绪《钦定大清会典事例》卷1132《八旗都统》，《续修四库全书》第813册，上海古籍出版社2002年版，第593页。

④ 《山海关副都统谦德奏请以硕隆武调补山海关镶白旗佐领事》，光绪十六年十一月十二日，中国第一历史档案馆藏，朱批奏折04-01-16-0231-090。

⑤ 光绪《钦定大清会典事例》卷1132《八旗都统》，《续修四库全书》第813册，上海古籍出版社2002年版，第593页。

因涉及两旗合设佐领的问题，最初从两旗防御内拣选补放。但在具体实行过程中，同样遇到防御不敷挑选的情况。以正红旗满洲佐领蒋阿出缺为例，其候补人选理应从“正黄、正红二满洲旗官员内铨选”①。但此两旗中仅有3名防御，不足挑选，于是乾隆四十七年（1782），密云副都统都尔嘉奏请，满洲佐领之缺，“从本翼满洲六佐领内应升用之官员内铨选报部”②，最终覆准：“密云县满洲佐领员缺，于本翼满洲四旗应升人员内，选拟正陪，咨送该旗引见补授。”③道光朝，密云佐领在铨选过程中，注重考查官员的骑射技能。道光十五年（1835），佐领补放之时，“其拟正之乌隆阿弓力过软，而拟陪之德克德布箭太无准。该副都统平日并未留心训练所致，除将乌隆阿等驳回本处，著该副都统另拣人员，再行咨送引见外，佈勒亨著交部议处”④。

六、防御

防御（满文“tuwašarahafan i jergi janggin”），清代文献亦有“驻

① 《密云副都统都尔嘉为补放密云县满营佐领事呈文》，乾隆四十七年五月初七日，中国第一历史档案馆藏，满文咨呈03-0189-2929-032。满文原　文：gulu suwayan gulu fulgiyan i juwe manju gūsai hafasa dorgici ilgame.

② 《密云副都统都尔嘉为补放密云县满营佐领事呈文》，乾隆四十七年五月初七日，中国第一历史档案馆藏，满文咨呈03-0189-2929-032。满文原文：tesu galai manju ninggun nirui wesici acara hafasa dorgici ilgame sonjofi jurgan de boolafi ulame yabubufi icihiyabuki.

③ 光绪《钦定大清会典事例》卷1132《八旗都统》，《续修四库全书》第813册，上海古籍出版社2002年版，第593页。

④ 《清宣宗实录》卷267，道光十五年六月壬子。

防章京”之称，品秩正五品。防御是直隶八旗驻防中最早设置的武职官员。清初，京师北部长城沿线各关隘驻防兵额仅数名、数十名不等，因驻防兵额过少，防御成为该处驻防的长官。随着边口八旗驻防规模的扩大，各处所设防御额数也随之变化。具体参见表3—4。

表3—4　清代长城沿线防御设置情况一览表

时间	张家口	独石口	古北口	山海关	喜峰口	冷口	罗文峪	千家店
顺治元年	1	2	—	—	—	—	—	—
顺治二年	1	2	2	2	2		—	—
康熙九年	2	2	2	2	2	1	1	—
康熙十四年	2	2	2	8	2	1	1	—
康熙二十二年	8	2	2	8	2	1	1	—
康熙二十三年	8	4	4	8	4	2	2	—
康熙五十年	8	3	4	8	4	2	2	1
雍正六年	8	2	2	8	2	2	2	2
乾隆五年	3	8	2	8	2	2	1	2
乾隆七年	3	2	2	8	2	2	1	2
乾隆二十八年	2	2	2	8	2	2	1	2
乾隆三十一年	10	2	2	8	2	2	1	2

通过表3—4可知，顺康年间，长城沿线各驻防防御额数一直处于变化之中，至乾隆朝成为定制。是时，除罗文峪、千家店两处防御仍为当地的最高长官之外，其余各处防御已经成为各处总管（张家口）、防守尉（独石口、古北口、喜峰口、冷口），甚至副都统（山海关）的下级职官。

除长城沿线各关隘所设之驻防外，顺康年间，京师周围所设城守尉（保定府、沧州两处）、防守尉级驻防中，亦设有防御一职。其设置情况参见表 3—5。

表 3—5　顺康年间京师周围所设防御职官一览表

序号	驻防地	设置时间	防御员额	旗分	备注
1	沧州	顺治五年	4	正白旗、镶白旗	
2	保定府	顺治六年	4	正红旗、镶红旗	
3	昌平州	顺治二年	2	正黄旗	
4	固安县	顺治二年	1	镶红旗	初设 2 员；嘉庆三年裁 1 员
5	采育里	顺治二年	1	正蓝旗	初设 2 员；嘉庆三年裁 1 员
6	顺义县	顺治五年	2	镶黄旗	
7	良乡县	顺治六年	1	正红旗	初设 2 员；嘉庆三年裁 1 员
8	东安县	顺治六年	1	镶蓝旗	初设 2 员；嘉庆三年裁 1 员
9	宝坻县	康熙十二年	1	镶白旗	初设 2 员；嘉庆三年裁 1 员
10	三河县	康熙十二年	2	正白旗	
11	玉田县	康熙十二年	2	镶黄旗、正白旗	
12	霸州	康熙十二年	1	正黄旗、正红旗	初设 2 员；嘉庆三年裁 1 员
13	雄县	康熙十二年	1	镶红旗、镶蓝旗	初设 2 员；嘉庆三年裁 1 员
14	永平府	康熙三十四年	2	镶白旗、正蓝旗	

乾隆朝，京师北部都统、副都统设置后，此14处驻防中，顺义县、三河县、玉田县、永平府以及昌平州等5处驻防归属附近大员管辖，防御额数至清末一直未变。至于京师所稽查之9处驻防中，除保定府、沧州二处城守尉所设防御4员未变外，嘉庆三年（1798），宝坻县等7处裁防御1员："宝坻等七处，向各设防御二员，嗣后遇有缺出，俱裁汰一员，随时咨报部旗，停其补放"①，仅保留防御1员。

雍正、乾隆年间，郑家庄、热河等处驻防以及天津都统、察哈尔都统、山海关副都统、密云副都统等驻防设置时，亦设有防御一职，具体参见表3—6。

表3—6　雍乾时期八旗防御设置情况一览表

序号	驻防地	设置时间	防御员额	备注
1	郑家庄	雍正元年	6	乾隆二十九年裁
2	天津	雍正三年	32	乾隆三十二年裁
3	热河	乾隆二年	20	雍正元年，热河驻防初设之时未设防御职官
4	山海关	乾隆八年	8	
5	密云	乾隆四十二年	16	

清初，防御员缺以京旗中应升人员题补②，各驻防下级武官并无升途。雍正元年（1723），为解决驻防官员的升迁问题，清

① 光绪《钦定大清会典事例》卷1132《八旗都统》，《续修四库全书》第813册，上海古籍出版社2002年版，第597页。

② 光绪《钦定大清会典事例》卷1132《八旗都统》，《续修四库全书》第813册，上海古籍出版社2002年版，第594页。

廷议定德州、玉田县、顺义县、山海关、张家口、古北口等处之骁骑校“于本处应升之防御，及京城步军校员缺题补”①。雍正十年（1732）规定：“各省防御员缺，该将军等于本翼遴选应升之人，拟正保送。在京仍选本旗之人，拟陪。”②因此，防御之缺，以本处驻防骁骑校补授为主。但郑家庄除外，其铨选与佐领同，本处官员与京旗应升人员一体补放，注重官员的才技优长。③

雍正十三年（1735），清廷规定骁骑校需任满3年，方能补授防御。④但直隶因部分驻防点规模较小，所设骁骑校员额少，往往无合适之人选，于是乾隆三年（1738）清廷议准：“升补防御，应将任满三年、骑射不能入选之骁骑校与未满三年、骑射娴熟之骁骑校一同保送引见。”⑤六年（1741），千家店补授防御之时，独石口骁骑校2员皆持服未满，乾隆帝为避免驻防应升人员壅滞，谕令独石口骁骑校暂行署理防御，俟服满时实授。⑥

乾隆六年（1741），清廷规定了京师周围14处防御职官的旗分，并规定防御员缺“各该处于骁骑校内遴选，或军政卓异、保举记名者，不论满洲、蒙古，保送一人来京拟正；在京各该旗，

① 《清世宗实录》卷8，雍正元年六月乙亥。

② 光绪《钦定大清会典事例》卷1132《八旗都统》，《续修四库全书》第813册，上海古籍出版社2002年版，第595页。

③ 光绪《钦定大清会典事例》卷1132《八旗都统》，《续修四库全书》第813册，上海古籍出版社2002年版，第594页。

④ 光绪《钦定大清会典事例》卷1132《八旗都统》，《续修四库全书》第813册，上海古籍出版社2002年版，第595页。

⑤ 光绪《钦定大清会典事例》卷1132《八旗都统》，《续修四库全书》第813册，上海古籍出版社2002年版，第595页。

⑥ 《清高宗实录》卷145，乾隆六年六月辛酉。

于云骑尉、六七八品官、护军校、骁骑校内拣选一人拟陪，引见补授”[①]。京师稽察九处驻防形成之后，仍以本处骁骑校升补防御之缺为主，军机大臣阿桂曾在奏折中指出：“查例载，沧州、保定府等九处防御之缺出，各翼该旗三年期满，军政大计卓异、保举记名之骁骑校，不计满洲、蒙古，拟定正陪铨选，由京城该旗带领引见补放。若送来之人不可录用，该旗奏报，另择京城相应人员拣选补放，带领引见。”[②]又因各处所设之防御、骁骑校额数较少，故仅从本旗之中补放困难。乾隆五十九年（1794），保定府城守尉噶勒柱奏请：“防御缺出，于所有满蒙四旗之骁骑校四员内，分别好坏，一体拣选补放。”[③]嘉庆三年（1798），宝坻县等7处防御裁撤1员，并议准：“保定、宝坻等九处防御缺出，

① 光绪《钦定大清会典事例》卷1132《八旗都统》，《续修四库全书》第813册，上海古籍出版社2002年版，第595页。

② 《大学士领侍卫内大臣阿桂奏驳回噶勒柱均齐保定府八旗兵丁挑补防御折》，乾隆五十九年九月二十二日，中国第一历史档案馆藏，军机处满文录副奏折03-0195-3478-012。满文原文：baicaci kooli de ts'angjeo. boo ding fu i jergi uyun bai tuwašara-hafan i jergi janggin i oron tucike manggi. gala gūsa be bodome ilan aniya jalungga funde bošokū. jai coohai dasani šimenere de colgorome tucike de obuha. akdulafi gebu ejehe usebe manju monggo be bodorakū ilgame sonjofi cohoro adabure be toktobufi dahabume. gemun hecen de unggifi harangga gūsaci gaifi beyebe tuwabufi sindambi. aika benjihe niyalma wesibume baitalaci ojorakū oci harangga gūsaci wesimbufi. gemun hecen de bisire wesici acara ursei dorgici encu ilgame sonjofi gaifi beyebe tuwabufi sindafi unggimbi.

③ 《大学士领侍卫内大臣阿桂奏驳回噶勒柱均齐保定府八旗兵丁挑补防御折》，乾隆五十九年九月二十二日，中国第一历史档案馆藏，军机处满文录副奏折03-0195-3478-012。满文原文：tuwašara hafan i jergi janggin i oron tucici. manju monggo duin gūsa de bisire duin funde bošokū i dorgici barabume sain ningge be ilgame sonjofi cohome adabume dahabuki sehebi.

于九处本翼四旗之骁骑校内，通行遴选正陪。将拟正人员，咨送在京旗分，引见补授。”①

山海关防御的铨选与佐领同，皆由山海关本处与外四口（喜峰口、冷口、罗文峪、永平府）骁骑校一体铨选②。清末，山海关亦存在本处防御由外四口防御调补的情况。光绪二十二年（1896）五月，山海关副都统桂祥鉴于喜峰口右翼防御连元“当差勤慎，人亦明白，又委署笔帖式递升，今职于操防事宜极为熟悉”③，又因“山海关所属八旗防御与外四口防御俸禄虽同一律，而关上八旗俸米系由随缺官地所出，并无折扣，每年收获较外四口得项为优”④，于是将其调补山海关镶蓝旗防御，以示勉励。

密云县防御之缺，最初从本翼四旗骁骑校内拣选补放。⑤古北口、昌平州、顺义县、三河县、玉田县等各处驻防相继归属密云副都统管辖后，在具体的补授过程中，除古北口驻防设防御2员、骁骑校4员，防御之缺尚可从骁骑校内拟定正陪拣选外，其余4处设防御2员，但骁骑校仅设2员甚至1员，防御之缺，难

① 光绪《钦定大清会典事例》卷1132《八旗都统》，《续修四库全书》第813册，上海古籍出版社2002年版，第597页。

② 《山海关副都统桂祥奏请将连元调补山海关镶蓝旗防御事》，光绪二十二年五月十三日，中国第一历史档案馆藏，朱批奏折04-01-16-0248-065。

③ 《山海关副都统桂祥奏请将连元调补山海关镶蓝旗防御事》，光绪二十二年五月十三日，中国第一历史档案馆藏，朱批奏折04-01-16-0248-065。

④ 《山海关副都统桂祥奏请将连元调补山海关镶蓝旗防御事》，光绪二十二年五月十三日，中国第一历史档案馆藏，朱批奏折04-01-16-0248-065。

⑤ 《密云副都统都尔嘉为补放密云县满营佐领事呈文》，乾隆四十七年五月初七日，中国第一历史档案馆藏，满文咨呈03-0189-2929-032。满文原文：sirame tucike tuwašara hafan i jergi janggin i oronde. inu ere songkoi. funde bošokū sai dorgici sonjoki seme.

以将骁骑校拟定正陪补放。嘉庆十六年（1811），密云副都统多福仿照山海关补授防御之例，奏请“古北口等五处骁骑校十员，统筹补放防御”①。

七、骁骑校

骁骑校（满文“funde bošokū”），品秩正六品。其品级虽低，但“协理佐领事务，统辖大众，将来即升章京之职”②，为清廷所重视。

清初，直隶地区除保定府、沧州两处驻防设置骁骑校各4员，其他各处驻防均未设置骁骑校一职。康熙三十四年（1695），清廷在规模较大的三河县、玉田县、永平府、山海关等4处驻防点设置骁骑校；雍正朝，继而在新设之郑家庄、天津水师营及热河等处八旗驻防设置骁骑校，其中郑家庄与天津水师营两处分别于乾隆二十九年（1764）、三十二年（1767）相继裁撤。

乾隆元年（1736）八月，经镶蓝旗满洲都统丰盛额奏请，清廷“于张家口等处，增骁骑校一二员”，遇防御出缺“由本处骁骑校内择其人去得、汉仗好者，咨送出缺旗分，与本旗应升人员，一并带领引见补放”③，以保障本地驻防官员的升迁之途。经

① 《密云副都统多福奏古北口昌平等五处补放防御时请比照补放协领例统筹办理折》，嘉庆十六年四月十七日，中国第一历史档案馆藏，军机处满文录副奏折03-0199-3799-018。满文原文：moltosi jasei jergi sunja bai funde bošokū. uheri juwan bi barabume tuwašarahafan i jergi janggin sindaci.

② 《清圣祖实录》卷114，康熙二十三年正月壬辰。

③ 《清高宗实录》卷25，乾隆元年八月辛巳。

此调整，直隶地区16处防守尉级驻防增设骁骑校。至四十五年（1780），直隶地区24处八旗驻防中共设骁骑校84员（参见表3—7）。

表3—7　乾隆四十五年直隶八旗驻防骁骑校设置一览表

序号	驻防地	设置时间	骁骑校额数	备注
1	沧州	顺治五年	4	
2	保定府	顺治六年	4	初设6员；顺治十五年，移驻浙江杭州府2员
3	三河县	康熙三十四年	2	
4	永平府	康熙三十四年	2	
5	玉田县	康熙三十四年	2	
6	山海关	康熙三十四年	8	
7	热河等处	雍正二年	20	雍正元年，始设16员
8	喜峰口	乾隆元年	2	
9	张家口	乾隆元年	8	初设2员；此后屡次调整，至乾隆十八年增至8员
10	独石口	乾隆元年	2	
11	古北口	乾隆元年	2	
12	千家店	乾隆元年	1	
13	冷口	乾隆元年	1	
14	罗文峪	乾隆元年	1	
15	昌平州	乾隆元年	1	
16	良乡县	乾隆元年	1	
17	宝坻县	乾隆元年	1	
18	采育里	乾隆元年	1	
19	顺义县	乾隆元年	1	

续表

序号	驻防地	设置时间	骁骑校额数	备注
20	雄县	乾隆元年	1	
21	霸州	乾隆元年	1	
22	东安县	乾隆元年	1	
23	固安县	乾隆元年	1	
24	密云县	乾隆四十五年	16	
合计			84	

清初，骁骑校员缺主要自京旗前锋、护军、领催、马甲等补授。雍正元年（1723），清廷为保障驻防兵丁晋升渠道，规定骁骑校可由城守尉、防守尉保举各处领催人等题补。① 不过，郑家庄驻防骁骑校员缺题补时，仍不论本处与京旗，以材技优长为断。

乾隆元年（1736），清廷于各防守尉级驻防添设骁骑校，并规定京师周围驻防骁骑校员缺，“于该处领催、马甲内，不论满洲蒙古，择其效力年久、材技优长者，拟定正陪，送该旗引见补授”②。

霸州、雄县骁骑校系两旗公补，应先后轮拟正陪补授。保定府、沧州两处驻防因设两旗，故骁骑校缺出，或由本旗补放，或自两旗内拣选，原无定例，光绪十三年（1887）经直隶总督李鸿章奏请，改由两旗共同拣选。③

① 《清世宗实录》卷8，雍正元年六月乙亥。

② 光绪《钦定大清会典事例》卷1132《八旗都统》，《续修四库全书》第813册，上海古籍出版社2002年版，第597—598页。

③ 《直隶总督李鸿章奏为遵旨保定驻防骁骑校挑缺未能画一请饬兵部核定章程办理事》，光绪十三年十月十三日，中国第一历史档案馆藏，军机处录副奏折03-5852-028。

至于山海关、密云两处，虽副都统兼辖其他驻防，但骁骑校的铨选与佐领、防御等其他职官不同，因领催员额充足，故不必8城一体补放。乾隆七年（1742），兵部议定山海关骁骑校员缺："今若不论本处、他城一并拣选，则拣选人多之城口，其兵丁开路虽属疏通，而拣选无人之城口，本处额缺，转为别处兵丁所占，必致偏枯不均，升途转至壅滞。应令该副都统仍照定例遵行。"① 四十七年（1782），副都统都尔嘉称："骁骑校之缺，所属各处之诸旗兵丁不少，行走好、有劳绩、其候补人员充足，仍照旧办理。"② 驻防骁骑校缺出，照例将本处兵丁拣选正陪，咨送来京，带领引见补放。

骁骑校除由本处领催补放之外，亦有以笔帖式、委署笔帖式补授的情况。乾隆三十二年（1767）覆准："驻防副都统衙门笔帖式，六年俸满，补授骁骑校。"③ 嘉庆十二年（1807）规定："山海关、密云副都统衙门委署笔帖式缺出，在于本处前锋、领催、马甲内考选报部，给予空衔顶戴，作为委署笔帖式。六年期满，如果行走好，遇有骁骑校缺出，与前锋、领催等一体拣选

① 《兵部尚书班第为核议山海关副都统题请驻防武职员缺酌于各旗内拣选升补事》，乾隆七年八月二十日，中国第一历史档案馆藏，兵科题本02-01-006-000478-0001。

② 《密云副都统都尔嘉为补放密云县满营佐领事呈文》，乾隆四十七年五月初七日，中国第一历史档案馆藏，满文咨呈03-0189-2929-032。满文原文：funde bošokū i oronde. harangga ba i gere gūsai cooha komso akū ilgame sonjoro de heo seme niyalma bahame mutere be dahame. kemuni fe kooli songkoi icihiyabuki.

③ 光绪《钦定大清会典事例》卷1132《八旗都统》，《续修四库全书》第813册，上海古籍出版社2002年版，第599页。

升用。”[①]是故，笔帖式、委署笔帖式亦可补授骁骑校之职。笔帖式补用之骁骑校与其他骁骑校再次补授之时无异。光绪三十二年(1906)，副都统丰吉继而奏请：“俟本翼满蒙八佐领，遇有骁骑校缺出，如无记名在先之员，即将增续咨报坐补所有笔帖式六年期满，循例保奏。”[②]

委署骁骑校为六品虚职顶戴，一般由应升骁骑校之蓝翎长，戴金顶之前锋、领催内补授。充任委署骁骑校后，“仍食原饷，当章京差使”[③]。骁骑校之缺亦可由委骁骑校补授。道光十七年（1837)，清廷规定古北口骁骑校之缺“即照该处拣选防御之例，不论旗翼，于八旗委骁骑校暨领催内，通行拣选补放”[④]。

因五品以下世职及六品骁骑校俸饷既薄，糊口维艰，赴京旅费筹措不易，故骁骑校之缺一般由该处大员推荐保举，无须送部引见，但如题补违规，都统将受惩处。如雍正十二年(1734)，天津都统迈禄在保题防御、骁骑校庄格、珠岱之时，因此二人“年力浅薄，且无效力之处”[⑤]，遭到新任都统扎尔泰

① 光绪《钦定大清会典事例》卷40《吏部》,《续修四库全书》第798册，上海古籍出版社2002年版，第612页。

② 《丰吉奏为密云驻防随印笔帖式增续期满甄别保荐事》，光绪三十二年十一月二十七日，中国第一历史档案馆藏，朱批奏折04-01-12-0652-008。

③ 光绪《钦定大清会典事例》卷1132《八旗都统》,《续修四库全书》第813册，上海古籍出版社2002年版，第592页。

④ 《清宣宗实录》卷299，道光十七年七月己丑。

⑤ 《天津水师营都统扎尔泰奏报查访保题官员缘由折》，雍正十二年十一月初五日，中国第一历史档案馆译编：《雍正朝满文朱批奏折全译》，黄山书社1998年版，第2318页。

的参奏，经查访得知因迈禄听信协领萨尔泰的一面之词，未予以明察，便加以保题，并牵涉其营私舞弊，侵冒钱粮，最终判定“迈禄著革职，以副都统衔效力赎罪”，协领萨尔泰“著永远枷号”。①

骁骑校的铨选注重候选人员的能力。以张家口骁骑校的铨选为例，骁骑校缺出，先于本处领催内拣选人去得、汉仗好、曾效力者保送，将各省人员预行保举，送兵部引见，皇帝确定后，记名发回。记名一等者，即行补用；二等者，不论次序，以效力好、人去得者补用。因此，骁骑校之缺的铨选过程中，“效力好、人去得”是十分重要的考核标准。如张家口蒙古协领富伦系前锋出身，光绪五年（1879）二月，“因承审盗案，依次拟结，尤为出力，经都统穆图善等保奏，以骁骑校尽先前即补。……又七年十一月，因整顿台站在事出力，经都统祥亨等保奏，俟补骁骑校后以防御尽先前补用”②。这些经历为其此后升任协领奠定了重要基础。

第四节　笔帖式

笔帖式一职由清入关前之巴克什演变而来，至崇德年间，成

① 第一历史档案馆编：《雍正朝起居注册》第 2 册，中华书局 1993 年版，第 4191 页。

② 《驻防张家口管辖八旗蒙古官兵奉旨交军机处记名之驻防张家口八旗蒙古花翎协领富伦出身履历清册》，光绪三十二年三月，中国第一历史档案馆藏，武职官员经制清册 15-02-001-000312-0163。

为专司文书档案工作的人员。[①] 清朝笔帖式的设置十分广泛，据《清史稿》记载："京师各部、院，盛京五部，外省将军、都统、副都统各署，俱设笔帖式额缺。"[②]

笔帖式虽非八旗驻防之专官，但因各驻防衙门文书工作需要，其又是八旗驻防中的重要文职官员，主要负责处理文书档案与文字翻译。驻防衙门笔帖式属京官。[③] 八旗都统印房笔帖式效力期满，调补部院之时，并未议定品级。雍正十年(1732)，吏部议奏："请照八旗左右二司笔帖式之例，定为八品，令其食俸，庶品级均平，以示鼓励。"[④] 在直隶八旗驻防中，笔帖式遍设于各都统、副都统、城守尉、防守尉衙门内，参见表3—8。

表3—8 清前中期直隶八旗驻防衙门笔帖式设置一览表

序号	驻防衙门	设置时间	初设员额	最终员额	备注
1	固安县防守尉	顺治二年	1	0	雍正七年裁
2	喜峰口防守尉	顺治二年	2	2	
3	古北口防守尉	顺治三年	2	1	乾隆五十一年裁1员
4	顺义县防守尉	顺治五年	1	0	雍正七年裁
5	沧州城守尉	顺治五年	2	1	初设2员；乾隆三年裁1员

① 李红：《清代笔帖式》，《历史档案》1994年第2期。

② 《清史稿》卷110《志八十五·选举五》第12册，中华书局1977年版，第3213页。

③ 乾隆《大清会典》卷4《吏部·文选清吏司》，凤凰出版社2018年版，第20页。

④ 《清世宗实录》卷120，雍正十年六月壬午。

续表

序号	驻防衙门	设置时间	初设员额	最终员额	备注
6	保定府城守尉	顺治六年	2	1	初设2员；乾隆三年裁1员
7	良乡县防守尉	顺治八年	1	0	雍正七年裁
8	冷口防守尉	康熙九年	2	2	
9	罗文峪防御	康熙九年	1	2	康熙二十三年增设1员
10	宝坻县防守尉	康熙十二年	1	0	雍正七年复裁
11	霸州防守尉	康熙十二年	1	0	雍正七年裁
12	雄县防守尉	康熙二十二年	1	0	雍正七年裁
13	采育里防守尉	康熙二十二年	1	0	雍正七年裁
14	东安县防守尉	康熙二十二年	1	0	康熙二十二年，增设笔帖式1员，雍正七年、九年相继裁撤
15	玉田县防守尉	康熙二十二年	1	1	
16	张家口总管	康熙二十二年	2	2	
17	三河县防守尉	康熙二十二年	1	1	
18	永平府防守尉	康熙三十四年	1	1	
19	郑家庄城守尉	雍正元年	2	0	乾隆二十七年裁
20	热河副都统	雍正元年	2	3	初设2员；乾隆二年增设1员
21	天津水师营都统	雍正三年	3	0	乾隆三十三年裁撤
22	独石口防守尉	雍正六年	2	2	
23	山海关副都统	乾隆八年	3	3	
24	察哈尔都统	乾隆二十六年	4	2	初设4员；乾隆三十一年裁撤2员
25	密云副都统	乾隆四十五年	2	2	

由表3—8可知，京师周围的顺义县、良乡县、宝坻县、固安县、采育里、东安县、霸州、雄县8处防守尉衙署最初设笔帖式，但雍正七年（1729）被裁。[①] 郑家庄城守尉与天津水师营都统衙门亦曾设随印笔帖式，后随驻防点裁撤。至乾隆四十五年（1780），直隶15处驻防设笔帖式27员。其中副都统衙门中，热河、山海关两处副都统衙门设笔帖式3员，密云副都统衙门设2员，概因热河与山海关本处旗民、蒙汉交往频繁；长城边口各驻防因涉及蒙汉旗民往来，翻汉译清之事较多，故一般设有笔帖式2员；保定府、沧州两处城守尉衙署以及永平府、三河县、玉田县3处防守尉衙门设笔帖式1员。可见笔帖式所设员额与驻防点所处地理位置相关。

长城沿线边口驻防衙门笔帖式职责较繁，且条件艰苦。其设置之初，并未规定任职时间，且晋升之路艰难。因此在边关任职10多年的笔帖式或掣签边关的笔帖式，不久便借故呈文返回京城[②]。有的笔帖式甚至试图通过捷径回京，乾隆二十三年（1758）八月，独石口笔帖式书启善，控告防守尉岳灵阿等敛银贿买，以图立功内调。经察，防守尉岳灵阿确有失察，被从宽免其革职，仍回原任办事，笔帖式书启善因控告有功，最初议定内调，但被乾隆帝驳回：

① 《清世宗实录》卷89，雍正七年十二月戊申记载："裁驻防昌平、顺义、良乡、宝坻、固安、采育、东安、霸州、雄县九处笔帖式各一员。"但光绪朝《钦定大清会典事例》未记载昌平州设置笔帖式，故表中未将昌平州防守尉衙门列入。

② 《正蓝满洲旗副都统刘格奏请独石口等边关笔帖式晋升折》，雍正十三年十二月初三日，中国第一历史档案馆译编：《雍正朝满文朱批奏折全译》，黄山书社1998年版，第2479页。

> 至笔帖式书启善，若以京缺调用，转得在部院衙门行走。此例一开，将来在外笔帖式，希图内调，皆将展转效尤。适以启告讦之渐，此风实不可长。书启善不必调京，即于张家口、独石口、喜峰口等处笔帖式内对调。①

乾隆帝并未准许书启善内调，而是命其与附近边口笔帖式对调，其初衷则是遏制“告讦”之风。这也从侧面反映出边口笔帖式境遇较差，虽有内调回京的强烈欲望，然缺乏路径。

驻防笔帖式最初自京旗中考补。乾隆十年（1745），御史西成鉴于外省旗人无路上进，“请照在京八旗都统衙门挑取印房笔帖式例，考用本处旗人”②。十一年（1746）定：“山海关驻防原设部选笔帖式三员，改由本处八旗兵丁内考选补授。”③五十二年（1787），独石口驻防原设部选笔帖式 2 员，俱改由本处兵丁内考选补授。④五十三年（1788），稽查宝坻等处驻防正蓝旗护军统领宗室崇尚咨称：“保定府、沧州二处，向由部选笔帖式各一员，应照独石口例撤回。又山海关副都统宗室琳宁咨称，永平府、玉田县、三河县、冷口、喜峰口、罗文峪六处部选笔帖式，均请裁汰，由各该处之前锋、领催、马甲内考选报部，给与空衔顶带。”⑤清廷遂规定：“原设保定、沧州、永平、玉田、三河驻防部

① 《清高宗实录》卷 569，乾隆二十三年八月辛未。

② 《清高宗实录》卷 255，乾隆十年十二月丁巳。

③ 光绪《钦定大清会典事例》卷 1127《八旗都统》，《续修四库全书》第 813 册，上海古籍出版社 2002 年版，第 535 页。

④ 光绪《钦定大清会典事例》卷 1132《八旗都统》，《续修四库全书》第 813 册，上海古籍出版社 2002 年版，第 536 页。

⑤ 《清高宗实录》卷 1300，乾隆五十三年三月庚午。

选笔帖式各一员，冷口、喜峰口、罗文峪各二员，俱改由本处兵丁内考选补授。”①

如此，直隶各驻防笔帖式员缺的铨选，历经了由部选到以本处驻防旗人考补的转变，扩大了本处驻防旗人的升迁之途。

第五节　理事同知

理事同知是专司旗民纠纷案件的职官，主要包括两类：“一种在八旗驻防地区，为知府佐贰；一种在边疆地区，作为分派某地的最高行政长官，办理衙署为理事厅，与府同级。”②因此，理事同知虽非八旗驻防之专官，但因其负有处理旗民交涉案件之责，常设于八旗驻防所在地。需要指出的是，虽然部分八旗驻防点专设理事同知管理旗民案件，但其属于独立民事官，是驻防的附属行政机构。③

直隶地区除八旗驻防官兵之外，还分布着大量的庄头、投充人、八旗闲散等庄屯旗人以及管理、看守行宫之内务府旗人，旗民交错杂处。故清廷在直隶地区广设理事厅，以处理旗民交涉案件。

清初直隶八旗驻防规模有限，八旗官兵与民人接触较少，故

① 光绪《钦定大清会典事例》卷1127《八旗都统》，《续修四库全书》第813册，上海古籍出版社2002年版，第537页。

② 定宜庄：《清代八旗驻防研究》，辽宁民族出版社2003年版，第178页。

③ 穆云鹏：《清代理事同知制度初探》，硕士学位论文，中央民族大学历史系，2011年。

这一时期所设之理事同知侧重处理驻屯旗人与民人之间的词讼案件，如保定府理事同知、通判（康熙三十七年设）[①]、永平府理事同知（雍正六年设）[②]、通州理事通判（雍正九年设）[③]等，同时亦兼管附近八旗驻防兵丁与民人之间的交涉案件。

此外，清初直隶地区亦有部分理事同知系专为处理八旗驻防事务而设。如雍正三年（1725），清廷设天津水师营理事同知，处理驻防兵丁与当地民人间的纠纷，[④]乾隆三十二年（1767）水师营裁撤后，其理事同知移驻天津府城；[⑤]三十五年（1770），经直隶总督杨廷璋奏请，天津理事同知移驻古北口，改为古北口理事同知，“凡旗民交涉词讼等事，仓廒米谷出入，悉归该同知管理”[⑥]。另外，乾隆四十二年（1777）清廷筹划设密云县八旗驻防时，也曾考虑添设理事同知，后因古北口理事同知距密云县城80余里，“往来甚便，尽可兼辖”[⑦]，而未添设。从天津理事同知到古北口理事同知的转变，进而兼管密云县八旗驻防旗民交涉案件，也可见其职责范围已不限于本处驻防。类似情况在直隶口外地区亦有体现，并尤以热河满洲理事同知与张家口理事同知为典型。

---

① 《清圣祖实录》卷188，康熙三十七年四月庚申；《清圣祖实录》卷191，康熙三十七年十一月戊寅。

② 《清世宗实录》卷74，雍正六年十月庚辰。

③ 《清世宗实录》卷110，雍正九年九月庚辰。

④ 《清世宗实录》卷39，雍正三年十二月己巳。

⑤ 《清高宗实录》卷783，乾隆三十二年四月乙未。

⑥ 《清高宗实录》卷872，乾隆三十五年十一月壬子。

⑦ 《周元理奏报筹办官兵二千名驻防密云县事》，乾隆四十二年十一月十八日，台北故宫博物院编：《宫中档乾隆朝奏折》第41辑，台北故宫博物院1982年版，第42页。

雍正元年（1723），清廷议定向热河等处派驻八旗官兵后，于是年十月设满洲理事同知 1 员。[①] 满洲理事同知因热河八旗驻防而设，但管辖范围不限于驻防事务，后来更是演变为地方行政建置，至乾隆四十三年（1778）发展为承德府。[②] 张家口理事同知设于雍正二年（1724），系为处理地方刑名案件而设。据都统弘升奏称：

> 自张家口至镶蓝旗察哈尔西界各处，山谷僻隔，所居者万余，居民既多，不无盗贼等事，若交与新设同知，令其兼辖，既有钱粮而又任以刑名，殊觉繁剧，应于张家口地方再设理刑满洲同知一员。[③]

因此，张家口厅设置之初便具有地方行政建置特色。乾隆二十六年（1761），察哈尔都统设置后，张家口理事同知改归察哈尔都统所辖。[④]

理事同知的铨选初由部考核题补，雍正七年（1729），内阁侍读学士梁世徵奏请理事同知、通判缺出："嗣后请于应行拣选之中书，小京官、笔帖式内，令该堂官将通晓汉文、兼通翻译者，保送吏部，照月官之例，考试汉字履历，能翻译者，兼考翻译，将试卷进呈，引见记名。遇有理事同知、通判缺出，将记名

① 《清世宗实录》卷 12，雍正元年十月乙卯。

② 《清高宗实录》卷 1048，乾隆四十三年正月乙亥。

③ 乾隆《口北三厅志》卷 1《地舆》，成文出版社 1968 年版，第 22 页。

④ 《清高宗实录》卷 652，乾隆二十七年正月乙巳。

人员，请旨补授。永为定例。”①

长城沿线关口驻防所设之理事同知，因地处蒙汉交往之要隘，“向俱系理藩院拣选，蒙古司员带领引见”②，且员外郎亦在补放之列。乾隆五年（1740），吏部议奏：

> 且理事同知，审理旗民互涉事件，止在吏治之谙练，持身之廉谨。即各边蒙古地方，不过须熟悉蒙古字话之员，其余与各省理事同知，原无区别，似应画一办理。③

于是，边口理事同知员缺，除员外郎不行补用外，“将各部院满洲蒙古主事、小京官、笔帖式，令各衙门拣选通晓汉文、熟习蒙古字话、贤能之员，保送过部。照依各省理事同知之例，会同理藩院并各部尚书拣选考试，分别去取，带领引见补授”④。边口理事同知的铨选从理藩院拣选，到吏部会同理藩院并各部尚书拣选考试的转变，反映出清帝视边关与直省为一体的理念。

① 《清世宗实录》卷 85，雍正七年八月丁未。
② 《清高宗实录》卷 124，乾隆五年八月丙午。
③ 《清高宗实录》卷 124，乾隆五年八月丙午。
④ 《清高宗实录》卷 124，乾隆五年八月丙午。

第四章　直隶驻防八旗兵丁

随着八旗生计问题的日趋严峻以及全国军事战略形势的变化，清廷不断对直隶八旗驻防进行调整。至嘉庆十八年(1813)，直隶共设26个驻防点，八旗兵丁总额近万。本章主要对直隶驻防八旗兵额、军队编制、兵丁挑补及其职责等方面进行探讨。

第一节　驻防兵额的概况

嘉庆朝以前，直隶因设防需要而不断增兵，八旗兵丁额数变动较大。嘉庆朝以后，随着直隶八旗驻防体系的完善，兵额变化较小(参见表4—1)。为便于统计直隶驻防八旗兵额的动态变化，笔者根据驻防点的实际设置情况，将乾隆朝裁撤之天津水师营与郑家庄驻防一并计入。又因热河、喀喇河屯、桦榆沟的具体兵额分布不详，故将其归入热河等处驻防之内。

表 4—1　清代直隶八旗兵额概况表

序号	驻防地	顺治朝	康熙朝	雍正朝	乾隆朝	嘉庆朝	道光朝及以后	备注
1	张家口	24	160	160	1020	1040	1100	
2	独石口	12	80	100	120	120	120	
3	喜峰口	8	80	100	200	200	200	
4	山海关	46	200	200	800	800	800	
5	采育里	100	50	50	50	50	50	
6	固安县	50	50	50	50	50	50	
7	古北口	8	80	100	100	100	100	
8	昌平州	50	50	50	50	50	50	
9	顺义县	50	50	50	50	50	50	
10	东安县	50	50	50	50	50	50	
11	良乡县	50	50	50	50	50	50	
12	沧州	500	311	311	511	511	511	
13	保定府	401	401	500	511	511	561	
14	冷口	—	24	50	150	150	150	
15	罗文峪	—	24	40	100	100	100	
16	雄县	—	50	50	50	50	50	
17	宝坻县	—	50	50	50	50	50	
18	霸州	—	50	50	50	50	50	
19	三河县	—	100	100	100	100	100	
20	玉田县	—	100	100	100	100	100	
21	永平府	—	100	100	100	100	100	
22	木兰围场	—	101	200	850	1000	1000	

续表

序号	驻防地	顺治朝	康熙朝	雍正朝	乾隆朝	嘉庆朝	道光朝及以后	备注
23	千家店	—	40	40	48	48	48	
24	郑家庄	—	—	600	—	—	—	乾隆二十九年裁撤
25	热河等处	—	—	800	2200	2200	2300	
26	天津	—	—	2000	—	—	—	乾隆七年增至3000名；三十二年裁撤
27	密云县	—	—	—	2000	2000	2100	
合计		1349	2251	5951	9360	9530	9840	

注：兵丁额数内含养育兵额。

据表4—1可知，顺治朝直隶共设13处驻防，兵额1349名；至康熙朝，直隶八旗驻防点已增至23处，兵额2251名，较之顺治朝仅增加了900余名；直隶驻防八旗兵额的增长主要集中于雍正、乾隆两朝，较之前朝增兵规模均达到3000余名，这与前述京师八旗生计问题的严峻以及北部边疆军事形势有关。需要指出的是，乾隆朝虽裁天津水师营八旗兵丁3000名，随后即添设密云副都统级驻防，故其兵额未有大幅度变动（参见图4—1）。

嘉庆朝以降，直隶地区驻防兵额虽有所增加，但增长幅度明显变缓，主要为添设养育兵，另有部分驻防点（热河、张家口）为加强军事武备，于道光、光绪两朝增设了一些抬枪兵，但未影响兵额的整体变化。

直隶八旗驻防兵丁其自设置之日起便主要以满蒙兵丁为主，除山海关曾于光绪朝设置汉军1人外，其余均为满蒙兵丁。根据

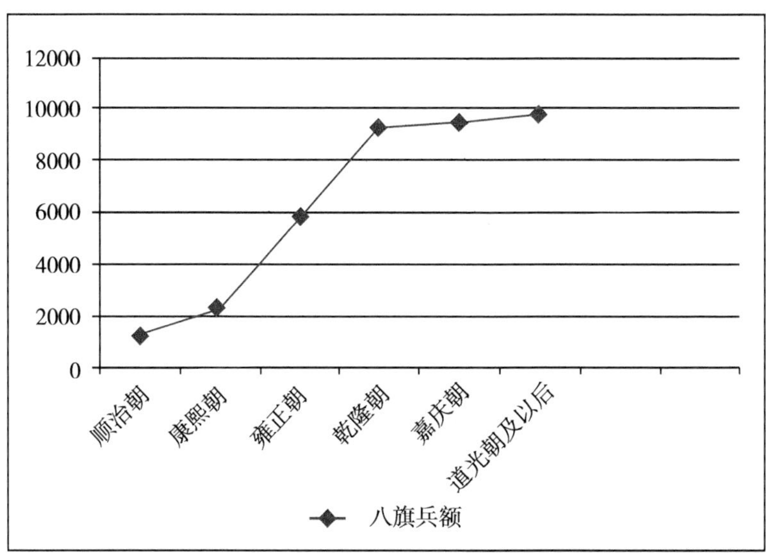

图 4—1　清代直隶八旗兵额变化折线图

中国第一历史档案馆所藏光绪朝驻防八旗兵丁数目清册可了解直隶各驻防满蒙兵额概况，具体参见表 4—2。

表 4—2　光绪朝直隶驻防八旗兵额情况一览表

序号	驻防地	始设时间	满洲	蒙古	汉军	合计
1	保定府	顺治六年	358	203	—	561
2	沧州	顺治五年	355	156	—	511
3	良乡县	顺治八年	29	21	—	50
4	固安县	顺治二年	36	14	—	50
5	霸州	康熙十二年	50	—	—	50
6	雄县	顺治八年	37	13	—	50
7	采育里	顺治二年	33	17	—	50

续表

序号	驻防地	始设时间	满洲	蒙古	汉军	合计
8	东安县	顺治六年	39	11	—	50
9	宝坻县	康熙十二年	40	10	—	50
10	密云县	乾隆四十二年	1496	504	—	2000
11	古北口	顺治二年	181	19	—	200
12	昌平州	顺治二年	33	17	—	50
13	顺义县	顺治五年	33	17	—	50
14	玉田县	康熙十二年	79	21	—	100
15	三河县	康熙十二年	88	10	—	98
16	山海关	顺治二年	703	96	1	800
17	喜峰口	顺治二年	178	22	—	200
18	冷口	康熙九年	131	19	—	150
19	罗文峪	康熙九年	99	—	—	99
20	永平府	康熙三十四年	88	12	—	100
21	张家口	顺治元年	880	220	—	1100
22	独石口	顺治元年	120	—	—	120
23	千家店	康熙五十年	48	—		48
24	热河	雍正元年	1440	400		1840
25	喀喇河屯	雍正元年	460	—		460
26	木兰围场	康熙四十五年	415	585		1000
合计			6551	1963	1	8515

注：此表亦将养育兵额统计在内。

通过表4—2可知，至光绪朝，直隶八旗驻防中，除霸州、罗文峪、独石口、千家店、喀喇河屯等5处仅驻防满洲兵丁之外，其余驻防点均驻有满蒙兵丁，且山海关设有汉军1人。其中，除木兰围场因地处蒙古腹地，蒙古八旗兵丁设置较多外，其余驻防点均以满洲八旗兵丁为主，特别是长城沿线之关口，密云、热河等处驻防，满洲兵额甚至为蒙古兵额之数倍，可见清廷对直隶军事要隘的重视。

第二节　驻防兵丁的编设

为补放官员、加强军队管理之需，直隶驻防八旗兵丁内分设领催；部分驻防点因地理位置重要，亦设有前锋；此外，清中后期，随着驻防八旗生计困窘，亦设有养育兵等。

（一）领催

领催，虽非职官，但有“登记档案，支领官兵俸饷”之责，且领催“渐次录用，皆可得膺官职”。[①] 清初，直隶八旗驻防规模较小，除保定府驻防之外，其他各处驻防兵丁内未分设领催。康熙朝，部分驻防八旗甲兵内始设领催管辖：康熙三十四年（1695），永平府、三河县、玉田县3处驻防增兵至100名后，分设领催10名；三十七年（1698），张家口八旗驻防分设领催16名；四十五年（1706），围场设置领催1名。至雍正二年（1724），兵部据顺义县等处呈请议奏：“放正领催，仍食饷三两”[②]，于是各防

① 光绪《钦定大清会典事例》卷1121《八旗都统》，《续修四库全书》第813册，上海古籍出版社2002年版，第479页。

② （清）鄂尔泰等修：《八旗通志》卷27《兵制二》，东北师范大学出版社1985年版，第512页。

守尉驻防，“于甲兵五十名数内，放领催五名”①。自此，直隶驻防八旗内分设领催成为普遍现象，参见表 4—3。

表 4—3　光绪朝直隶八旗驻防领催设置情况一览表

序号	驻防地	设置时间	领催额数	最终兵额	备注
1	保定府	顺治六年	31	500	
2	永平府	康熙三十四年	12	100	
3	三河县	康熙三十四年	10	100	内兼委骁骑校 4 名、印务笔帖式 1 名
4	玉田县	康熙三十四年	10	100	
5	沧州	康熙三十七年	31	500	《钦定八旗通志》记载 32 名
6	张家口	康熙三十七年	40	1020	
7	木兰围场	康熙四十五年	35	1000	
8	千家店	康熙五十年	4	50	
9	热河等处	雍正元年	100	2200	
10	独石口	雍正二年	4	100	
11	采育里	雍正二年	5	50	
12	固安县	雍正二年	5	50	
13	良乡县	雍正二年	5	50	
14	雄县	雍正二年	5	50	
15	东安县	雍正二年	5	50	
16	霸州	雍正二年	5	50	
17	昌平州	雍正二年	5	50	

① （清）鄂尔泰等修：《八旗通志》卷 27《兵制二》，东北师范大学出版社 1985 年版，第 512 页。

续表

序号	驻防地	设置时间	领催额数	最终兵额	备注
18	顺义县	雍正二年	5	50	
19	山海关	乾隆八年	40	800	
20	喜峰口	乾隆八年	16	200	领催8名；鸟枪领催8名
21	冷口	乾隆八年	12	150	领催6名；鸟枪领催6名
22	罗文峪	乾隆八年	8	100	
23	古北口	乾隆九年	12	200	
24	密云县	乾隆四十五年	80	2000	内兼委骁骑校5名、印务笔帖式1名
25	宝坻县	具体时间不详	5	50	

资料来源：1.《钦定大清会典事例》卷1127《八旗都统》；2. 中国第一历史档案馆藏光绪朝直隶驻防兵丁数目清册。

由表4—3可知，至光绪朝，直隶26处驻防中，24处均设有领催。领催额数视各驻防规模而定，都统、副都统级驻防或长城沿线驻防点，诸如郑家庄、热河、天津、山海关、密云县、张家口、喜峰口、冷口等地设鸟枪兵，故亦设鸟枪领催管辖。一些驻防点（三河县、密云县）的领催还兼任委骁骑校、印务笔帖式等职。

（二）前锋

前锋是八旗之精锐，在战争中承担着侦探地形、冲锋陷阵的职责。康熙帝曾在上谕中谈及：“我朝用兵，全赖前锋哨探。”① 康

① 《清圣祖实录》卷101，康熙二十一年二月辛巳。

熙三十五年（1696），在征准噶尔蒙古之时，上谕："至于汛界地方侦探情形，事属紧要，宜增派官兵。著于出征之前锋内，选派四十名，再将出征。"[①] 八旗驻防中亦设有前锋，前锋多是从马甲中所选之较优者，雍正二年（1724）宁夏驻防"于马甲内，择其汉仗好者，令为前锋"[②]。乾隆十年（1745）上谕："八旗满洲旧制，以操演骑射为要，凡兵丁内，优者挑取前锋、护军，无非欲训练旧制，不至荒废。"[③]"汉仗好""精于骑射"应是挑选前锋的必要条件。前锋所得饷银高于普通马甲，雍正二年（1724）定："增给外省驻防满洲前锋兵每月钱粮一两。"[④] 光绪朝，直隶仅山海关、张家口、密云县、热河等4处驻防八旗设有前锋。

表4—4　光绪朝直隶八旗驻防前锋兵额一览表[⑤]

序号	驻防地	设置时间	最终兵额	前锋	委前锋	备注
1	热河	乾隆三年	2300	100	200	内兼前锋校10名、蓝翎长10名
2	山海关	乾隆八年	800	40		
3	张家口	乾隆三十年	1020	40		
4	密云县	乾隆四十五年	2100	120	100	内兼委骁骑校11名、蓝翎长5名、委前锋校15名、印务笔帖式1名

① 《清圣祖实录》卷171，康熙三十五年二月辛卯。

② 《清世宗实录》卷25，雍正二年十月乙未。

③ 《清高宗实录》卷241，乾隆十年五月庚子。

④ 《清世宗实录》卷5，雍正元年三月癸未。

⑤ 天津水师营亦设有前锋100名，乾隆朝被裁，故未收录该表中。

综观此4处驻防，山海关依山临海的重要战略地位是其设置前锋的主要原因，乾隆八年（1743），山海关副都统奏请每佐领下挑补前锋5名，“遇有侦探紧急事件，巡查要隘处所，以便差遣”①；张家口作为察哈尔都统衙门所在地，其地理位置重要，亦设置前锋40名。②

热河与密云县两处，所设前锋额数最多。其中，热河前锋设于乾隆三年（1738），是时西北军务紧要，作为京师北部防御链条上的重要一环，热河的军事战略地位十分重要，故设前锋100名，委前锋200名。乾隆四十八年（1783）上谕：

> 热河驻扎满洲兵丁年久，户口生齿渐多，且朕每岁驻跸时，系本处委署前锋之马甲二百名，与实缺前锋一体当差。若仍食马甲钱粮，恐伊等生计不无拮据。著加恩热河之委署前锋二百名，俱作为实缺前锋，按月加给银一两。③

委前锋与前锋一体当差，且二者均食四两钱粮，无较大差异。《光绪朝热河驻防兵丁数目清册》中将委前锋计入前锋兵额内，可见清代多将此二者视为一体。

---

① 《大学士总理兵部事务鄂尔泰为核议山海关副都统题请添设佐领等事》，乾隆八年闰四月十八日，中国第一历史档案馆藏，内阁兵科题本02-01-006-000583-0014。

② 《钦定八旗通志》卷35《兵制志四》第2册，吉林文史出版社2004年版，第621页。

③ 光绪《钦定大清会典事例》卷1127《八旗都统》，《续修四库全书》第813册，上海古籍出版社2002年版，第536页。

除前锋之外，热河八旗驻防内还设有蓝翎长、前锋校。乾隆三十七年(1772)，清廷议定由前锋内拣选蓝翎长10名[①]。五十四年（1789）六月，经热河副都统富昌奏准“于食四两前锋蓝翎长内拣选十名带领引见，补放前锋校十名，每名增给饷银一两”[②]。至此，热河设前锋300名（含蓝翎长10名）、前锋校10名，以护卫清帝北巡。

密云县地近京师，为清帝北巡途中的驻跸之所，密云驻防八旗更是承担着扈从皇帝北巡的重要职责，故设前锋120名、委前锋100名。乾隆四十五年（1780）密云驻防前锋内挑选委署蓝翎长5名，拣选协领1员、佐领2员，俱戴孔雀翎，作为翼长、前锋、参领、副参领，管理清帝北巡经过道路。[③]前锋内除兼蓝翎长5名，还兼委骁骑校11名、委前锋校15名、印务笔帖式1名。热河、密云县两处所设之前锋、前锋校、蓝翎长均具有为清帝北巡服务的职能。

（三）甲兵

直隶八旗驻防兵丁以马甲（骁骑）为主，步甲仅设于张家口、密云县、山海关等处。张家口设步甲160名，为乾隆二十九年（1764）自右卫移驻而来，初设步军尉管辖，乾隆

① 光绪《钦定大清会典事例》卷543《兵部》，《续修四库全书》第806册，上海古籍出版社2002年版，第515页。

② 《热河驻防原设续添兵丁数目清册》，光绪二十九年十一月十三日，中国第一历史档案馆藏，驻防兵丁数目清册15-02-001-000603-0061。

③ 光绪《钦定大清会典事例》卷1127《八旗都统》，《续修四库全书》第813册，上海古籍出版社2002年版，第536页。

三十四年（1769），清廷裁撤步军尉，步甲归佐领管辖。[①] 密云县驻防初不设步甲，乾隆五十三年（1788），清廷裁马甲 50 名，改增步甲 100 名。[②] 山海关步甲 300 名，设于咸丰十年（1860）："山海关驻防闲散，自挑选操练后，技艺尚为娴熟。现当撤防之际，若听其废弃，未免可惜。所有余丁二百名、团丁一百名，均著准其作为步甲。"[③] 但清代文献一般未将其计入山海关驻防总兵额之内。

直隶驻防八旗亦设火器兵。清初的火器兵主要为鸟枪兵，部分地区因地理位置重要，设有炮兵，但仅限于山海关、天津水师营等临海之地。清后期，随着清廷对火器的重视，直隶部分驻防添设抬枪兵、杈子枪兵、长箭手等。

鸟枪兵是直隶八旗驻防中设置较为普遍的兵种。雍正朝，直隶仅郑家庄和天津水师营设有鸟枪兵。郑家庄地处京师周围，设鸟枪兵 200 名，占总兵额 1/3；天津水师营因训练满洲水师而设，海上作战格外重视火器，设鸟枪兵 1000 名，占总兵额之半。但乾隆朝此二处驻防兵丁裁撤，故未列入表内。

乾隆七年（1742），张家口增兵至 300 名，设鸟枪兵 100

① 《察哈尔都统奏请裁汰张家口步军校仍将步甲交各牛录管理折》，乾隆三十四年九月十二日，中国第一历史档案馆藏，军机处满文录副奏折 03-0183-2329-016。满文原文：yafahan uksin sebe an i meni meni nirude afabufi kadalabuki sembi.

② 《察哈尔都统奏请裁汰张家口步军校仍将步甲交各牛录管理折》，乾隆三十四年九月十二日，中国第一历史档案馆藏，军机处录副奏折 03-0183-2329-016。

③ 《清文宗实录》卷 334，咸丰十年十月丁亥。

名；[①] 八年（1743），山海关副都统设置后，山海关本处驻防设鸟枪兵 200 名，其所兼辖的喜峰口设鸟枪兵 100 名，冷口设鸟枪兵 75 名。虽然罗文峪与喜峰口、冷口均系山海关副都统所辖，且地处长城沿线，但罗文峪未置鸟枪兵。[②] 四十三年（1778），山海关副都统扎什扎木素鉴于罗文峪系边口奏请设置鸟枪 50 支被驳回：

> 罗文峪乃一小口，驻兵数载，并未设枪。今若照伊所奏添枪，则办火药等项时，反生弊窦，均未可定。然满洲兵向靠弓箭，并无仅靠枪支。扎什扎木素惟勤练兵丁弓箭则可，无须添枪。[③]

实际上，清廷早就意识到鸟枪在军事战争中的重要性，乾隆帝曾上谕："鸟枪实为行军利器"[④]。兵部尚书福隆安亦曾提及："鸟枪一项，于军器中最为得用"[⑤]。乾隆帝之所以驳回在罗文峪添设鸟枪的建议，主要因罗文峪关口较小，且当时山海关一带形势相对稳定，无须添设鸟枪，遂借"满洲兵向靠弓箭，并无仅靠

① 光绪《钦定大清会典事例》卷 1127《八旗都统》，《续修四库全书》第 813 册，上海古籍出版社 2002 年版，第 534 页。

② 《清高宗实录》卷 191，乾隆八年闰四月癸酉。

③ 《寄谕山海关副都统扎什扎木素著不必在罗文峪设鸟枪》，乾隆四十三年十月二十七日，中国第一历史档案馆译编：《乾隆朝满文寄信档译编》，第 13 册，岳麓书社 2011 年版，第 629 页。

④ 《钦定八旗通志》卷 39《兵制志八》第 2 册，吉林文史出版社 2004 年版，第 717 页。

⑤ 《钦定八旗通志》卷 39《兵制志八》第 2 册，吉林文史出版社 2004 年版，第 716 页。

枪支”之言辞予以否决，但侧面也反映出乾隆帝重视满洲骑射的心态。

乾隆九年(1744)，沧州初设鸟枪兵100名[①]，古北口设鸟枪兵70名。四十五年（1780)，密云县驻防设鸟枪兵480名。具体参见表4—5。

表4—5　光绪朝直隶驻防鸟枪兵、炮兵额数表

序号	驻防地	设置时间	兵额	鸟枪兵	炮兵	备注
1	热河	乾隆三年	2000	500	100	
2	张家口	乾隆七年	1020	100	—	
3	山海关	乾隆八年	800	200	80	
4	冷口	乾隆八年	150	75	—	
5	喜峰口	乾隆八年	200	100	—	
6	沧州	乾隆九年	500	160	—	系委鸟枪兵
7	古北口	乾隆九年	500	70	—	
8	密云县	乾隆四十五年	2000	480	180	

上述8处驻防中，山海关依山临海，是海防重地，尤重火器；热河、密云县为清帝北巡驻跸之所，亦是拱卫京师的要地，故此3处所设鸟枪兵最多，同时也是设置炮兵之地。鸟枪兵一般食三两钱粮，抬炮兵食二两钱粮。[②]鸦片战争前后，道光帝更为重视八旗军事武备，在山海关设抬枪兵140名、杈子枪兵10名，

① 嘉庆六年增至160名。

② 《热河驻防原设续添兵丁数目清册》，光绪二十九年十一月十三日，中国第一历史档案馆藏，驻防兵丁数目清册15-02-001-000603-0061。

张家口增设抬枪兵60名，热河设抬炮兵60名。光绪二十二年（1896），热河又添设炮兵40名。

（四）养育兵

养育兵是在八旗人丁滋生日繁的情况下，清廷为解决八旗生计问题，从各旗内选取家道贫寒且可培养之人供给钱粮，以训练技艺。[①] 养育兵始设于雍正二年（1724）。

> 谕八旗都统等，八旗满洲、蒙古、汉军人等，俱经累世效力。见今承平既久，满洲户口滋盛，余丁繁多，而护军、马甲额设有定，是以不得披甲之闲散满洲，至有窘迫不能养其妻子者。朕每加悯念，将如何施恩，俾得资生之处，再四筹度，并无长策。若欲增编佐领，恐正项米石不敷；若不给与钱粮养赡，伊等何以聊生。既不能养其家口，何由造就以成其材。今将八旗满洲、蒙古、汉军内，共选取四千八百人为教养兵，训练艺业。[②]

可见，雍正初期，八旗兵丁已存在因生齿日繁而生计窘迫的问题，养育兵的设置无疑是在“若欲增编佐领，恐正项米石不敷”这一情况下的无奈之举。同时，养育兵必须满足“实系贫乏，谙于骑射，可以学习”等条件。如此，在解决八旗生计问题的同时，也可确保其武备不致废弛。

---

① 安双成：《清代养育兵的初建》，《历史档案》1991年第4期。

② 《清世宗实录》卷15，雍正二年正月辛丑。

直隶八旗驻防所设养育兵一部分从京师移驻。如乾隆七年（1742）清廷在向天津水师营增派1000名兵丁之时，以京师闲散余丁中成丁、习水性之人优先，但因兵丁之家口中幼丁、养育兵难以与之分离，天津水师营都统富昌奏请将养育兵一并迁至天津："臣等愚以为，若将所添之一千兵丁拣选之时，一并将养育兵视为所增驻防兵额，可避免骨肉分离，则壮丁易得。"① 乾隆九年（1744），养育兵随水师营官兵一同移驻天津。但因天津水师营裁撤，故未列入表4—6中。

密云县驻防设置的初衷便是为解决京师旗人生计问题，因此，最初密云县驻防每旗编设养育兵15名，② 满洲、蒙古养育兵共120名。不仅如此，清廷对密云县驻防施以特殊关照：一是给予孀妇子嗣养育兵缺。乾隆四十五年（1780），马甲伊福泰病故，密云副都统都尔嘉将其母亲及妻子、儿女均送回京城，并奏请给予半分钱粮养赡。军机大臣议覆："请嗣后密云县故兵之妇，有子嗣者，该副都统酌给养育兵缺，仍留彼处。如无子嗣者送京，

---

① 《天津满洲水师营都统富昌奏派往天津驻防满洲兵丁之子弟内如有兼养育兵者准一并派往折》，乾隆九年四月十五日，中国第一历史档案馆藏，军机处满文录副奏折03-0171-0349-002。满文原文：amban meni mentuhun gūnin de bairengge ne nonggire emu minggan ningge be sonjome tucibume. aika deote juse hūwašabure cooha de bisirengge oci. inu acara be tuwame ton i cooha obume tucibufi sasa tebujime nonggici. coohai urse giranggi yali fakcara akū bime. ciksin i cooha be bahara de ja ombi.

② 《密云副都统都尔嘉为报密云驻防八旗官兵分布诸情形事》，乾隆四十五年五月十七日，中国第一历史档案馆藏，满文咨呈03-0188-2830-009。满文原文：jakūn gūsade gūsa tome juwede niru benjibufi. juwe minggan cooha be gūsa tome bošokū juwe.gabsihiyan tofohon.

该旗照例办理。”[①] 如此，已故马甲之子弟可补养育兵缺，其孀妇仍留居于驻防之处给予养赡。

二是遇马甲出缺时，本处无适合之人挑甲而改设养育兵。乾隆四十六年（1781），密云县驻防马甲出缺83名，都尔嘉称：“虽所余十五岁以上养育兵、幼丁四十人，因身体孱弱，挑甲暂不得人。”[②] 四十八年（1783），鉴于密云县驻防之孤贫领催、披甲的情况较多，皆需养赡，“若纷纷由京咨取，既繁琐难行，且于此地兵丁生计有碍”，于是奏请：“暂裁马甲五十缺，改为养育兵一百缺，按其家口挑补。数年之后，幼稚成立，挑甲既不乏人，此时于兵丁生计，亦属有益。”[③] 至此，密云县驻防设养育兵共220名。

热河八旗驻防养育兵由炮手、匠役改设。乾隆三十三年（1768），鉴于热河等处驻防甲兵生计困难，热河副都统呼什图奏请：“将炮手匠役一百名，均改为养育兵，原食钱粮，即作养育兵之用。”[④] 道光八年（1828），复增设养育兵100名，热河等处驻防共设养育兵200名。

保定府与沧州养育兵则由多余甲兵额缺改设。乾隆三十七年（1772），天津水师营驻防裁撤之后，沧州驻防改归京师八旗副都统直辖，为与保定府驻防保持一致，领侍卫内大臣福隆阿奏请：

① 《清高宗实录》卷1113，乾隆四十五年八月甲戌。

② 《密云副都统都尔嘉奏请裁减密云披甲增设养育兵额数折》，乾隆四十六年三月十七日，中国第一历史档案馆藏，军机处满文录副奏折03-0190-2964-026。满文原文：ne funcehe tofohon se ci wesihun hūwašabure cooha. sidan juse dehi niyalma bicibe. gemu beye niyare ofi. uksin sonjoro de taka niyalma a baharakū.

③ 《清高宗实录》卷1180，乾隆四十八年五月乙巳。

④ 《清高宗实录》卷825，乾隆三十三年十二月乙亥。

“裁撤沧州十一名兵丁，改设养育兵二十二名。”① 此 22 名养育兵“分驻沧州驻防十一名，保定驻防十一名”②。道光元年（1821），大学士伯麟继而奏请保定府驻防添设养育兵：“闲散众多，别无生计，若不量为调剂，不但兵丁户口维艰，且任该闲散等，日久旷废，亦觉人材可惜。且保定为省会重地，看守城楼等项，在在均关紧要，似应酌添养育兵五十名。”③ 鉴于保定府差事繁重，故自闲散余丁内挑选养育兵 50 名，每月发给银一两五钱，按期操演，派给其看守城楼等差事。

张家口原设养育兵 160 名，嘉庆十一年（1806），察哈尔都统佛尔卿额等奏：“张家口驻防兵丁生齿日繁，请于满洲蒙古十佐领下，增养育兵二十名。”④ 张家口驻防共设养育兵 180 名。独石口养育兵 20 名、千家店养育兵 8 名均设于乾隆五十年(1785)。具体参见表 4—6。

表 4—6　光绪朝直隶驻防八旗养育兵设置一览表

序号	驻防地	设置时间	总兵额	养育兵额
1	张家口	乾隆七年	1100	180
2	山海关	乾隆八年	800	60

① 《领侍卫内大臣福隆阿奏裁撤保定沧州驻防满洲兵多余披甲折》，乾隆三十七年二月初八日，中国第一历史档案馆藏，军机处满文录副奏折 03-0185-2446-005。满文原文：ts’ang jeo i cooha be juwan emu meitefi. orin juwe hūwašabure cooha obufi.

② 光绪《钦定大清会典事例》卷 1127《八旗都统》，《续修四库全书》第 813 册，上海古籍出版社 2002 年版，第 536 页。

③ 《大学士管理兵部事务伯麟奏为核议保定驻防添设养育兵事》，道光元年九月二十二日，中国第一历史档案馆藏，军机处录副奏折 03-2833-016。

④ 《清仁宗实录》卷 168，嘉庆十一年十月戊子。

续表

序号	驻防地	设置时间	总兵额	养育兵额
3	热河	乾隆三十四年	2300	100
4	沧州	乾隆三十七年	511	11
5	保定府	乾隆三十七年	561	61
6	密云县	乾隆四十五年	2100	220
7	千家店	乾隆五十年	48	8
8	独石口	乾隆五十年	120	20

通过表 4—6 可知，密云县、张家口、热河 3 处所设养育兵额较多，其中又以密云县所设养育兵额最多，其具体原因前文已述及。值得注意的是，长城沿线各防守尉（防御）级驻防中，仅独石口、千家店二处设有养育兵，概因此二处驻防条件苦寒，兵丁额缺较少，但其养赡家口压力较大有关。

第三节　驻防兵丁的挑补

直隶驻防八旗甲兵系京师派驻而来，故清初由京师直接放甲。雍正朝以后，为保障本处旗人生计，直隶八旗驻防甲兵的挑补以本处驻防为主。据《八旗通志》记载，采育里驻防“先是放甲，俱在本旗佐领处放。雍正二年，副都统巴拜奏请，奉旨在本地放甲。自此本地防守尉验放，惟具文报部”①。直隶驻防八旗虽

① （清）鄂尔泰等修：《八旗通志》卷 27《兵制二》，东北师范大学出版社 1985 年版，第 512 页。

在本地放甲，但需按旗佐挑甲。

清初，各驻防八旗甲兵的旗分与京旗保持一致。相关研究认为“八旗驻防以京师为故籍和归旗制度，是清廷控制八旗驻防的手段”①。随着驻防八旗人口滋生日繁，各佐领之兵丁额数不一，在具体挑甲过程中，丁少之佐领，每不得其人，而丁多之佐领，又致壅滞，按佐领挑甲陷入困境。为解决这一问题，清廷于雍正八年（1730）开始均齐各驻防佐领兵额。

> 请令各省将军、副都统等，将各该处官弁人丁数目查明，不论在京之本佐领，惟视彼处之丁数，均匀分派。四旗驻防之处，即在四旗内均派，八旗驻防之处，即在八旗内均派。另造清册，以备查核。凡遇补授官员，挑取兵丁，即在所均置之旗拣选，其京城之本旗本佐领仍记档案。每编丁之年，照常咨送各该旗报部。至五年、十年后，或有生齿多寡不同之处，令各该将军、副都统等奏闻，再行均置。从之。②

自此，各直省驻防八旗兵丁不必与京旗之佐领一致，而是视本处驻防佐领之兵额均齐，每5年或10年均齐一次。

直隶驻防八旗甲兵的旗籍最初亦与京师原旗佐一致，至乾隆中期，因兵丁生齿日繁，佐领兵额不一，各驻防纷纷开始均齐佐领兵额，以备挑甲。其中，天津水师营率先开始均齐佐领。

① 潘洪钢:《清代八旗驻防户口均齐制度述论》,《满学研究》第5辑，民族出版社2022年版。

② 《清世宗实录》卷90，雍正八年正月辛巳。

天津水师营设32个佐领，其中满洲佐领24个，蒙古佐领8个。据都统富当阿称："满洲每佐领九十八、九名甲兵，蒙古每佐领八十名甲兵。因各佐领兵丁额数多少不一，水陆操练，诸差役，养活家口，分发钱粮皆不能均等。"① 但初因满蒙佐领兵额相差不大，并未均齐办理。乾隆三十年（1765），天津水师营八旗甲兵缺出之时，因满洲闲散年龄较小，幼丁不敷挑补，于是裁撤500名兵丁。但所裁兵额并未按照佐领额数，以致各佐领兵额更不均衡，都统富当阿于是奏请"二千五百兵丁，不计八旗满洲、蒙古旗分佐领，将三十二佐领兵丁额数调整均齐，当差效力，查验管理"②。又考虑到养育兵、闲散、幼丁中14岁以上的人员，不出两年，则将为成丁，若按照旗佐挑选，则需再次均齐，继而奏请不按旗佐挑甲。

> 若考虑按旗佐选取，则难得身材高大、强壮之甲兵。故奴才我等恳请，嗣后若有披甲出缺，不考虑满洲、蒙古旗

① 《天津水师营都统富昌（应作富当阿）奏为请均齐驻防天津满蒙各旗闲散丁口以备挑补披甲员缺事呈文》，乾隆三十年十一月二十五日，中国第一历史档案馆藏，满文咨呈03-0181-2169-016。满文原文：manju nirude uyunju jakūn uyun cooha. monggo nirude jakūnju cooha obuhabi. niru nirui coohai ton labdu komso adali akū ofi. mukei olho i urebure eiten alban takūran tucibure boigon anggala be ujire. caliyan bahabure de gemu eiten obume muterakū.

② 《天津水师营都统富昌（应作富当阿）奏为请均齐驻防天津满蒙各旗闲散丁口以备挑补披甲员缺事呈文》，乾隆三十年十一月二十五日，中国第一历史档案馆藏，满文咨呈03-0181-2169-016。满文原文：aha be bahaci juwe minggan sunja tanggū cooha be jakūn manju monggo gūsa niru be bodorakū. gūsin juwe niru i coohai ton be emu adali teksilebufi. alban kame yabume baicame kadalabuki.

佐，惟挑选家口有剩余，身材高大，射箭能力好之人为佐领之缺。①

富当阿奏请挑选披甲以兵丁家口有剩余、身材高大、射箭能力好作为依据，不再以旗佐为参照，军机大臣因“满洲、蒙古甲缺，向有区别”② 将该奏请驳回，其甲兵仍按旗分挑补。

热河驻防八旗的情况更为复杂，存在满蒙混同编设佐领的情况。乾隆二年（1737），驻防兵额规模扩大至2000名后，满洲兵1500名，蒙古兵500名③，“以一百兵丁为一佐领”④，则应编设满洲佐领15个，蒙古佐领5个。但实际热河驻防编设满洲佐领16个，蒙古佐领4个。具体参见表4—7。

① 《天津水师营都统富昌（应作富当阿）奏为请均齐驻防天津满蒙各旗闲散丁口以备挑补披甲员缺事呈文》，乾隆三十年十一月二十五日，中国第一历史档案馆藏，满文咨呈03-0181-2169-016。满文原文：gūsa niru be bodome gaici inu beye ambakan etuhun cooha baharakū be dahame. aha be bahaci ereci julesi uksin i oron tucici manju monggo gūsa niru be bodorakū anggala fulu beye ambakan gabtara saingge be tuwame sonjome gaifi oron tucike nirude obuki.

② 《清高宗实录》卷749，乾隆三十年十一月戊戌。

③ 《热河副都统玛瑺奏请将热河等处满蒙驻防官兵酌情改编折》，乾隆三十二年八月九日，中国第一历史档案馆藏，军机处满文录副奏折03-0182-2240-018。满文原文：manju cooha uheri emu minggan sunja tanggū. jakūn monggo gūsai neneme fe bisire juwe tanggū cooha be dabuci. monggo cooha uheri sunja tanggū. manju monggo cooha be uheri juwe minggan ton acabufi.

④ 《热河副都统玛瑺奏请将热河等处满蒙驻防官兵酌情改编折》，乾隆三十二年八月九日，中国第一历史档案馆藏，军机处满文录副奏折03-0182-2240-018。满文原文：manju monggo cooha be uheri juwe minggan ton acabufi tanggūta cooha be. emu niru obufi.

表 4—7　乾隆初期热河等处驻防佐领一览表

驻防地	满洲佐领	蒙古佐领	兵丁
热河	12	2	1400
喀喇河屯	4	0	400
桦榆沟	0	2	200
合计	16	4	2000

蒙古八旗兵丁 500 名，编设 4 个佐领之后余 100 名。据署热河副都统玛瑺的奏折中议及："所余一百名蒙古兵分入八旗满洲内，每旗十二、十三人不一，所设蒙古骁骑校四员，并入满洲旗分。"① 如此，满洲各旗中均编入 12、13 名不等的蒙古甲兵。

乾隆二十九年（1764），热河八旗驻防兵丁移驻伊犁后，原旗佐兵额再次发生变动，热河新旧驻防官兵中，满洲兵 1595 名，蒙古兵 405 名。此前，被编入满洲旗的 100 名蒙古甲兵仅剩余 5 名，而蒙古旗中亦设有满洲兵。三十二年（1767），玛瑺本着将满洲官兵归属满洲旗分、蒙古官兵归属蒙古旗分的原则，重新编设佐领。

奴才查得，将左翼蒙古旗中满洲兵三十四名撤出，归

① 《热河副都统玛瑺奏请将热河等处满蒙驻防官兵酌情改编折》，乾隆三十二年八月九日，中国第一历史档案馆藏，军机处满文录副奏折 03-0182-2240-018。满文原文：funcehe emu tanggū monggo cooha be dendebufi jakūn manju gūsade gūsa tome juwan juwe juwan ilan adali akū kamcibufi. duin monggo funde bošokū sindafi manju gūsade kamcibuha. uheri bodoci.

> 正黄、正红满洲旗补放。满洲旗内所补放之左翼四蒙古旗三十九名，撤出三十四名。如此，左右二翼四蒙古佐领均为四百蒙古兵，所余蒙古兵五名，暂且归入满洲旗，后视额缺，由满洲人挑补。此五名蒙古额缺陆续裁撤。①

经此番调整之后，满洲旗所辖皆为满洲甲兵，蒙古旗则皆为蒙古甲兵，有利于兵丁的管理与挑甲。

乾隆五十九年（1794），热河副都统保成进奏因佐领闲散人数不一，在挑甲之时遇到困难："俟披甲出缺后，或于闲散众多之佐领中挑补，则所余成年之闲散过多；或于闲散过少之佐领挑补，则不得成年之闲散，于是奴才调用至为困难。"② 保成于是奏请将各佐领闲散不计原旗佐，均齐划一，以便挑甲。

---

① 《热河副都统玛瑺奏请将热河等处满蒙驻防官兵酌情改编折》，乾隆三十二年八月九日，中国第一历史档案馆藏，军机处满文录副奏折 03-0182-2240-018。满文原文：aha bahaci dashūwan galai monggo gūsade sime yabure manju gūsai gūsin duin cooha be tatame tucibufi. gulu suwayan. gulu fulgiyan i manju gūsade dosimbuki. manju gūsade sime yabure. gūsin uyun monggo coohai dorgi. gūsin duin be tatame tucibufi. dashūwan galai duin monggo gūsade dosimbuki. dashūwan jebele juwe galai duin monggo niru be. gulhun i duin tanggū monggo cooha obufi. funcehe sunja monggo cooha be. manabure oron obufi. taka manju gūsade kamcifi yabubume. siden oron tucike be tuwame manju be gaiki. ere sunja monggo oron be. siran siran i manabuki.

② 《热河副都统保成奏驻防热河喀喇河屯官兵家眷多少不等应均齐各牛录闲散以利挑补披甲折》，乾隆五十九年二月三日，中国第一历史档案馆藏，军机处满文录副奏折 03-0195-3459-040。满文原文：uksin i oron tucike manggi. ememu sula labdu nirude gaici acara se ciksin haharadaha sula umesi labdu. ememu sula komso. nirude uthai taka sonjome gaici acara se ciksin haharadaha sula baharakū. ede aha forgošome icihiyara de umesi mangga.

> 今热河行宫、喀喇河屯二处八旗计二十佐领，于查明官兵、闲散、成丁之前，依原奏遵行。不计京城原旗佐，将左翼四满洲旗八牛录为一，右翼四满洲旗八牛录为一，蒙古旗四牛录为一，合并均匀，将家口、闲散、丁额划一均齐之后，各官员铨选，领催、前锋、披甲挑补，遂照此办理。①

鉴于“热河满兵，驻防年久，少壮闲散已多，若不行均齐，恐挑差不无壅滞”②的情况，此次调整不再根据京城原旗佐，而是以本地驻防佐领闲散兵额均齐划一，另行造册，依次挑甲。此后，热河八旗驻防按照10年之例均齐兵额，记录档案。③

密云县驻防亦照热河之例均齐佐领。道光元年（1821）二月，

① 《热河副都统保成奏驻防热河喀喇河屯官兵家眷多少不等应均齐各牛录闲散以利挑补披甲折》，乾隆五十九年二月三日，中国第一历史档案馆藏，军机处满文录副奏折03-0195-3459-040。满文原文：ne halhūn be jailara gurung kara hoton juwe ba jakūn gūsai orin nirui bisirele hafan coohai sula hahasai be getukeleme baicafi onggolo da wesimbufi yabubuha songkoi. gemun hecen i da gūsa niru be bodorakū. dashūwan galai duin manju gūsai jakūn niru be emu obume. jebele galai duin manju gūsai jakūn niru be emu obume. monggo gūsai duin niru be emu obume. barabufi neigenjeme bodome. boigon anggala sula hahasi i ton be adalika obufi teksileki teksilehe manggi. yaya hafan ilgara bošokū gabsihiyan uksin gaire de uthai icihiya sehebi.

② 《清高宗实录》卷1446，乾隆五十九年二月。

③ 《热河都统麒庆奏热河驻防八旗均齐闲散数目折》，同治三年七月二十九日，中国第一历史档案馆藏，军机处满文录副奏折03-0208-4476-051。满文原文：že ho i seremšeme tehe jakūn gūsai sula urse gemu juwan aniya kooli songkoi teksileme icihiyame weisimbuhe be dangsede ejehebi.

密云县八旗满洲、蒙古16个佐领之闲散额数多少不一，曾照例均齐办理。① 二十年(1840)，密云副都统再次奏请均齐佐领：“奴才查得密云县八旗所有甲兵、闲散、成丁，左翼四满洲旗六佐领为一，右翼四满洲旗六佐领为一,八旗蒙古四佐领为一，不计京师原旗佐，均齐编设，按闲散之额划一办理。”②

京师稽察九处驻防因系京师直辖，其佐领的均齐与以上3处驻防不同。以保定府八旗驻防佐领为例，乾隆五十九年（1794)，保定府城守尉噶勒柱奏请均齐保定驻防兵额。

> 保定府驻防正红、镶红满洲、蒙古四旗兵五百名。每旗设防御一员、骁骑校一员。惟各旗兵额不一，官员职责轻重各异。正红旗满洲官员二名，所辖兵丁一百六十三名。蒙古旗官员二名，所辖兵丁一百二十三名。镶红旗满洲官员二名，所辖兵丁一百五十七名，蒙古旗职官二员，所辖兵丁仅

① 《密云副都统布勒和奏请照例均齐密云驻防旗丁闲散数额折》，道光二十年四月二十五日，中国第一历史档案馆藏，军机处满文录副奏折03-0203-4207-055。满文原文：geli baicaci. onggolo doro eldenggei juwaci aniya juwe biyade. nenehe tušan i meiren i janggin bulehe mi yūn i jakūn gūsai manju monggo juwan ninggun niru i sula i ton labdu komso neigen akū ofi. kooli songkoi teksileme icihiyaki.

② 《密云副都统布勒和奏请照例均齐密云驻防旗丁闲散数额折》，道光二十年四月二十五日，中国第一历史档案馆藏，军机处满文录副奏折03-0203-4207-055。满文原文：aha bahaci mi yūn bai jakūn gūsai bisirele cooha sula hahasi be dashūwan galai duin manju gūsai ninggun niru be emu obume. jebele galai duin manju gūsai ninggun niru be emu obume. jakūn monggo gūsai duin niru be emu obume. gemun heceni da gūsa niru be bodorakū. gemu barabume neigenjeme. bodome sula i ton be adalikan obufi. teksileme icihiyaki.

五十七名。兵丁多者理应所辖事务多，兵丁少者管理事务应少。今兵丁数目不一，但官员额数固定，若管辖事务繁简不一，则职任各异。是故将此五百兵丁均为四旗，每旗兵额一百二十五名。均齐后，因各旗兵额一致，则钱粮、米石等一切事务管理均可划一办理，且官员职责轻重亦可平均矣。①

保定府各旗驻防官员为定额，但各旗兵额相差过大，以致官员职责轻重不一，于是噶勒柱奏请将各旗均齐为125名，以保证所管理事务整齐划一。但此方案却遭到军机大臣的驳斥："此事

① 《大学士阿桂奏驳回噶勒柱均齐保定府八旗兵丁挑补防御折》，乾隆五十九年九月二十二日，中国第一历史档案馆藏，军机处满文录副奏折03-0195-3478-012。满文原文：boo ding fu de seremšeme tebuhe. gulu fulgiyan kubuhe fulgiyani manju monggo duin gūsai cooha. uheri sunja tanggū gūsa tome tuwašara hafan i jergi janggin emte. funde bošokū emte. damu gūsa gūsai coohai ton adali akū ofi hafasa i afaha tušan i ujen weihuken majige ilgara babi. gulu fulgiyan i manju gūsade hafan juwe kadalaha cooha emu tanggū ninju ilan. monggo gūsade hafan juwe. kadalaha cooha emu tanggū orin ilan. kubuhe fulgiyani manju gūsade hafan juwe kadalaha cooha emu tanggū susai nadan. monggo gūsade hafan juwe. kadalaha cooha teni susai nadan. cooha labdu ningge oci yaya urebure alban tucibure bargiyadame kadalara baita esei labdu ombi. cooha komso ningge oci. kadalame icihiyara baita uthai komso ombi. hafan i ton adali bime. meimeni alifi icihiyara baita labdu komso adali akū oci. afaha tušan i ujen weihuken majige encu gese. ere sunja tanggū cooha be duin gūsa de neigeileme gūsa tome emu tanggū orin sunja cooha obume niyeceme teksilebuhe manggi. meimeni gūsai coohai ton adali ofi. alban tucibure caliyan bele gaire eiten jergi ton gemu emu obuha bime. hafasai afaha tušan i ujen weihuken inu neigen ohobi.

应按照人数均派，不可按旗均派，应遵原案办理。”[①] 因“小九处”为京师直辖，故保定府驻防所设之旗佐应与京师原旗佐保持一致，八旗甲兵不可随意更换旗佐。

通观此四处驻防，天津、热河、密云县 3 处驻防，皆遵循雍正八年（1730）各直省驻防均齐佐领之定例，以本处驻防佐领兵额为依据，不再与京师旗佐保持一致；与之相反，保定府驻防则需与京师旗佐一致。二者相比，亦可见热河等处直隶八旗驻防逐渐脱离京师直辖的趋势。

挑甲对于兵丁而言，是获得生计来源的重要途径，特别至清后期八旗生计整体陷入困境之时，挑甲对于八旗兵丁而言至关重要。清廷考虑到驻防旗人生计问题，一定程度上打破了按旗佐挑甲的规定。

“小九处”因与京师保持着直接的隶属关系，故在挑甲之时，本处无合适人员理应自京师本旗中咨取。但清后期，鉴于驻防兵丁生计困难，清廷允许“小九处”暂时按翼挑补。道光三年（1823），采育里驻防本处仅有 10 岁至 12 岁的闲散，无成丁可挑补披甲。兵部右侍郎耆英奏请：

> 与其于京师该旗咨取，莫若于宝坻驻防闲散内挑补，且宝坻今岁被水歉收，驻防生计亦属拮据，若成丁闲散得有钱

① 《大学士阿桂奏驳回噶勒柱均齐保定府八旗兵丁挑补防御折》，乾隆五十九年九月二十二日，中国第一历史档案馆藏，军机处满文录副奏折 03-0195-3478-012。满文原文：esei alban inu giyan i niyalma ton be bodome tomilaci acara dabala. gūsa be bodome tomilara ba akū. ere utala ainya yaya alban de gemu dahame yabure kemun banjinaha.

> 粮借资养赡，而于采育里差操，亦属人地相宜，相应据实奏闻。请嗣后采育里马甲缺出，仍先尽本处成丁闲散挑取，如无成丁之人，即于宝坻驻防闲散内挑补。[①]

在此之前，“小九处”左右翼之间并无互相挑甲之例，随着各驻防兵丁生齿日繁，清廷允许“小九处”左右翼各驻防内部互相挑甲，以缓解驻防八旗生计问题。

部分较大规模的驻防点若本旗挑甲不得人，亦可暂时按翼挑选，但并未成定例。同治三年（1864），密云县驻防马甲出缺，因本旗无人挑补，密云副都统连成奏请：“准其暂于一翼内通行挑补”[②]，待本旗有合适人选之后，仍恢复旧制。

尽管清后期存在驻防八旗按翼挑甲的情况，但此举易造成驻防八旗编制混乱，故多为临时之计。同时因挑甲关系八旗兵丁的切身利益，故清廷严禁越翼占缺。道光二十一年（1841），热河防御富克金泰因本旗甲缺被占多名，越次呈恳补还占挑甲缺。经核查，热河驻防“左翼四旗所占右翼各旗甲缺一百六十六分”[③]，最终判定，所占据之额缺，需陆续拨还。

乾隆朝因八旗骑射技艺废弛而大力提倡国语骑射，因而马甲的挑选尤重骑射能力。乾隆三年（1738）上谕：“向来八旗拣选马甲，皆凭骑射。今闻都统等并不校阅骑射，止传赴衙门，令其

---

① 《兵部右侍郎耆英奏请宝坻采育二处驻防旗人挑甲章程稍为变通事》，道光三年十一月二十三日，中国第一历史档案馆藏，军机处录副奏折 03-2874-020。

② 《清穆宗实录》卷 106，同治三年六月辛巳。

③ 《清宣宗实录》卷 354，道光二十一年七月甲子。

拉弓，即行选取。旗人骑射，甚为紧要，如此选取，何由长进。夫教训兵丁，学习骑射，乃都统等专责。嗣后务须痛改，以期各尽厥职。傥仍如是，断不姑容。”①

清朝中后期，因八旗生计问题严重，直隶八旗驻防挑甲之时重家口而不看骑射技艺。如山海关驻防八旗挑甲之时，主要依据兵丁家口的多寡，以致兵营中出现老弱充数的现象。道光十四年（1834），清廷针对此举进行改革，规定：“拣选兵缺以技艺娴熟者拔取。”② 挑甲之时，先以本旗出缺的闲散排列在前，进行马步箭的考核，如不得人，则从八旗闲散中马步箭中靶最多者选取。光绪二十二年（1896），密云副都统谦光在挑补马甲过程中，“止凭弓刀挑补马甲，并未验看骑射”③，交部察议。

此外，八旗甲兵中，因领催与前锋的身份特殊，其补放与普通兵丁略有不同。领催具有管理驻防八旗兵丁之责，故其人选较为严格。清初规定，领催均于本佐领下马甲内选充。雍正二年（1724），领催人选扩大至本佐领下识字之护军：“嗣后应遵照定例，先尽马甲、闲散壮丁挑取，不足，于本佐领下之识字护军内调补。”④

因领催可得膺官职，清廷较为重视其出身。雍正四年（1726）

---

① 光绪《钦定大清会典事例》卷1121《八旗都统》，《续修四库全书》第813册，上海古籍出版社2002年版，第480页。

② 《山海关副都统孟魁奏该处旗营一切公事办理章程并调剂事宜摘取十条恭呈御览》，道光十四年九月十五日，《道光朝上谕档》第39册，广西师范大学出版社2009年版，第370页。

③ 《清德宗实录》卷387，光绪二十二年三月庚申。

④ 光绪《钦定大清会典事例》卷1121《八旗都统》，《续修四库全书》第813册，上海古籍出版社2002年版，第479页。

规定：“嗣后不准挑取开户人等，遇有领催缺出，于另户满洲内挑取。”[①] 又因领催具有管领八旗甲兵之责，清廷更为注重其能力的考核。嘉庆十八年（1813）规定：“嗣后骁骑营挑取领催，务择其老成谙练，认识满汉字者挑取。”[②]

前锋则由马甲内汉仗好、骑射操演俱优之人挑选。嘉庆十四年（1809），规定：“八旗挑取护军、前锋、马甲等缺，自应看其弓马才技，不应如挑取养育兵，只论家口。是以向例凡挑取护军、前锋、马甲等缺，虽闲散等亦准其一体入选。……著交八旗都统、副都统、嗣后凡挑取护军、前锋、马甲，仍照旧例，不论有米无米之养育兵以及闲散等，均著一体准其送挑。”[③] 因此，前锋的挑选仅看重骑射能力，其范围不限于马甲之内，闲散、养育兵亦在挑补之列。

领催、前锋可考选笔帖式。乾隆五十三年（1788），山海关副都统咨称，永平府、玉田县、三河县、冷口、喜峰口、罗文峪等6处部选笔帖式裁汰后，“由各该处之前锋、领催、马甲内考选报部，给与空衔顶带。……至六年期满，其由马甲委署者，准与前锋、领催等，俱以应升骁骑校之缺，一体选用”[④]。是故，前锋、领催、马甲所考选的笔帖式，虽为空衔顶带，但可补放骁骑校之缺。

① 光绪《钦定大清会典事例》卷1121《八旗都统》，《续修四库全书》第813册，上海古籍出版社2002年版，第479页。

② 光绪《钦定大清会典事例》卷1121《八旗都统》，《续修四库全书》第813册，上海古籍出版社2002年版，第479页。

③ 《清仁宗实录》卷209，嘉庆十四年四月己亥。

④ 《清高宗实录》卷1300，乾隆五十三年三月庚午。

第四节 驻防兵丁的职责

八旗军队是清朝定鼎中原，进而统一全国的主力，是清朝统治的基础，备受统治者重视。乾隆帝曾上谕："国家设立营伍，修明武备，以为折冲御辱之用。必训练精熟于平日，斯可奋勇决胜于临时。"① 因此，通过日常的军事训练以备从征作战是八旗军队首要职务，而直隶驻防八旗更是承担着护卫京师安全、承担当地日常差役之责。

一、操演训练

操演训练是驻防兵丁的首要职责。《钦定八旗通志》记载："八旗驻防营，以将军、都统、副都统掌其教阅，训练骑射，演放枪炮。并以时亲临阅试，第其优劣，以为赏罚。春秋合操均与京营同。"②

直隶驻防八旗兵丁以训练骑射技艺为主。虽然入关之后，八旗驻防官兵的骑射技艺日渐衰退，但驻防营内部兵丁对于其自身的骑射能力十分重视。乾隆年间，保定驻防营内曾因此引发了一起命案。据保定驻防营披甲佛保供称，因其身体瘦弱，射箭能力不好而遭到骁骑校三达色的羞辱，后因佛保喝醉，到三达色家央

---

① 《钦定八旗通志》卷 39《兵制志八》第 2 册，吉林文史出版社 2004 年版，第 713 页。

② 《钦定八旗通志》卷 39《兵制志八》第 2 册，吉林文史出版社 2004 年版，第 711 页。

求他给些面子，但三达色仍羞辱他："你自己无能，还有什么脸到我家来。"① 于是佛保醉酒用刀扎伤三达色致死。

在此案中，披甲佛保本与骁骑校三达色是亲戚关系，但三达色并未因此放松对佛保的骑射考核，反而以其射箭能力不佳为耻，特别是"你自己无能，还有什么脸到我家来"一句，更反映出当时驻防营内对官兵骑射技艺的重视。佛保也因骑射能力差遭辱骂而倍觉难堪，方酿成这一悲剧。

除日常马步箭的训练之外，演练鸟枪更是鸟枪兵日常训练的重要内容。乾隆八年（1743），内务府总管五十四在稽查喜峰口、冷口官兵骑射之时，亦对鸟枪兵演放鸟枪的情况进行了考查：喜峰口"兵丁内骑射去得者二十一名、生疏者四十四名、其余俱中平，演放鸟枪整齐"；冷口"兵丁内骑射去得者六名、生疏者三十六名、其余俱中平，演放鸟枪整齐"。②

此外，天津水师营、密云县、山海关、热河等设有炮台的驻防点，其炮手日常训练放炮。道光元年（1821），热河都统庆惠奏报热河八旗驻防训练情况时指出："每年春秋二季操演，例应操演大阵连环，施放枪炮以及云梯、骑马及马步骑射等各项技艺。"③ 可见，热河军事训练之完备。

① 《方观承奏报审拟保定驻防披甲佛保酒后伤人致死案情形折》，乾隆二十一年四月二十四日，台北故宫博物院编：《宫中档乾隆朝奏折》第 14 辑，台北故宫博物院 1982 年版，第 246 页。

② 《大学士总理兵部事务鄂尔泰为内务府总管五十四稽查喜峰口冷口罗文峪三处官兵勤惰并未据实参劾题请参处》，乾隆八年十一月十九日，中国第一历史档案馆藏，内阁兵科题本 02-01-006-000574-0013。

③ 《热河都统庆惠奏为拟议训练章程事》，道光元年十二月二十日，中国第一历史档案馆藏，军机处录副奏折 03-2946-083。

在直隶驻防中，天津水师营的军事训练较为特殊。水师营尤重火器，设有鸟枪、火箭、火炮等。[①] 水师营兵丁在船下操演鸟枪，至战船上则操演炮位。操演时间为4月至8月，在海河往返操练攻占之道，至8月停止操练战船之后，兵丁开始演练射箭、放枪、藤牌、挑刀。[②] 八旗满洲初无水战经验，兵丁水师技能训练由福建调派教习官员，雇募合掌、头舵、锭等水手进行训练。[③]

为便于水师营官兵往来巡逻，应对紧要差事，雍正年间清廷两次赏给天津水师营拴养马400匹。如此，水师营兵丁夏秋季节训练海上战船技能，冬春季节训练骑射，则兵丁水陆武艺均可得以训练。乾隆三十二年（1767），经乾隆帝阅看天津水师营操练，官兵水战、骑射技艺均不佳而被裁撤。

清中后期，随着国内外政局的动荡，清廷更为重视直隶八旗驻防的火器装备。道光十一年（1831），清廷“准密云驻防官兵捐制牌枪四百八十杆”[④]，同时将此项枪支分拨至玉田县、三河县、昌平州、顺义县等4处驻防，每处拨给20杆[⑤]，其操演日期

① 《天津水师营都统拉锡奏报演练炮裂缘由折》，雍正八年五月二十六日，中国第一历史档案馆译编：《雍正朝满文朱批奏折全译》，黄山书社1998年版，第1981页。

② 《天津水师营都统迈禄奏查操练水师并滋生银两等事折》，雍正十二年六月初十日，中国第一历史档案馆译编：《雍正朝满文朱批奏折全译》，黄山书社1998年版，第2271页。

③ 《天津水师营都统拉锡奏请给无俸禄官员赏食养廉银折》，雍正八年四月初五日，中国第一历史档案馆译编：《雍正朝满文朱批奏折全译》，黄山书社1998年版，第1964页。

④ 《清宣宗实录》卷198，道光十一年十月乙酉。

⑤ 《清宣宗实录》卷299，道光十七年七月己丑。

均按照古北口旧章办理。这改变了原来此4处仅操演马步箭的情况，提升了兵丁的火器装备。十七年（1837），密云副都统特依顺因抬炮“施放有准，远至二百余弓，较子母炮速捷便利”[①]而奏请添设，道光帝认为其对军事操防有益，允准增设。次年（1838），密云副都统双德又奏请：“添制密云满洲营牌枪一百二十杆。”[②]鸦片战争之后，为进一步加强京师防御，二十二年（1842）规定，抬枪造成之后，每月加演6次。[③]至光绪朝，清廷在热河、密云县、张家口等地增设抬枪兵，加强兵丁的火器训练。

二、护卫京师

无论清初统一全国的战争，还是在清后期抵御外国侵略的战争中，八旗兵丁均发挥了重要作用。直隶八旗驻防地处京师周围，八旗甲兵除参与全国统一战争之外，其护卫京师的职能尤为突出。

清前期，西北边疆军事形势动荡不安，清廷通过向长城沿线各关隘及热河增派八旗甲兵驻防，以巩固京师北部防线，前文已述及，此处不再赘述。清中后期，随着内忧外患的加剧，直隶驻防兵丁戍卫京师的职能更为显著。

清后期，随着西方列强的入侵和国内政局的动荡，直隶八旗驻防兵丁在抵抗外国侵略战争中扮演着重要角色。道光二十年（1840），鸦片战争爆发后，因山海关秦王岛（今秦皇岛）一

---

① 《清宣宗实录》卷295，道光十七年三月己丑。

② 《清宣宗实录》卷315，道光十八年十月丙戌。

③ 《清宣宗实录》卷370，道光二十二年四月丁亥。

带有夷船出没，直隶总督讷尔经额与山海关副都统扎拉芬泰在山海关要隘布置防备，随时哨探、巡防，并在古北口安设炮位，拣派弁兵，随同炮甲学习演放。①次年（1841）四月，直隶总督调派八旗甲兵800名，拨给火药三四千斤，在山海关各口安设炮台，派兵巡视瞭望，以侦察敌情。②同时，将秦王岛各卡所驻扎的满洲甲兵调回本营，认真操练，所调冷口、喜峰口甲兵亦撤回归伍。③二十二年（1842）六月，清廷令“双德于密云挑选精兵一千名，并各准备精良器械，听候调遣，为京师防御之用”④。

咸丰八年（1858）三月，英法联军逼近天津，清廷“调热河、察哈尔、绥远城官兵各一千名，密云官兵五百名，驰赴通州防堵”⑤。同时，山海关镇城离海仅8里，为守卫京师，山海关副都统派兵驻守，加强山海关等地防御，从山海关本处800名八旗甲兵中调遣400名，将佐领1员委以参领，佐领、防御、骁骑校8员，编为四队，设伏驻扎在老龙头石河海口。调冷口、喜峰口、罗文峪鸟枪兵150名，官3员，分别堵御。此外，调遣山永协绿营兵80余名，石河海口炮台兵100名，守城兵400余名，八旗甲兵、绿营兵与地方知县和衷严防。⑥大沽海战爆发后，军机大臣、僧格林沁等筹划海防的部署，除将兵力调往大沽之外，也极为重视山海关的防守，山海关副都统定福因防务漫不经心被开

① 《清宣宗实录》卷343，道光二十年十二月己卯。

② 《清宣宗实录》卷344，道光二十一年正月丁酉。

③ 《清宣宗实录》卷349，道光二十一年三月甲寅。

④ 《清宣宗实录》卷374，道光二十二年六月乙酉。

⑤ 《清文宗实录》卷250，咸丰八年四月甲寅。

⑥ 《山海关副都统定福奏为遵旨复陈山海关严密防范情形事》，咸丰八年三月初七日，中国第一历史档案馆藏，朱批奏折04-01-01-0868-029。

缺，并以成保调补山海关副都统。[1]

咸丰十年（1860），英法联军入侵北京，密云副都统挑选精兵赴青县、通州防堵。[2] 据档案记载，密云正黄旗满洲防御希兰布“于咸丰十年间由披甲出师，跟随钦差大臣亲王僧格林沁前往天津海口堵剿洋兵，转于八里桥一带地方接仗数次，左目被溅碎铅子击伤二处，调治平复后，凯撤回营”[3]。可见直隶八旗兵丁奋勇作战，保卫京师的情形。

虽然清后期八旗军队的作战实力下降，但不可否认的是，八旗兵丁依然是清廷依靠的重要军事力量。

三、日常差使

直隶八旗驻防因所处地理位置不同，其驻防兵丁的职责也呈现出多样化的态势。长城沿线边口八旗驻防以稽查关口为主，而密云县、古北口、热河等处驻防则承担着扈从清帝北巡和看护行宫的重任。

（一）稽查关口

长城沿线的山海关、古北口、喜峰口、张家口等关隘是长城南北游牧与农耕文化碰撞交流的重要通道，因而，驻扎在长城沿

---

① 《清文宗实录》卷301，咸丰九年十一月戊子。

② 《清文宗实录》卷324，咸丰十年七月丙申。

③ 《密云副都统德麟奏为密云正黄旗满洲防御希兰布昌平州正黄旗蒙古防御德升均有军功现因病请准原品休致事》，宣统元年三月二十一日，中国第一历史档案馆藏，朱批奏折04-01-16-0300-028。

线八旗兵丁的主要职责便是稽查关口。

稽查逃人和盗匪是各关口八旗官兵的普遍职责。乾隆二十六年（1761），在调查绥远城、右卫正白旗蒙古达隆阿所遣逃回挟仇杀死常禄一案中，该逃犯曾进入古北口，但戍守关口之员弁疏于稽查，古北口防守尉因借口值班员弁系逐日轮流更换，难以查核而遭议处。① 五十一年（1786），山海关副都统琳宁奏称大名逃犯段文经逃往东三省，上谕其严加搜查缉拿："万一经过伊管辖之地，于别处缉获后，亦一定治伊罪。"②

除稽查逃犯之外，各关口八旗兵丁还具有护送朝贡使臣的职责。雍正六年（1728）规定：

> 内外札萨克蒙古，皆令由山海关、喜峰口、古北口、张家口、独石口、杀虎口出入。入关口时，均告明该管官弁，详记人数。出口时，仍令密对原数放出，若有置买物件，报院转行兵部，给予出边执照。除此六边口外，别处边口，不准行走。③

长城沿线各关口是札萨克蒙古赴京入贡的重要通道，戍守于

① 《直隶总督方观承奏为特参古北口防守尉武章阿失察逃犯请旨交部严议事》，乾隆二十七年十月初七日，中国第一历史档案馆藏，朱批奏折 04-01-16-0044-042。

② 《寄谕山海关副都统琳宁著严饬属员缉拿段文经等》，乾隆五十一年九月二十四日，中国第一历史档案馆译编：《乾隆朝满文寄信档译编》第 19 册，岳麓书社 2011 年版，第 542 页。

③ 光绪《钦定大清会典事例》卷 993《理藩院》，《续修四库全书》第 811 册，上海古籍出版社 2002 年版，第 823 页。

此的官兵承担着核对人数、护送贡使的重要职责。另外，山海关还是日本、朝鲜等藩属国朝贡的必经之地，护送日本、朝鲜朝贡使臣是山海关八旗甲兵的重要职责。乾隆四十四年（1779），在护送高丽贡使途中，永平府协领福珠里因派双目失明的华塞照看行李，护送不周，交部严加议处。①

此外，长城沿线各关口也因所处位置的不同，其职责重心有所差异。山海关为三省通衢，车辆商旅往来频繁，同时又是通往东北的重要通道，故山海关驻防八旗兵丁肩负着"看守九门地方，查拿违禁越边私参、貂皮、东珠等物"②的职责。清后期，随着鸦片走私贸易的猖獗，鸦片成为查禁的重要走私物品。道光三十年（1850），山海关关门值班官兵查获直隶宣化丰润县民人孙恒来"携带鸦片烟土共八块，计重六十一两"③，经审讯后，转交刑部审理。而张家口则是张库商道的起始点，此处蒙汉商贸往来发达，因此，张家口驻防八旗兵丁具有稽查关口商贸往来的重要职责。可见，虽同处长城沿线，但其所稽查的重点有所不同。

（二）扈从北巡

密云和热河是清帝北巡途经木兰围场的重要地点，此二处

① 《清高宗实录》卷1074，乾隆四十四年正月壬辰。

② 《大学士总理兵部事务鄂尔泰为核议山海关副都统题请添设佐领等事》，乾隆八年闰四月十八日，中国第一历史档案馆藏，内阁兵科题本02-01-006-000583-0014。

③ 《山海关副都统富勒敦泰奏为拿获丰润县民孙恒来等夹带鸦片交部事》，道光三十年十一月初四日，中国第一历史档案馆藏，军机处录副奏折03-4016-061。

八旗官兵均承担着扈从清帝北巡的重要职责，具体包括3个方面：

一是沿途桥座、道路的修缮。清帝北巡途经的桥梁、道路由地方官征调民夫进行日常维护，遇有洪水之年，则需八旗或绿营兵丁负责帮同抢修。嘉庆十一年（1806）对清帝北巡沿途的维修工程进行了分工，密云桥座由密云副都统率领官兵修搭，古北口内外潮河桥座由古北口提督率领官兵修搭，滦河桥座则交由热河副都统率领官兵负责。[①] 十三年（1808）夏，密云县正红旗蒙古马甲睦克登额便在搭桥过程中落水淹毙，清廷曾按照河工抢险淹毙兵丁之例，加恩赏恤。[②]

二是八旗兵丁赴南石槽接驾。最初，每年由热河派官20员，率八旗兵丁330名赴南石槽接驾，所需银两由未出差兵丁均摊。同时，兵丁每人各得赏一月钱粮。[③]

乾隆四十三年（1778），清廷查出热河副都统三全、协领多鼐贪污接驾银两，为减少热河官兵接驾费用，由此前的接驾兵丁330名缩减一半。

此项官兵一半由京营派出，计一百六十五名护送，前赴

① 《谕内阁嗣后木兰秋狝遇有遇雨赶搭桥座著密云热河副都统及直隶总督分段帮修》，嘉庆十一年七月二十八日，中国第一历史档案馆、承德市文物局编：《清宫热河档案》第10册，中国档案出版社2003年版，第484页。

② 中国第一历史档案馆编：《嘉庆朝上谕档》第12册，广西师范大学出版社2009年版，第454页。

③ 《热河兵备道明山保为发过前往南石槽接驾热河驻防官兵应领饷银事呈军机大臣文》，乾隆三十九年七月十八日，中国第一历史档案馆、承德市文物局编：《清宫热河档案》第3册，中国档案出版社2003年版，第242页。

热河；一半由密云新驻官兵内派出，计一百六十五名迎至南石槽，护送至古北口。其热河官兵只须派出一百六十五名迎至古北口，与密云兵丁交接，护送至热河。①

因此，自密云县驻防八旗设置之后，热河与密云两处驻防官兵共同承担着接驾的任务。

三是扈从行围。避暑山庄是清帝北巡途中所建最大的一处行宫，清帝每年赴木兰秋狝之时，均驻跸避暑山庄休整并处理政务。热河八旗兵丁也因邻近围场而具有扈从行围之责。

按定例，热河兵丁每年额派24名随围。乾隆六年（1741），乾隆帝首次赴木兰围场之时，副都统达勒党阿奏请："于额派二十四名外，再拨一百名，随同前往。"② 乾隆三十八年（1773），在直隶热河兵备道的呈文中记载了随围较射布靶之官兵的赏银情况："查得热河随围较射布靶之官兵五十员名内，中五箭兵一名，照例赏银十五两；中四箭兵三名，每名赏银十两；中三箭兵十四名，每名赏银五两。"③

（三）看护行宫

康熙朝避暑山庄肇建后，初由内务府兵丁与古北口绿营兵协

① 《大学士阿桂等奏报核议热河官兵每年应用银两及接驾需费各项分别应用应裁情形折》，乾隆四十三年七月十四日，中国第一历史档案馆、承德市文物局编：《清宫热河档案》第4册，中国档案出版社2003年版，第205页。

② 《清高宗实录》卷143，乾隆六年五月癸巳。

③ 《热河兵备道明山保为发给热河随围较射布靶官兵银两事呈军机大臣文》，乾隆三十八年七月二十六日，中国第一历史档案馆、承德市文物局编：《清宫热河档案》第3册，中国档案出版社2003年版，第33页。

同看护。雍正朝始设热河八旗驻防时，即命官兵分驻热河、喀喇河屯及桦榆沟3处，“行宫外墙周围由满洲官兵、绿旗官兵混合镇守”①。

乾隆十二年（1747），清廷议准：“至热河、喀喇河屯外围交八旗兵巡缉，其余各处内围外围，均系行宫兵丁看守扫除，是以设兵较多。”②自此，避暑山庄、喀喇河屯行宫外围，改由驻防八旗兵丁看守。五十一年（1786），热河副都统恒瑞鉴于避暑山庄共设堆拨28处，每处仅设兵10名巡逻，遇雨雪昏夜，殊难周察。奏请添设堆拨12处及赏马甲、养育兵缺各100名。乾隆帝上谕：“行宫环列，间添堆拨，尚属合宜。著加恩添马甲百名，俾裕生计。毋庸议添养育兵缺。”③避暑山庄外围防护得以加强。

乾隆朝，随着山区的开发，避暑山庄的规模逐渐增大，而因山区树木茂密，野兽时常出没，因此，在清帝驻跸山庄期间，扈从侍卫亲军保护皇帝安全，热河八旗兵丁负责巡视行宫外围，至清帝回銮之后，副都统则带领八旗兵丁与总管所率看宫兵丁共同巡查围内野兽。乾隆四十三年（1778）十月，两只老虎自避暑山庄西北门旁墙越入，被委员丰珅、先锋吉凌阿枪殪。乾隆帝寄谕热河副都统恒秀：“各赏一月钱粮。再避暑山庄乃朕每年驻跸之

① 《热河副都统达尔达阿奏请增设补修热河行宫倒塌堆子折》，（无日期）中国第一历史档案馆译编：《雍正朝满文朱批奏折全译》，黄山书社1998年版，第2594页。

② 光绪《钦定大清会典事例》卷1203《内务府・营制》，《续修四库全书》第814册，上海古籍出版社2002年版，第585页。

③ 《清高宗实录》卷1260，乾隆五十一年闰七月己卯。

所，而明年朕即临幸。彼处既有满洲、厄鲁特官兵，则著恒秀酌派官兵，每年搜山。”① 自此，热河驻防官兵搜山成为定例。据乾隆五十八年（1793）热河副都统保成等奏：“热河行宫于皇上回銮进京后，奴才等照例带领官兵将围内外有无野兽，不时搜查，历久遵行。”② 嘉庆十三年（1808），嘉庆帝因在热河园内灵泽地方见狼只出没，特谕令热河总管奇玖：“汝等派各处千总、兵丁昼夜留心搜查，见有行迹，即知照副都统福长安带领善放鸟枪兵丁同园内千总兵丁搜打……”③

八旗驻防官兵与看宫兵丁共同负有看护行宫之责，并逐渐形成了明确的分工。最初，丽正门、城关门、德汇门、西北门、铁门、碧峰门、坦坦荡荡门、仓门等门内锁钥，皆由避暑山庄看宫兵丁掌管；而流杯亭门与惠迪吉门则由看宫兵丁与八旗驻防兵丁共同看守。据记载：“流盃亭门一座，五间门外锁钥，驻防官兵掌管。惠廸吉门一座，三间门外锁钥，驻防官兵掌管；门内锁钥，本处官兵掌管。”④ 热河都统毓秀曾奏请在避暑山庄丽正门及流杯亭、惠迪吉各门外，加添满营官4员、兵100名，绿营官4

① 《寄谕热河副都统恒秀等著奖赏枪殪虎只之委员丰珅等》，乾隆四十三年十月二十八日，中国第一历史档案馆译编：《乾隆朝满文寄信档译编》第13册，岳麓书社2011年版，第630页。

② 《清代宫苑则例汇编》，全国图书馆文献缩微复制中心2011年版，第178页。

③ 《清代宫苑则例汇编》，全国图书馆文献缩微复制中心2011年版，第180页。

④ 《清代宫苑则例汇编》，全国图书馆文献缩微复制中心2011年版，第190页。

员、兵 100 名[①]，以加强对避暑山庄行宫的看护。

（四）看守围场

木兰围场是清代的皇家猎苑，建于漠南蒙古腹地，最初由札萨克蒙古管领。康熙朝，随着清帝巡狩成为定制，木兰围场专设八旗蒙古兵丁看围。

围场八旗官兵主要职责便是看护围场，以保障秋狝大典的正常举行。因围场地域广袤，其看围的差使十分繁重。包括驻守卡伦：围场内卡伦 58 处，大卡伦每处兵 5 名，小卡伦每处兵 4 名，所驻八旗卡伦之甲兵每班共需值班兵 240 名；巡视地面，缉拿盗贼：围场内值月分别巡查本旗地面，查拿贼之兵每班 120 名；看管印房，负责军事传差：总管印房左右两翼，负责八旗军事传差，每班兵 60 名；守护敦仁镇邑神祠：围场内设有敦仁镇邑神祠，用于巡狩之前的祭祀，八旗兵丁每班兵 10 名，每日两班轮值。[②]

此外，乾隆朝中期，围场改归热河副都统所辖后，热河八旗官兵亦有协助巡查围场偷盗之责。嘉庆八年（1803），因围场内偷打牲畜，私卖牟利现象严重，嘉庆帝谕令热河副都统庆杰“带领热河兵丁百余名，会同韦陀保进哨，迅为巡查。傥查有偷打牲畜之人，严行拿获”[③]。

---

① 《庄亲王绵课等奏报遵旨议奏避暑山庄园庭内外添设堆拨官兵折》，嘉庆二十年六月二十三日，中国第一历史档案馆、承德市文物局编：《清宫热河档案》第 13 册，中国档案出版社 2003 年版，第 20 页。

② 《热河都统毓秀奏为查勘围场情形筹议设卡添兵事》，嘉庆十八年六月二十八日，中国第一历史档案馆藏，军机处录副奏折 03-1695-045。

③ 《清仁宗实录》卷 121，嘉庆八年九月癸丑。

为防止查围官兵私自偷打牲畜，按定例，查围官兵不准携带鸟枪器械，但因偷盗贼犯携带枪械，而官兵手无寸铁，畏葸不前，难以捕获贼犯。道光十七年（1837），热河都统嵩溥奏请“热河查围兵丁，添置长枪”①，围场兵丁遂添设长枪420杆。此后，为加强围场军备，围场八旗先后3次添设鸟枪共140杆。②

直隶八旗兵丁的日常差使实属繁重，甚至一度妨碍其军事训练。以山海关为例，山海关八旗兵丁虽驻有800名，但实际当差之人仅100余名，其余仅挂名充数，并不应差，以致此100名兵丁连年当差，苦累难堪，骑射训练废弛。为此，清廷规定均匀拨派散差兵丁③，以保障当差兵丁的日常训练。

---

① 《清宣宗实录》卷294，道光十七年二月丁卯。

② 《围场原设添设满洲蒙古兵丁数目清册》，光绪二十九年，中国第一历史档案馆藏，驻防兵丁数目清册15-02-001-000544-0093。

③ 《山海关副都统孟魁奏该处旗营一切公事办理章程并调剂事宜摘取十条恭呈御览》，道光十四年九月十五日，中国第一历史档案馆编：《道光朝上谕档》第39册，广西师范大学出版社2009年版，第370页。

第五章　直隶驻防旗人社会生活

直隶虽设有驻防城（营），但并未隔绝驻防旗人与地方社会之间的联系，驻防旗人是直隶地方社会的重要群体。本章仅结合档案文献记载，从八旗生计、婚姻及其与地方社会的互动等几个方面作简要探讨。

第一节　驻防八旗生计

为保持八旗武备，避免与民争利[①]，清朝规定八旗兵丁仅事军事操练，不得从事农工商业等营生，每月支领固定的月饷、钱粮，为国家所“豢养”。

一、兵丁的生计来源

一般而言，八旗兵丁收入来源主要包括“月饷、岁米、马

① 金启孮：《北京郊区的满族》，内蒙古大学出版社 1989 年版，第 75 页。

乾草料、兵丁名粮”[①]4部分，直隶八旗驻防兵丁的收入还包括旗地、恩赏钱粮等。

（一）俸饷米石

京师旗人月饷为：前锋、亲军、护军、领催每人4两，马甲3两，步军领催2两，步甲1.5两。直隶驻防八旗兵丁虽自京城派驻，但各地驻防旗人俸饷与京旗略有不同。具体参见表5—1。

表5—1　直隶八旗驻防兵丁岁饷银发放情况一览表

驻防地	领催	前锋	马甲	步甲	炮兵	养育兵
热河	48	48	36	—	24	16两8钱
张家口	48	48	36	18	—	18
保定府/沧州	36	—	24	—	—	18
独石口/千家店	36	—	24	—	—	18
“小九处”	36	—	36	—	—	—
山海关兼辖驻防	36	—	36	—	—	—
山海关	36	36	36	18	—	—
密云县	48	48	36	18	—	16两8钱
密云兼辖驻防	36	—	24	—	—	16两8钱

资料来源：光绪《畿辅通志》卷99《经政六》。

通过表5—1可知，直隶不同驻防地的八旗兵丁所领取的俸饷不同。热河、张家口、密云3处驻防领催（前锋）的俸饷均照京城之例发放，其他驻防领催（前锋）的月饷均为3两。就甲兵的月饷而言，除前述热河、张家口、密云3处以及“小九处”驻

① 陈锋：《清代军费研究》，武汉大学出版社1992年版，第30页。

防马甲每月3两外，其他各处驻防马甲均为2两。张家口、山海关、密云3处所设之步甲，每月1.5两。

因光绪朝《畿辅通志》成书时间晚，未记载天津水师营驻防情况。天津水师营八旗兵丁主要为京师的闲散余丁，“每月定为一两五钱”①。雍正帝在上谕中曾提及天津水师营兵丁俸饷较低的原因：

> 又念我满洲向无水师，命于天津、西安、杭州等地设立水师营，安置满洲闲散幼丁，操习水师技艺，俾其成为江海防守之一劲旅，且不得钱粮口米之满洲闲散幼丁，亦得食钱粮口米也。但若钱粮口米俱同于省城满洲兵丁，则国帑有限，岂可满足？兵丁既住公房，亦无另差旁项消费，此所得钱粮足以生计……②

在雍正帝看来，天津水师营的兵丁原系京师闲散、幼丁，本无钱粮口米，选为水师营兵丁后，领取钱粮口米已属恩惠，故应与一般八旗驻防甲兵的俸饷相区别。后因兵丁生计艰难，增至每月2两，与京城养育兵月饷一致。

直隶驻防旗人所得米石与京师旗人亦不相同。京师八旗甲兵每年发放米24石，直隶驻防八旗兵丁每年发放米22石至23石不等，较之京师甲兵略少。乾隆年间，京师向直隶地区的罗文

---

① 《清世宗实录》卷89，雍正七年十二月丁巳。

② 《天津水师营都统拉锡奏报抵天津水师营颁宣谕旨事折》，雍正七年二月初四日，中国第一历史档案馆译编：《雍正朝满文朱批奏折全译》，黄山书社1998年版，第1695页。

峪、喜峰口、冷口、山海关、张家口、古北口、天津、沧州等地，以及拉林、阿勒楚喀等地添驻兵丁3300名。此3300名兵丁在京共需银118800两，除养育兵不需米石之外，马甲1700名，每人每年24石，共需38768石。经大学士讷亲统计，将米石折银后，向直省移驻官兵之后，可节省68379两。①

各地因粮食储备的不同，驻防兵丁米石的发放途径也存在差异。一般分为本色发放与折银发放两种。具体参见表5—2。

表5—2　直隶八旗驻防兵丁岁米发放情况一览表

<table>
<tr><th>驻防地</th><th>领催</th><th>前锋</th><th>马甲</th><th>步甲</th><th>养育兵</th><th>匠役</th></tr>
<tr><td>热河</td><td>32石2斗</td><td>32石2斗</td><td>22石2斗</td><td>—</td><td>—</td><td>11石</td></tr>
<tr><td rowspan="2">张家口</td><td rowspan="2">—</td><td rowspan="2">—</td><td>12石</td><td>10石5斗</td><td>9石5斗</td><td>12石</td></tr>
<tr><td>19两3钱5分</td><td>4两7钱2分</td><td>2两5钱2分</td><td>12两6钱</td></tr>
<tr><td rowspan="2">独石口、千家店</td><td rowspan="2">30石</td><td rowspan="2">—</td><td>12石5斗</td><td rowspan="2">—</td><td>9石6斗</td><td rowspan="2">—</td></tr>
<tr><td>9两4钱</td><td>2两5钱</td></tr>
<tr><td rowspan="2">密云县</td><td>11石1斗</td><td>11石1斗</td><td>11石1斗</td><td>5石5斗5升</td><td>5石7斗</td><td rowspan="2">—</td></tr>
<tr><td>14两4钱</td><td>14两4钱</td><td>14两4钱</td><td>7两2钱</td><td>7两2钱</td></tr>
<tr><td>密云所辖驻防</td><td>22石</td><td>—</td><td>22石</td><td>—</td><td>—</td><td>—</td></tr>
<tr><td>山海关</td><td>22石</td><td>22石</td><td>22石</td><td>22石</td><td>—</td><td>—</td></tr>
<tr><td>山海关所辖驻防</td><td>23石</td><td>—</td><td>23石</td><td>—</td><td>—</td><td>—</td></tr>
</table>

① 《军机大臣讷亲奏闻罗文峪等九处添驻官兵所需钱粮数目折》，乾隆八年五月十四日，中国第一历史档案馆藏，军机处录副奏折03-0171-0397-004。

续表

驻防地	领催	前锋	马甲	步甲	养育兵	匠役
保定府、沧州	22石	—	22石	—	11石	11石
7处防守尉驻防	23石	—	22石2斗—23石	—	—	—

在“小九处”驻防中，沧州驻防兵丁的米石由本地发放本色，康熙三十八年（1699），直隶巡抚于成龙奏请停给本地之米，仅于春季供给十一斛米，其余应给三季之米，均候江西漕米以供给。① 雍正二年（1724），因漕米抵达延期，兵米支放不敷，沧州城守尉华赖奏请：“春夏二季可供给本地产小米，秋冬二季可供给江西漕米。”②

其余各处最初为各州县领价采买供支。乾隆二十三年（1758），直隶总督方观承鉴于官兵买食艰难，奏请将保定府、雄县官兵俸饷米石于蓟粮米内动支。良乡县、霸州、东安县、采育里、固安县、宝坻县等6处的兵米亦先后于乾隆六十年（1795）和嘉庆三年（1798），改在蓟粮内动拨。嘉庆八年（1803），刑部右侍郎赛音奏请将此6处与保定府等处驻防兵米划一办理，“一体改给本色，不准州县省采买之烦，官员亦不致买食维艰，而九

① 《沧州城守尉华赖奏请少扣兵丁欠银以养家口修理兵器折》，雍正二年四月初七日，中国第一历史档案馆译编：《雍正朝满文朱批奏折全译》，黄山书社1998年版，第756页。

② 《和硕裕亲王保泰等奏议沧州兵丁延期偿还广善库欠银折》，雍正二年四月二十六日，中国第一历史档案馆译编：《雍正朝满文朱批奏折全译》，黄山书社1998年版，第779页。

处官兵均得一律领米”[①]。

口外地区建有多座宫仓，庄头所上交米石存入宫仓之内，用于发放八旗兵丁米石。但因热河驻兵规模较大，宫仓所存米石不敷支放，故亦“向由承德府暨各属领价采买，交仓搭放”[②]。具体由承德各府州县饬发铺户买交[③]，补充热河、喀喇河屯仓。遇有收成不佳之时，则由直隶总督筹款拨给热河道赴其他州县采买。道光十年（1830），热河都统裕恩奏请“采买古北口兵粮七千石”[④]。古北口驻防官兵的米石也多自承德各府州县地方采买。

另外，密云、张家口、独石口及千家店等处驻防八旗兵丁发放一半米石，一半折色银。密云驻防初设之时，官兵岁需兵米 3 万余石，密云直隶总督袁守侗鉴于顺天府属各州县粮食产量不多，难以供应本色米石，遂“照马兰镇例，改用折色，每石折银一两四钱”[⑤]。但因驻防官兵购买兵米艰难，“加恩赏给一半本色一半折色”[⑥]。

（二）马乾银

马乾银是兵丁俸饷米石之外的另一项重要收入。驻防兵丁通

① 《刑部右侍郎赛音奏为请将直隶采育等处驻防官员俸米改归画一事》，嘉庆八年六月十九日，中国第一历史档案馆藏，军机处录副奏折 03-1713-042。

② 《清文宗实录》卷 294，咸丰九年九月戊寅。

③ 《清宣宗实录》卷 227，道光十二年十二月丙辰。

④ 《清宣宗实录》卷 177，道光十年十月庚子。

⑤ 《清高宗实录》卷 1045，乾隆四十二年十一月壬午。

⑥ 《直隶总督袁守侗奏为遵旨评议密云驻防官兵采办运放兵粮事》，乾隆四十五年正月十六日，中国第一历史档案馆藏，朱批奏折 04-01-21-0007-008。

过拴养之马匹领取马乾银。直隶驻防八旗中仅保定、沧州、天津、热河、围场、密云等地拴养马匹。

乾隆四十一年（1776），直隶总督周元理曾奏称保定、沧州两处拴养马匹的情形："惟保定驻防拴养官马二百五十匹，沧州驻防拴养官马一百五十匹，向与兵丁内挑选善于喂养者，派令拴养给与额支草料。"① 五十七年（1792），保定、沧州驻防各裁100匹，拨给绿营。② 嘉庆六年（1801），保定再裁马50匹归沧州，沧州、保定驻防最终各保留100匹马，用于差操。③ 二十一年（1816），稽查左翼四处驻防官兵大臣秀宁奏请："拨直隶沧州营马二十一匹、鸟枪六十杆，分设于宝坻、东安、采育三处，以资操演。"④

保定按照"冬春二季，每匹月支料豆九斗、草六十束；夏秋二季，因有放青，每匹仅支料豆六斗、草三十束"⑤ 计算，发给马乾银66两。沧州驻防最初发给养马地。雍正六年（1728），城守尉永宁曾称："原先来沧州驻防之际，皆有使养马之私田"，后移驻锡伯兵丁来此驻防，"因无养马之田，皆给发一匹马之草

① 《周元理奏报保定沧州驻防官马仍准令兵丁拴养事》，乾隆四十二年十二月初六日，台北故宫博物院编：《宫中档乾隆朝奏折》第41辑，台北故宫博物院1982年版，第327页。

② 《清高宗实录》卷1411，乾隆五十七年八月丙申；《清高宗实录》卷1413，乾隆五十七年九月乙卯。

③ 光绪《钦定大清会典事例》卷257《户部》，《续修四库全书》第802册，上海古籍出版社2002年版，第122页。

④ 《清仁宗实录》卷318，嘉庆二十一年四月甲寅。

⑤ 光绪《钦定大清会典事例》卷257《户部》，《续修四库全书》第802册，上海古籍出版社2002年版，第122页。

料”[①]。乾隆元年（1736），因沧州驻防兵丁生齿日繁，城守尉永宁奏请仿照保定、太原、德州之例，赏给沧州兵丁马乾银以资养赡：“今圣主鸿恩普及，保定、太原之处皆赏给马乾银，德州之处也赏有滋生银，因保定、太原、德州、沧州此四城驻防官兵无差，奴才恳请皇上一并开恩，赏给马乾银。”[②]

天津水师营养马400匹，[③]雍正十三年（1735），天津都统伊礼布奏请，仿照江南、西安水师军士之例，在天津拴养马匹。[④]每匹月给2两钱粮，赏给拴马兵。乾隆三十年(1765)，因400匹马不足以资操练，故水师营将马匹由兵丁拴养改为按佐领设圈喂养，不再拨给马乾银：“现官兵既设圈喂养，毋庸再给。”[⑤]

热河驻防“领催兵丁等，每匹应领米四石四斗，共马二百匹。

---

① 《沧州城守尉永宁奏请赏给旗人官兵田亩折》，雍正六年八月初八日，中国第一历史档案馆译编：《雍正朝满文朱批奏折全译》，黄山书社1998年版，第1652页。

② 《沧州城守尉永宁奏沧州兵丁赏给马乾以资养马当差赡养家口折》，乾隆元年四月六十日，中国第一历史档案馆藏，军机处满文录副奏折03-0175-1550-010。满文原文：te enduringge ejen i desereke kesi isibume. boo ding . tai yuwan i bade. gemu morin i ciyaliyang. fusembure menggun šanggnaha. de jeo i bade. inu fusembure menggun šangnahabi . boo ding . tai yuwan .de jeo ts'ang jeo ere duin hoton. daci adali tebuhe hafan cooha be dahame. aha bi hujufi bairengge. enduringge ejen emu adali kesi isibume. morin i ciyaliyang šangnareo uttu ohode.

③ 《清高宗实录》卷722，乾隆二十九年十一月壬戌。

④ 《天津都统伊礼布等奏请天津驻军增加拴养马匹及口粮折》，雍正十三年十一月十一日，中国第一历史档案馆译编：《雍正朝满文朱批奏折全译》，黄山书社1998年版，第2454页。

⑤ 《清高宗实录》卷740，乾隆三十年七月乙酉。

拴马者，每匹应得乾银二两”[①]。张家口兵丁最初无马乾银，“不敷当差之用”[②]，右卫官兵移驻张家口后，遂将右卫官兵所得之俸饷马乾并放。

围场亦曾设有官马500匹。乾隆十八年（1753），围场添兵520名，“每名给马一匹，赏银七两喂养”，但因马匹陆续倒毙，三十年（1765），副都统奏请围场兵丁赏银喂养之时被驳回，“于八旗官马内，每兵各给一匹，围后交还。其前设马匹，仍令该副都统筹画补足，以备卡座缉拿等差”。[③]

山海关驻防初不设马匹，同治四年（1865），为加强山海关等5处驻防官兵的骑射训练，山海关副都统长善奏请设官拴马400匹。马乾银“每年约需九千六百两，拟于临榆厘捐项下支放”[④]。光绪朝《钦定大清会典事例》中所载直隶各驻防马乾银的具体数目参见表5—3。

表5—3 直隶各驻防所支领马乾银数目一览表

<table>
<tr><th>驻防点</th><th>马匹数</th><th>马乾银</th><th>备注</th></tr>
<tr><td>保定府</td><td>100</td><td rowspan="3">2211两4钱</td><td></td></tr>
<tr><td>沧州</td><td>79</td><td></td></tr>
<tr><td>宝坻县、东安县、采育里</td><td>21</td><td></td></tr>
</table>

① 《清高宗实录》卷44，乾隆二年六月丁卯。

② 《清高宗实录》卷704，乾隆二十九年二月丁亥。

③ 《清高宗实录》卷745，乾隆三十年九月辛丑。

④ 光绪《钦定大清会典事例》卷651《兵部》，《续修四库全书》第808册，上海古籍出版社2002年版，第164页。

续表

驻防点	马匹数	马乾银	备注
密云县	410	4430两	
古北口	16		
玉田县	10		
三河县	10		
顺义县	7		
昌平州	7		
山海关	200	4800两	
喜峰口	12		
冷口	14		
张家口	1360	18849两6钱	
热河	500	—	出清5320两，备差2680两

（三）旗地

清初，按照计丁授田的原则，每丁可分得5垧地，但驻防地距离所分得的土地过远，官兵携家口换防后，便将土地撤回。直隶八旗驻防官兵亦分拨旗地，或作为俸米地，或为养马地。沧州驻防官兵分拨给养马地："原先来沧州驻防之际，皆有使养马之私田。"①

清代文献中关于直隶八旗驻防旗地的记载较少，《八旗通志》仅记载，保定府、沧州、雄县、宣化府、山海关、喜峰口、冷口等处驻防拨给旗地与退出旗地情况。

① 《沧州城守尉永宁奏请赏给旗人官兵田亩折》，雍正六年八月初八日，中国第一历史档案馆译编：《雍正朝满文朱批奏折全译》，黄山书社1998年版，第1652页。

虽然康熙中叶清廷颁布了驻防官兵在驻防地置产的禁令，但直隶驻防旗地依然保存下来，冷口、喜峰口、山海关等处驻防甲兵的土地在康熙中叶被交还[①]，但部分驻防地仍然保留了旗地。

雍正年间，沧州驻防兵丁分得过一部分旗地。雍正六年（1728），沧州城守尉永宁曾奏报："兹由户部派遣郎中福宁会同沧州知州施林，将苏努家庄头朱留、朱丙征等去年入关五百顷地清丈，交付奴才，均分给兵丁矣。"[②]此项地亩"每岁应纳地丁银二千余两，由直隶藩司在官兵俸饷内坐扣报销"[③]。固安县驻防旗人亦有旗地。道光五年（1825）的一项刑事案件中记载固安县驻防营披甲七成阿"有坐落马房村旗地一项二十五亩，播种高粱，向雇丐头李自贵看守庄稼"[④]。至于此项旗地为旗人置办抑或雍正朝在固安县设置井田之时所拨给的土地尚无明确记载。另外，乾隆十八年（1753）围场驻防官兵设置之时，未给予口粮，而是拨给地亩："将此寄与玉保查核，将无碍围场之

---

① （清）鄂尔泰等修：《八旗通志》卷21《土田志四》，东北师范大学出版社1985年版，第401页。

② 《沧州城守尉永宁奏谢赐地五百顷折》，雍正六年十一月十五日，中国第一历史档案馆译编：《雍正朝满文朱批奏折全译》，黄山书社1998年版，第1674页。

③ 《大学士管理刑部事务董诰奏为审讯沧州撞骗驻防银两一案请将防御广德等一并革职并将城守尉兆成解任审拟事》，嘉庆七年十月十三日，中国第一历史档案馆藏，军机处录副奏折03-2387-002。

④ 《直隶总督蒋攸铦奏为遵旨审明固安县驻防营甲兵七成阿不服审断率众滋闹等情一案依例定拟事》，道光五年正月二十七日，中国第一历史档案馆藏，朱批奏折04-01-01-0678-011。

处，赏给官兵，令伊等学习耕种。”① 但围场兵丁给地自养的方案并未实现。

因官兵换防频繁，直隶八旗驻防旗地数目难以进行准确的统计。相关研究表明，“京畿驻防旗地同其他旗地一样，所有权属于国家，不属于某驻防地。国家可以随驻防官兵的变化，增加或减少各驻防的旗地”②。

直隶驻防旗地主要作为俸饷的补充。相关研究指出：“授田是直接与俸饷联系在一起的……这也是造成各处驻防兵丁的月饷定例、岁米定例、马乾定例以及兵丁名粮定例各各不同的原因之一。”③ 直隶八旗驻防马甲俸饷一般为 3 两，但保定与沧州两处驻防甲兵的俸饷为 2 两，“惟沧州原有承种官地，可资养赡”④，概沧州驻防马甲所缺少的 1 两月饷由旗地补充。

（四）赏赐钱粮

驻防兵丁除日常支领俸饷米石、马乾银及旗地收入之外，还包括清帝恩赏的钱粮。恩赏钱粮大致分为日常的生息银两和因出巡等特殊情况发放的赏银。

第一，生息银两。八旗入关之后，旗人奢侈攀比之风日盛。遇有红白事大操大办，单靠固定月饷难以为继，故清廷

① 《清高宗实录》卷 444，乾隆十八年八月乙酉。

② 赵令志：《京畿驻防旗地浅谈》，《清史研究》1999 年第 3 期。

③ 陈锋：《清代军费研究》，武汉大学出版社 1992 年版，第 29—30 页。

④ 《吏部尚书署直隶总督松筠奏请在绿营余剩马乾项内动支银两接济保定驻防旗兵事》，道光二年三月初七日，中国第一历史档案馆藏，军机处录副奏折 03-3006-008。

赏给兵丁红白事银两，以免其因乏资而难以操办，此类银两称为红白事赏银。以天津水师营为例，“红事赏银六两，白事赏银八两”[①]。后因白事来往盘费较多，故又将白事银两增至12两。

雍正十三年（1735），上谕内阁：“热河驻防兵八百名，为数虽少，亦应一体加恩，以资吉凶之用……热河赏银3000两，保定、热河二处银两，交与总督李卫派员管理。”[②]此3000两生息银用于热河八旗甲兵的红白事，具体由“河屯营参将营运出入，并责成热河同知、承德州知州盘查，稽查咨明户、兵二部办理”[③]。热河副都统设置之后，乾隆四年（1739），直隶总督孙嘉淦奏请将此项生息银两“一并赐予热河新设副都统就近经管”[④]，并奏请增加生息银4000两，[⑤]获得清廷允准。

第二，巡幸赏银。清帝巡幸之时，亦发给驻防兵丁赏银。赏银分为两种，一种是赏给承应差使的官兵。清帝北巡期间，密云、喀喇河屯等地搭建桥座、赴南石槽接驾以及看守热河行宫之官兵，均可获得赏银。

热河八旗官兵中赴南石槽接驾、看守热河行宫（避暑山庄）

① 《清高宗实录》卷127，乾隆五年九月丁酉。

② 《清世宗实录》卷155，雍正十三年闰四月甲申。

③ 《直隶总督孙嘉淦奏请一体赏给热河防兵生息银两折》，乾隆四年三月初六日，中国第一历史档案馆、承德市文物局编：《清宫热河档案》第1册，中国档案出版社2003年版，第181页。

④ 《直隶总督孙嘉淦奏请一体赏给热河防兵生息银两折》，乾隆四年三月初六日，中国第一历史档案馆、承德市文物局编：《清宫热河档案》第1册，中国档案出版社2003年版，第181页。

⑤ 《清高宗实录》卷93，乾隆四年五月癸酉。

者可获得赏赐一月钱粮，看守口内口外行宫者半月钱粮。[①]时任领侍卫内大臣尚书福康安的奏议中曾指出：“自热河前赴南石槽接驾之满洲兵丁每人各赏给一月钱粮，驻防满洲兵丁每人各赏给半月钱粮，等因奏准在案。”[②]乾隆三十九年（1774），热河副都统三全曾咨请本处驻防官兵接驾所领赏银数目。

> 本处驻防兵内至南石槽接驾兵三百三十名内，食四两前锋九十一名，领催十六名，食三两副前锋二百二十三名，共领恩赏一月饷银一千零九十七两。在本处驻防兵一千六百七十名内，食四两前锋九名，领催八十四名，食三两马甲一千四百七十七名，食一两四钱养育兵一百名，共领恩赏半月饷银二千四百七十一两五钱。[③]

清帝北巡之时，热河兵丁接驾所需费用一般由未接驾的兵丁分摊，而接驾之后，清帝又赏赐接驾兵丁银两，作为补偿。

另一种为清帝巡幸途经该驻防地之时发放的赏银。乾隆十一年（1746），乾隆帝西巡之时，赏赐保定驻防“八十以上老人，每名着给绢棉米肉价共银一两六钱四分，七十以上老人，仿照八十老人给绢之外，其棉米肉价减半酌给，每名折给银一

① 《清仁宗实录》卷117，嘉庆八年七月乙卯。

② 《热河兵备道明山保为发过前往南石槽接驾热河驻防官兵应领饷银事呈军机大臣文》，乾隆三十九年七月十八日，中国第一历史档案馆、承德市文物局编：《清宫热河档案》第3册，中国档案出版社2003年版，第242页。

③ 《热河兵备道明山保为发过前往南石槽接驾热河驻防官兵应领饷银事呈军机大臣文》，乾隆三十九年七月十八日，中国第一历史档案馆、承德市文物局编：《清宫热河档案》第3册，中国档案出版社2003年版，第242页。

两一钱九分”[①]；十三年（1748），乾隆帝巡幸山东之时，对途经之处的驻防旗人进行赏赐：“所有分驻旗人亦应酌量加恩，著将山东之德州、青州等处及直隶天津、沧州驻防官兵年七十、八十以上者，查明分别赏赉。”[②] 五十一年（1786），乾隆帝巡幸五台山途经直隶之时，赏给有差绿营兵一月钱粮的同时，赏赐保定驻防满洲兵丁半月钱粮：“所有保定府驻防满洲兵丁，虽无随营差务，俱系满洲兵丁，朕既临幸至此，著加恩各赏半月钱粮。”[③]

（五）旗人置产

直隶驻防八旗主要自京旗派驻，与京师保持着密切的联系。康熙朝，统治者为防止旗人汉化，十分重视驻防旗人的归旗问题。康熙二十三年（1684）规定：“嗣后除盛京、宁古塔不议外，江宁等各省驻防，凡有老病致士退甲及已故官兵家口，俱令回京，所缺之兵，即于彼处顶缺披甲，如不得人，将该将军申明原由咨部，自京补送，著为定例。”[④] 至乾隆朝，京师八旗兵丁生齿日繁，难以赡养，归旗制度运行困难。乾隆三年（1738），兵部奏请：“至八旗各佐领下，现在壮丁充裕，足敷补用。请将外省壮丁，回京顶甲之处停止。”[⑤]

---

① 《直隶总督那苏图奏请赏赉天津沧州驻防老妇事》，乾隆十三年闰七月二十四日，中国第一历史档案馆藏，朱批奏折 04-01-16-0028-059。

② 《直隶总督那苏图奏请赏赉天津沧州驻防老妇事》，乾隆十三年闰七月二十四日，中国第一历史档案馆藏，朱批奏折 04-01-16-0028-059。

③ 《清高宗实录》卷 1251，乾隆五十一年三月癸亥。

④ 《清圣祖实录》卷 115，康熙二十三年四月庚子。

⑤ 《清高宗实录》卷 73，乾隆三年七月己卯。

一般而言，若非升职或换防，驻防旗人的后代则一直驻防于本处。乾隆朝，霸州驻防逃旗披甲萨哈珲，“查自康熙年间将萨哈珲之祖富存派往霸州驻防起，至萨哈珲已驻防三世”，萨哈珲逃旗后，按照不再归旗之例，“伊妻子理应遵旨仍留霸州”。① 已故之驻防旗人的眷属亦需留在本地驻防营。乾隆四十五年(1780)，密云县驻防营马甲伊福泰病故，乾隆帝上谕：“此等有子嗣之孀妇，应仍留彼处，将其子挑补养育兵缺，以资养赡。今乃令其回京，殊觉滋扰。”②

相关研究指出：“归旗的推行以禁止驻防官兵在驻防地置立产业为前提。”③ 随着归旗制度的取消，清廷放宽了驻防旗人在外地置办田产的禁令。乾隆二十一年（1756）规定：“嗣后驻防兵丁，著加恩准其在外置立产业。病故后，即著在各该处所埋葬，其寡妻停其送京。”④ 光绪八年（1882），雄县驻防营便发生了一起镶蓝旗闲散旗人经彧所开当铺被抢劫之案：“伊在城内五铺开设当铺生理，本月初八日夜三更时分，被贼持械砸门入室，截去银钱衣饰等物逃逸。”⑤ 可见，八旗驻防闲散在县城内开设当铺是合法行为，且受地方州县的保护。

---

① 《暂署兵部印务德福为核议正黄满洲旗霸州防守尉德胜糊涂办理逃走披甲萨哈珲眷属回京等情题请参处事》，乾隆四十五年五月初六日，中国第一历史档案馆藏，内阁兵科题本 02-01-006-002788-0015。

② 《清高宗实录》卷 1113，乾隆四十五年八月甲戌。

③ 孙静：《清代归旗制度行废述论》，《中央民族大学学报》2005 年第 5 期。

④ 《清高宗实录》卷 506，乾隆二十一年二月庚子。

⑤ 《直隶总督李鸿章题为特参前署雄县知县汪度等疏防旗人经彧当铺被劫事》，光绪八年三月初二日，中国第一历史档案馆藏，内阁刑科题本 02-01-03-12072-040。

二、八旗生计问题

清前期，驻防旗人生计陷入困境与其生活奢侈、不善经营有关。乾隆元年（1736）上谕八旗："而兵丁闲散人等，惟知鲜衣美食荡费资财相习成风，全不知悔，旗人之贫乏率由于此。"① 另外，驻防兵丁赌博、饮酒之事时有发生。雍正帝曾在审理天津满洲水师兵丁哄闹理事同知公堂一案时指出：

> 伯寿虽不曾斗殴，但甫到天津，为日无多，何至窘迫典当衣服，必系饮酒、赌钱浪费，无赖不守本分之人，着回京当差行走。嗣后，彼处兵丁，如有不知生计，花费浪用，形同乞丐，无耻不端之人，着查出遣回京师。②

天津水师营军纪涣散，兵丁饮酒、赌博之风盛行，以致生计窘迫至典当度日，但这并非个例，直隶其他驻防旗人聚赌之事亦时有发生，从前文所述之雍正年间，冷口防守尉公然开设赌场赌博之事可见一斑，后文亦述及直隶驻防旗人赌博的相关案例，兹不赘述。

直隶驻防兵丁不懂经营生计，每逢支领俸饷米石，随手消费。为此，清廷对驻防兵米的发放时间进行了调整。最初保定府、雄县、古北口、千家店 4 处系按四季开支，天津水师营系按

---

① 《钦定八旗通志》卷首 11《敕谕五》第 1 册，吉林文史出版社 2004 年版，第 227 页。

② 中国第一历史档案馆编：《雍正朝起居注册》第 3 册，中华书局 1993 年版，第 1780 页。

月开支，热河系按三季开支，宝坻县、玉田县、三河县、冷口、山海关、永平府、喜峰口、罗文峪、沧州、昌平州、顺义县、霸州、固安县、东安县、大兴县、良乡县、张家口、独石口等18处按春秋两季支领。乾隆二十五年（1760），直隶总督方观承鉴于张家口驻防官兵按春秋两季开支，“恐各兵到手一时易尽”，奏请直隶等处驻防“悉照京师甲米之例，分作四季开支，免致早领花费，实于生计有益”。[①] 天津水师营甚至将不懂生计的兵丁钱粮口米交予官员，每5日或10日计量给发一次，以避免其挥霍他用，不致窘困。[②]

同时，直隶驻防旗人户口日增与支领月饷不变之间的矛盾，是驻防旗人生计问题显现的根本原因。道光九年（1829）热河都统成格奏称：“热河八旗官兵生齿日繁，每兵一分钱粮，养赡亲丁八九口至十数口，实属不敷。兼之近年物价较昂，生计倍形竭蹶。”[③] 十一年（1831），察哈尔都统武忠额亦奏称：“张家口驻防满洲蒙古官兵，近来户口倍增，生计日形竭蹶。”[④]

不仅如此，清后期吏治腐败，战乱频仍，财政竭蹶，兵饷难以按时发放，更加剧了驻防旗人的贫困处境。道光五年（1825），承德府州县地方官“尚有欠交米三千四百五十六石六斗零”[⑤]，以

① 《直隶总督方观承奏为张家口驻防兵米分四季关领事》，乾隆二十五年十二月初二日，中国第一历史档案馆藏，军机处录副奏折04-01-01-0241-041。

② 《都统拉锡奏报抵天津水师营整饬营伍情形折》，雍正七年二月初四日，中国第一历史档案馆译编：《雍正朝满文朱批奏折全译》，黄山书社1998年版，第1694页。

③ 《清宣宗实录》卷162，道光九年十一月戊戌。

④ 《清宣宗实录》卷186，道光十一年三月己巳。

⑤ 《清宣宗实录》卷93，道光五年十二月辛未。

致兵饷难以按时发放；咸丰三年（1853），因张家口驻防兵饷迟迟未发，察哈尔都统华山泰屡催兵饷无应，上谕："著直隶总督迅饬藩司，即将此项欠拨银两，发交该管道厅散放，嗣后该处官兵俸饷，并饬该藩司按季发给，无再延误。"① 同治元年（1862），热河仓米未能及时发放，热河兵丁因糊口维艰，而"索饷滋事"②。次年，又据察哈尔都统奏报，察哈尔及张家口驻防官兵"统计欠领俸饷四十一个月，共银二十余万两有奇。粟米十七个月，共一万六千余石"，因屡次咨催无果，以致该驻防兵丁"迫于饥寒，鹄面鸠形"。③ 四年（1865），丰盛额奏称"沧州驻防官兵，例得俸饷，积欠已四载有奇。本年自春至秋，仅发过七折八成兵饷，计银不足一季，而俸饷给发无期，甚形苦累，自系实在情形"④。

若遇有水旱灾害，则兵丁生计更为艰难。同治七年（1868），沧州城守尉德明奏称："地方连年水旱灾歉，米薪日渐昂贵，兵丁粜食维艰，官兵设防向无经费，亦无口分，仅赖俸饷米折当差，本年应领俸饷米折，自春殂秋三季，并未给发官兵，困苦异常等情。"⑤ 兵饷有定额，地方遇有水旱灾害之时，米薪价格昂贵，直接影响兵丁生计。

为此，各驻防采取一系列解决生计问题的措施，包括发商生

---

① 《清文宗实录》卷114，咸丰三年十二月丙子。

② 《清穆宗实录》卷46，同治元年十月甲午。

③ 《清穆宗实录》卷67，同治二年五月辛酉。

④ 《清穆宗实录》卷154，同治四年九月戊寅。

⑤ 《沧州城守尉德明奏为沧州驻防官兵俸饷不继请饬直隶督臣筹款接济事》，同治七年九月初五日，中国第一历史档案馆藏，朱批奏折04-01-01-0900-022。

息、开垦荒地、移驻官兵等。

发商生息。发商生息是自雍正朝以来各驻防为补充兵丁生计而采取的措施。有关发商生息政策的制定及其相关调整，前人已多有研究，兹不赘述。[①] 直隶驻防八旗中，天津水师营是最早进行发商生息之地，一方面因天津水师营兵丁俸米少，亟须开源节流，另一方面天津不仅临海，且地处运河交汇处，这一独特的地理优势有利于从事商业。都统拉锡赴任之时，雍正帝便授意他将贩卖货物转手贸易，以获利息。

> 至官兵红白之事无从借贷恐致窘迫。拉锡著尔到彼之后酌情奏请借银一万或二万两，开铺行商，将所得耷（利）钱贴补官兵，则大有裨益。唯本金不动，只用利息。[②]

天津曾在新城内开设 11 处铺子进行经商，所得利息，一部分赏给兵丁作为红白事之用，另一部分则增添兵丁家口米石。

热河八旗驻防通过开设官营当铺，运营生息银两。乾隆二十四年（1759），副都统额勒登额奏报热河驻防八旗官营当铺

---

① 有关发商生息的研究较多，包括韦庆远：《雍正时期对“生息银两”制度的整顿和政策演变——对清代“生息银两”制度兴衰研究之二》，《中国社会经济史研究》1987 年第 5 期；张建辉：《关于乾隆收撤“恩赏银两”与生息银两制的存废问题——乾隆收撤生息帑本的时间、条件及其善后》，《西北大学学报》2009 年第 5 期；陈文慧、燕红忠：《清代的发商生息及其影响——基于土默特清代历史档案的区域分析》，《中国社会经济史研究》2018 年第 2 期等。

② 《都统拉锡奏报抵天津水师营整饬营伍情形折》，雍正七年二月初四日，中国第一历史档案馆译编：《雍正朝满文朱批奏折全译》，黄山书社 1998 年版，第 1695 页。

的盈利1270两有余。[①] 这些均是驻防营为解决旗人生计问题而采取的开源之策。

同时，借助其他收入来源发放兵丁饷银。乾隆朝，直隶八旗驻防主要靠长芦盐政进行发商生息。乾隆三十四年（1769），长芦盐政高诚奏称："直隶、山海关等十九处驻防并张家口驻防，每年所需赏项，已据直隶总督杨廷璋筹款拨用，所有长芦盐政代办山海关等十九处生息银五万七千余两，张家口银一万两。"[②] 嘉庆年间，察哈尔都统佛尔卿额奏请："于满洲蒙古十佐领下，增养育兵二十名，并借支口北道库银三千两，发商生息充饷。"[③] 道光年间，察哈尔都统武忠额奏请将张家口税务监督豫交军台官兵饷银历年存余款内，动拨银12240两，按一分生息，借给兵丁，每月于应领钱粮内分别银数，本利坐扣。将一部分息银贮库，其余息银，借给满洲、蒙古10旗孤寡残废人等，以资养赡。[④] 咸丰六年（1856），因财政紧张，遂"拨热河矿课银一万五千两接济驻防官兵饷需"[⑤]；次年，"准其于铸钱工本余存银两内动拨八千两，并拨矿课项下银五千两。以资支放"[⑥]。同治十一年（1872），

---

① 《副都统额尔登额题报热河驻防八旗官营当铺一年银两收支剩余情形事》，乾隆二十七年十月二十日，中国第一历史档案馆藏，内阁满文题本02-02-021-001383-0032。

② 《长芦盐政高诚奏为请将前水师营奉裁所遗及张家口驻防原借生息本银仍留长芦以济芦商课运事》，乾隆三十四年正月二十二日，中国第一历史档案馆藏，朱批奏折04-01-01-0278-004。

③ 《清仁宗实录》卷162，嘉庆十一年十月戊子。

④ 《清宣宗实录》卷186，道光十一年三月己巳。

⑤ 《清文宗实录》卷198，咸丰六年五月癸酉。

⑥ 《清文宗实录》卷220，咸丰七年二月庚戌。

察哈尔都统额勒和布鉴于张家口、独石口、千家店等处驻防八旗生计维艰，奏请甲兵、养育兵、八旗孀妇等饷银“由厘捐项下替用”①。

开垦荒地。道光元年（1821），道光帝命松筠会同围场总管查勘汗特穆尔旧东哨门内，东至大山一带闲地，开垦屯田，以缓解八旗生计问题。② 同治年间，为支放热河八旗兵饷，热河都统瑞麟奏请围场放垦：“热河驻防旗兵所需俸饷，因库款支绌，未能按月支放，众兵时虞困乏，自系实在情形。所筹招佃展垦荒地，以济兵食。”③ 光绪三十年（1904），清廷拨给独石口驻防官兵旗地：“防守御一员，五百亩；防御二员，各三百亩；骁骑校二员，各二百亩；笔帖式二员，委署骁骑校、领催、委领催共十二名，各一百五十亩；马甲八十六名，各一百亩；养育兵二十名，各六十亩。”④ 张家口满蒙官兵：“在镶黄、正白两旗，未放余荒，拨给缺地，并恳准免升科，以恤兵艰。”⑤

移驻官兵。道光朝为解决京师旗人生计问题，曾将京城八旗官兵移驻吉林双城堡，道光十年（1830），热河八旗闲散亦仿照这一办法，移驻至该地：“调剂热河驻防闲散，请移驻吉林双城堡屯田，以资养赡，事属可行，所有现在情愿移驻之闲散一百余

① 《察哈尔都统额勒和布奏为张家口独石口千家店等处驻防八旗度日艰难请筹借银两等事》，同治十一年十一月十三日，中国第一历史档案馆藏，军机处录副奏折 03-4843-051。

② 中国第一历史档案馆编：《嘉庆朝上谕档》第 24 册，广西师范大学出版社 2009 年版，第 66 页。

③ 《清穆宗实录》卷 60，同治二年三月庚戌。

④ 《清德宗实录》卷 540，光绪三十年十二月癸亥。

⑤ 《清德宗实录》卷 543，光绪三十一年三月甲戌。

户，著准其前往。”①

旗人生齿日繁与俸饷的固定，本身便存在着难以调和的矛盾，加之清后期国家财政吃紧，以至于驻防兵丁的生活状况日益恶化，清廷所采取的措施均是治标之策，难以根本解决旗人的生计问题。

第二节　驻防旗人通婚

婚姻是两个家庭之间的联合，是社会关系、门第观念等各方面的综合反映。旗人因身份的特殊性，其婚姻问题备受学界关注。② 直隶旗人类型众多，且旗民杂处，驻防旗人的通婚情况较为复杂。

清朝最初不仅严禁旗民通婚，旗内之间的通婚也有所限制。以内务府而论，清初，因内务府佐领下人户口少，男女皆有差使，故对内务府包衣佐领下人的婚姻也控制得十分严格，包衣佐领既不准与包衣管领通婚，也不准与外八旗通婚。

乾隆朝，随着旗人生齿日繁，包衣佐领下女子日益增多，以致“待字逾期”的现象十分严重，加之包衣佐领下女子已不必当差，无可规避之嫌，乾隆二年（1737）规定：“八旗暨包衣佐领下人等，俱朕之臣庶，嗣后，凡经选验未经记名之女子，无论包

---

① 《清宣宗实录》卷166，道光十年三月戊戌。

② 专门探讨旗人的婚姻问题主要有：定宜庄：《满族的妇女生活与婚姻制度研究》，北京大学出版社1999年版；定宜庄、郭松义、李中清等：《辽东移民中的旗人社会》，上海社会科学院出版社2004年版等。

衣、佐领、管领暨八旗下，听其互相结姻。”[①]至此，旗内的通婚限制得以放宽。

事实上，直隶地区旗民之间通婚亦属常态。康熙帝曾指出：“即如直隶地方，旗民杂处，旗民之中互相为姻有之，何尔我之别？”[②]此处的旗人主要指直隶汉军旗人。乾隆三十年（1765），上谕：“汉军每与汉人结亲，历年已久，毋庸禁止。”[③]可见汉军与民人之间通婚的普遍性。直隶驻防旗人以满蒙为主，其通婚情况与汉军又存在差异。

直隶各府县方志中的《列女传》是研究直隶八旗驻防通婚的重要资料，但方志中对于具有特殊身份（旗籍）之人有着明确的记载，至于普通民人的记载较为简略，妇女则更甚。因方志所载列女（烈女）的家庭信息情况不详，以致难以断定该妇女的旗民身份。如《良乡县志》中所载“方氏，驻防甲兵福林布妻”[④]；又如《固安县志》所记载“驻防佟九如妻苑氏，城内人，二十三岁夫亡守节；驻防赵文朗妻刘氏，城内人，二十三岁夫亡守节”[⑤]。此处妇女的身世信息不详，故难以断定其为旗人还是民人。又如《承德府志》记载了驻防旗人的旌表情况，但因妇女的身份仅记载“佟佳氏”“瓜尔佳氏”等姓氏，虽能推断应属旗人，但其究属驻防旗人或屯居旗人亦不详，故在探讨驻防旗人的通婚时存在

---

① 《清高宗实录》卷40，乾隆二年四月辛未。

② 中国第一历史档案馆编：《康熙起居注》第3册，中华书局1984年版，第2360页。

③ 《清高宗实录》卷748，乾隆三十年十一月丙子。

④ 民国《良乡县志》卷5《人物志·列女》，成文出版社1968年版，第323页。

⑤ 民国《固安县志》卷3《文献志·列女》，上海书店出版社2006年版，第199页。

一定的难度。此处仅列举直隶各府县方志的《列女传》与刑科题本档案中的典型案例加以探讨。具体参见表5—4。

表5—4　直隶驻防旗人通婚事例一览表

姓名	地点	身份	妻氏	妻氏身份	资料来源
南连喜	密云县	镶黄旗满洲	赵氏	正白旗满洲阿恩泰之女	《密云县志》
佚名	古北口	满洲防守尉	关氏	不详	《密云县志》
锡厚	山海关	不详	凌贞	笔帖式讷勒和保之次女	《临榆县志》
双恩	山海关	驻防马甲	瓜尔佳氏	防御吉瑞之女	《临榆县志》
吉尔哈奔	山海关	蓝翎千总	关佟氏	不详	《临榆县志》
景纶	山海关	童生	关氏	佐领喀吞保之女	《临榆县志》
景纯	山海关	童生	关氏	同知廉瑞之女	《临榆县志》
廉恩	山海关	候补知县	关氏	协领伊克精额之女	《临榆县志》
玉魁	良乡县	驻防甲兵	李氏	石羊村旗人李栋之女	《良乡县志》
福林布	良乡县	驻防甲兵	方氏	不详	《良乡县志》
崑郁	卢龙县	驻防甲兵	黄氏	不详	《卢龙县志》
佟九如	固安县	驻防马甲	苑氏	城内人	《固安县志》
赵文朗	固安县	驻防马甲	刘氏	城内人	《固安县志》

续表

姓名	地点	身份	妻氏	妻氏身份	资料来源
伊鲁尔图	喜峰口	镶白旗蒙古披甲	马氏	同旗同佐领	刑科题本
清泰	沧州	防御	葛氏	不详	《沧州志》
清和	沧州	镶白旗蒙古	庞氏	沧州文生之姐	刑科题本
姚宁昇	沧州	正白旗满洲	姚赵氏	不详	朱批奏折
阿林佐领之弟（姓名不详）	保定府	正红旗蒙古	姓名不详	骁骑校三达色之女	《宫中档乾隆朝奏折》

直隶驻防旗人内部的通婚最为普遍。如保定驻防披甲佛保称："小的是正红旗蒙古阿林佐领下披甲，今年三十二岁。三达色是本营骁骑校，他的女儿是小的弟妇。"[①]山海关驻防马甲双恩之妻瓜尔佳氏，为"防御吉瑞女，年二十九夫亡，守志，光绪二十六年旌表"[②]。密云县赵氏为正白旗满洲阿恩泰之女，嫁与镶黄旗满洲南氏连喜为妻，县志中关于双方的详细身份并无明确记载，但通过"夫没于王事，为国效忠，……且夫家、母家俱宦族，亦惧玷声名，心如古井，决不再起波澜矣。……即今尚存年已七十有四，俗称为五豹奶奶者是也。氏本满营人，以见闻较确"[③]的相关记载可以推断，赵氏之家与其夫家应同为密云驻防

① 《方观承奏报审拟保定驻防披甲佛保酒后伤人致死案情形折》，乾隆二十一年四月二十四日，台北故宫博物院编：《宫中档乾隆朝奏折》第14辑，台北故宫博物院1982年版，第246页。

② 民国《临榆县志》卷23《烈女》，成文出版社1968年版，第1159页。

③ 民国《密云县志》卷6《事略·节妇烈女》，成文出版社1968年版，第449页。

旗人，赵氏因其夫从征阵亡而守节，且双方皆为满洲人。又如喜峰口披甲伊鲁尔图是乾隆七年（1742）从京旗移驻喜峰口之驻防旗人，其在京时，便已经与“同旗同佐领”[①]之马氏成亲。

都统、副都统级驻防城规模较大，旗人众多，其内部之间的通婚较为常见。至于直隶所驻扎之50人或100人的防守尉驻防营，其内部世代通婚则较难实现，因此驻防旗人多与驻防营之外的屯居旗人甚至民人通婚。《良乡县志》记载：“李氏，石羊村旗人李栋女，二十二岁，归驻防营玉魁为室。”[②]县志中虽未明确记载李氏的身份，但通过李氏之家生活在乡村的记载，可以推断其应为屯居旗人，而非驻防旗人的后代。

驻防旗人嫁女与之类似。《密云县志》记载古北口某满洲防守尉之女，“夫姓关氏，年十九于归关故县巨室”[③]。这一事件是以当时辛邑人苏振芳所作《关烈妇行》为资料，虽然对古北口防守尉之女所嫁之夫的身份没有明确记载，但通过其“关故县巨室”的身份，可以推断其应非驻防旗人，至于其具体身份诸如庄头、闲散旗人或民人则不可考。

《临榆县志》记载山海关驻防笔帖式讷勒和保之次女凌贞，“年二十，许字锡厚，未过门而锡厚亡，女屡次服毒经救得生，然终有殉焉之志。”[④]但其夫锡厚是驻防旗人抑或屯居旗人

① 《直隶总督方观承题报永平府迁安县民喜峰口披甲伊鲁尔图殴伤伊妻身死拟绞监候事》，乾隆二十一年十二月十一日，中国第一历史档案馆藏，内阁刑科题本02-01-07-0644-007。

② 民国《良乡县志》卷5《人物志·列女》，成文出版社1968年版，第335页。

③ 民国《密云县志》卷6《事略·节妇烈女》，成文出版社1968年版，第450页。

④ 民国《临榆县志》卷23《烈女》，成文出版社1968年版，第1158页。

亦不详。另外《临榆县志》中还记载了3位关氏的殉节或守节情况：

关氏，童生景纶妻，佐领喀吞保女，年十八，夫亡，仰药殉节；

关氏，童生景纯妻，同知廉瑞女，年二十六，夫亡，守志，卒年三十九；

关氏，候补知县廉恩妻，协领伊克精额女，年二十四岁，夫亡，立志守节，抚孤成立，请旌入祠，卒年七十六岁。[①]

这3位关氏妇女均为驻防八旗官员之女，从其夫的身份为童生或候补知县来看，均非驻防八旗官兵。可见，驻防八旗的婚嫁已经超出了驻防旗人内部的婚姻圈。

清后期，特别是咸同年间，八旗驻防历经战乱人口锐减，以致同光年间，放开了旗民通婚的禁令。[②] 因此，直隶驻防旗人与民人通婚不再受限，特别是驻防旗人通过纳民女为妾以延续后代的情况更为常见。《沧州志》中曾记载，沧州防御清泰之妻葛氏：

生一女，无子，恐绝嗣，劝夫纳妾，夫不从，氏尽典籍簪珥，为夫买妾，朝夕祈嗣后，妾沈氏生一子，抚教胜于所生。夫亡，氏待妾如姊妹，妾亦事之如姑礼，沈氏之贤，实

① 民国《临榆县志》卷23《烈女》，成文出版社1968年版，第1159—1160页。

② 潘洪钢、贾石：《清代驻防旗人的婚姻圈——以朱卷履历为中心》，《吉林师范大学学报》2022年第4期。

氏德所感云。①

葛氏之所以被载入县志，一方面因其身份是诰封宜人，另一方面其帮夫蓄妾，为夫家延续香火的行为在时人的眼中更是贤德之举，故予以颂扬。

又如沧州镶白旗蒙古驻防清和："道光十一年考中武生，因无子嗣，咸丰二年十一月间，买妾谷氏，又因嫡庶不和，将谷氏移在城东庄头米玉成家过度。"② 咸丰年间，直隶地区遭遇战火，清和殉难后，谷氏生子，但却为清和族弟清瑞阻挠，因其此前意图将其子过继给清和为嗣未成，于是怀恨在心，逼迫谷氏改嫁张姓。为使清和得以延续香火，清和之女清氏将谷氏接回，控告清瑞，最终判定："谷氏所生之子树元，讯明实系遗腹所生，应准入档，所有清和遗产处，致拨清氏当分受，照其供纳房地，俱交谷氏母子管理。"③ 至于逼迫谷氏改嫁，阻挠清和之子入档的清瑞等人，也一并受到刑罚。

虽然关于驻防旗人通婚情况难以通过较为系统的数据开展研究，但通过档案文献中所记载的个案可以了解到，直隶驻防旗人的通婚已不限于驻防城内部，其与屯居旗人甚至民人的通婚也较为普遍，反映了驻防旗人与地方社会的互动与交融。

① 乾隆《沧州志》卷11《人物·列女》，成文出版社1975年版，第941—942页。

② 《都察院左都御史联顺奏为直隶沧州旗女清氏京控族人清瑞等逼父妾改嫁复阻其父遗子入旗档事》，咸丰五年八月十九日，中国第一历史档案馆藏，军机处录副奏折03-4541-078。

③ 《直隶总督桂良奏为审明沧州旗妇清氏呈控族叔清瑞强逼伊父遗妾改嫁阻挠入旗一案按律定拟事》，咸丰六年四月二十五日，中国第一历史档案馆藏，军机处录副奏折03-4543-059。

第三节　驻防旗妇守节

守节是指丈夫去世后，妻子不再嫁而守寡。相关研究指出“守节是在政权、族权、神权支持下夫权的表现形式之一，是已故丈夫还在支配统治活着的妻子”①。对于妇女而言，年轻丧夫面临着精神上与实际生活中的双重压力。

满洲在未入关之前，盛行收继婚。入关之后，随着清朝对儒家文化的推崇，旗妇守节为清政府所提倡。清政府不仅对守节的旗妇予以旌表，且将其守节事迹载于直隶各府县方志之中，予以传颂。同时，清政府对八旗孀妇的贞节提供法律上的保障，严惩强奸与私通。

乾隆四十五年（1780），密云县驻防正蓝旗满洲委前锋崇保趁夜潜入病故披甲尹格家中，意图强奸其妻，被家人保儿踢殴后逃走。乾隆帝上谕：“俟拿获后，仍解至密云县，召集彼处兵丁，重杖百板，在彼永行枷号，俾众咸知儆惕。”②

嘉庆九年（1804），密云县已故马甲音达浑之妻赵氏殴伤其姑婆高氏，前锋达丰因与赵氏私通，为维护赵氏，主动承认殴打高氏。经集讯之后，高氏更改口供，承认为达丰所殴打。嘉庆帝认为高氏此举，“恐究出奸情，颜面攸关”③。可见驻防旗人对于

---

① 冯尔康：《清人生活漫步》，中国社会出版社1999年版，第138页。

② 《寄谕密云副都统都尔嘉著将夜间入寡妇家之崇保重杖百板》，乾隆四十五年十月二十六日，中国第一历史档案馆译编：《乾隆朝满文寄信档译编》第14册，岳麓书社2011年版，第705页。

③ 《清仁宗实录》卷133，嘉庆九年八月己未。

私通之事极为避讳，达丰被判处发黑龙江当差，赵氏则被发给驻防兵丁为奴。

除政府倡导与道德约束之外，八旗妇女守节的另一个重要原因便是清政府对八旗孀妇的社会保障。八旗妇女在丈夫去世之后，可支取养赡银，特别是八旗阵亡官兵之寡妇，若绝嗣或子孙年幼无钱粮者，“照其夫原食俸饷给予一半”[①]。但户部对于驻防八旗孀妇和寡母支领养赡钱粮有所限定：“守节孀妇，如有翁、姑、子、媳、亲孙，现食赏钱粮及有房地者，均不准请支养赡。”[②]故仅无依靠的孀妇可得养赡钱粮，至于有田地，或其家人仍为披甲的，则不能获得养赡钱粮。同治九年（1870），顺义县已故马甲明山之妻白氏，因与大伯马甲青山未分家，且原有田地，又置买房产，“并非无倚例，不应请支养赡”[③]。

守节孀妇多为婚姻中途丈夫阵亡或病逝，既需照顾公婆，又需抚养幼子，承担着家庭的重任，这成为女子不殉夫的重要原因。[④]固安县镶蓝旗佐清之妻佐孙氏，夫亡之时，“年二十一守节，子天培，甫敷岁，舅姑以老，精神昏瞀，责备亨多，稍有

① 光绪《钦定大清会典事例》卷1140《八旗都统》，《续修四库全书》第813册，上海古籍出版社2002年版，第672页。

② 《密云副都统景丰奏为顺义县已故马甲遗孀违例重支养赡现任防守尉松林等各官未能查出请旨一并交部议处事》，同治九年十一月十六日，中国第一历史档案馆藏，朱批奏折04-01-16-0189-219。

③ 《密云副都统景丰奏为顺义县已故马甲遗孀违例重支养赡现任防守尉松林等各官未能查出请旨一并交部议处事》，同治九年十一月十六日，中国第一历史档案馆藏，朱批奏折04-01-16-0189-219。

④ 郭松义：《清代妇女的守节和再嫁》，《浙江社会科学》2001年第1期。

所拂，辄欲逐之嫁”①。尽管如此，佐孙氏依然选择守节至终老。《承德府志》中亦记载热河驻防镶蓝旗满洲马甲明善之妻孟乌萨氏“年十九夫死，抚孤守节，子官佐领，乾隆五十年旌”②，虽然驻防旗人的后代具有一定的身份优势，但孀妇抚养孤儿成才，且官至佐领，亦非易事。

另外，还有未婚而夫死的情况，此类女子为亡夫守节而不再嫁，类似广东婚俗中的“慕清”③。《房山县志》中曾记载：

> 伊景氏，笔帖式伊姓女，适南章人景福，未婚夫卒，氏年十九岁，闻讣即随父奔丧，养姑不返，后数年没，洵贞烈可风矣。④

伊景氏为驻防笔帖式之女，其未婚夫卒后，并未解除婚约，而是替夫养母送终，传为美谈。

《临榆县志》还记载山海关笔帖式讷勒和保之次女凌贞的事迹。

> 年二十，许字锡厚，未过门而锡厚亡，女屡次服毒经救得生，然终有殉焉之志。后其祖翁达崇阿许以故后与锡厚合葬，心始贴然。驻藏大臣讷钦给予白银耳挖一支，上镌洁励

① 咸丰《固安县志》卷6《贞烈》，成文出版社1968年版，第694页。

② 光绪朝重订《承德府志》卷40《列女二》，辽宁民族出版社2006年版，第971页。

③ 冯尔康：《清代社会日常生活》，中国工人出版社2021年版，第241页。

④ 民国《房山县志》卷6《人物》，成文出版社1968年版，第577页。

冰霜，手箍一个，上镌坚贞守志，用以表其贞操。年五十一卒，如其祖翁言办理，光绪二十二年题旌。①

凌贞为未婚夫多次殉节，其祖翁许诺其与夫合葬后方止，这一事迹为驻藏大臣讷钦所表彰，可见清廷对于旗妇守节的重视。

虽然守节对于妇女而言是一种沉重的枷锁，但上述事迹客观地反映出在清廷的倡导下，清代旗妇强烈的贞节观。

第四节　驻防旗人与地方社会

清代档案文献中关于雍正朝以前驻防旗人与民人关系的记载较少，故本节对驻防旗人与地方社会的研究主要集中在雍正朝以后，且囿于资料所限，直隶旗民往来的事迹多从刑事档案中窥见。

直隶驻防八旗兵丁从京旗移驻到直隶地方之初，因旗民畛域，往往产生矛盾。以天津水师营为例，雍正五年（1727）十一月，京师八旗兵丁陆续移驻天津后，"各兵于沿途饭铺食用，多有不给银钱，甚将铺户碗盏等器皿，私自携带上车，居民不敢怒，亦不敢言"②。次年，天津水师营又发生了驻防兵丁与当商争

① 民国《临榆县志》卷23《烈女》，成文出版社1968年版，第1158页。

② 《署直隶总督宜兆熊等奏报委查天津水师营兵与当商争角暨吵闹同知公堂等情由折》，雍正六年正月二十四日，中国第一历史档案馆编：《雍正朝汉文朱批奏折汇编》第11册，江苏古籍出版社1989年版，第476页。

吵厮打，被衙役拿获至理事厅衙门后打闹公堂之事，清廷对天津水师营违法兵丁予以鞭责，以儆效尤。

乾隆八年（1743），冷口新移驻八旗兵丁至银铺内买铃铛，因价钱未谈妥，不仅将银铃毁坏，还将银铺伙伴李福用绳拴去。与此同时，正黄旗额勒登额家人在东关饭铺吵闹，当地民人因赴冷口争看，被骁骑校怀疑同伙，圈禁13人，以致各铺关闭罢市，引发了较大的风波。后经典史查明将民人释放，并对为首关铺之民人及滋事之驻防兵丁予以责罚。①

可见，雍乾时期八旗兵丁初驻防直隶地方之时，因其多系京城闲散余丁，并非训练有素的专业军人，加之旗民身份的不对等，往往产生矛盾。特别是雍正初期，管理旗民案件的制度尚不健全，天津水师营官兵认为文职武职不相统属，以致大闹理事厅衙门。

随着直隶驻防旗人与当地民人之间往来逐渐增多，这种旗民之间的隔阂也随之被打破。至咸同时期，旗民婚姻禁令放宽，甚至出现了驻防旗人纳民人之女为妾之事，前文已述及，兹不赘述。另外，档案中亦记载直隶驻防旗人与民人之间在多方面的交往交流。

清中后期，直隶驻防旗人生计日艰，驻防旗人借贷之事较为常见，但多发生在驻防营内部，这点学界也有所关注。② 如乾隆四十四年（1779）张家口驻防养育兵盛格向旗营内的七十儿和赫

① 《直隶提督保祝奏请议处失察冷口旗兵滋事之都统事》，乾隆八年六月，中国第一历史档案馆藏，军机处录副奏折03-0523-036。

② 参见潘洪钢：《清代驻防旗人的官方借贷》，《甘肃社会科学》2017年第5期；潘洪钢：《清代驻防旗人的民间借贷问题》，《江汉论坛》2018年第3期。

成阿分别借钱一千大钱和一千四百大钱。① 除此之外，还存在直隶驻防旗人向民人抵押借贷的情况。

嘉庆六年（1801），沧州发生了一起驻防旗人成昇踢死民人李银的命案，据李银之妻供称：

> 李银是小的男人，一向卖水度日，合旗人成昇平日认识，并没嫌隙。嘉庆四年十二月里，成昇拿了一双月白布夹襟袜向男人押了五十个大钱，男人就把袜子穿了。嘉庆五年三月初十日，男人进城卖水，到点灯时候，拐着腿回家，小的向男人查问，说他挑水到孙八家去，见旗人成昇宁德都在孙八家炕上坐着说闲话，他把水倒在缸里，放下水担坐在炕上，成昇向他取赎袜子，他就应允，成昇给了他七十五个大钱，他把穿着的袜子交还，成昇说袜子已经穿破了，叫他赔还，他不依，吵闹，被成昇用靴脚把右胯、肾囊、右腿、右臂踢伤。是宁德把成昇拉开，孙八劝他回家的……②

在此案中，伤人者成升是沧州驻防旗人，被害者李银是卖水的民人。据成升供词称："旗人因没钱使用，把一双月白布夹袜

① 《户部尚书兼管刑部事务英廉题为会审直隶张家口驻防旗人托克托科因债务纠纷伤毙齐格一案依律拟绞监候请旨事》，乾隆四十四年六月初七日，中国第一历史档案馆藏，内阁刑科题本 02-01-07-07439-013。

② 《大学士管理刑部事务董诰题为会审直隶沧州旗人成升因取赎布袜纠纷踢死李银一案依律拟绞监候请旨事》，嘉庆六年三月初八日，中国第一历史档案馆藏，内阁刑科题本 02-01-07-08810-003。

向李银押了五十个大钱，说定取赎时，加利钱二十五文”，可见成昇与李银二人应较为熟识，方能实现彼此之间的抵押借贷。而案件发生在孙八家，孙八并非旗人，但其供词中称：“旗人宁德合成昇在小的孙八家炕上说闲话。”可见，驻防旗人与民人交往亦属于常态。

另外，赌博亦是旗民交往的一种媒介。乾隆二十六年（1761），顺义县衙役张全、郭起龙、郭士旺与驻防领催和隆阿在张全家聚赌，为查街领催抓获[①]。乾隆帝给予其严惩：“著传谕方观承，令其即速严审，从重定拟，不得仅照赌博拒捕之案办理，以昭炯戒。”[②]

道光朝，沧州发生了一起牵涉驻防旗人、屯居旗人和民人的聚赌案件。沧州镶白旗蒙古披甲吉安曾与镶白旗满洲披甲双贵、包衣汉军监生王者堂、民人王万春、曹凤山等人共同押宝赌博，而其赌博的场所是与吉安私通之民妇王陈氏家中[③]，可见知情人对旗民私通之事司空见惯。

虽然上述案例中驻防旗人因生计问题而向民人借贷以致伤人致死，驻防旗人、屯居旗人与民人在同一空间内从事赌博活动，驻防旗人与民妇私通等从案件本身来看虽均属于违法犯罪行为，但从案件发生的具体过程可见，对于驻防旗人与

---

① 《方观承奏为审办顺义县皂头张全容留领催和隆阿等赌博拒捕持刀伤人事》，乾隆二十六年十二月十四日，中国第一历史档案馆藏，朱批奏折 04-01-01-0251-018。

② 《清高宗实录》卷 651，乾隆二十六年十二月辛巳。

③ 《护理直隶总督印务屠之申题报沧州旗人双贵奸所赌博起衅谋杀吉安拟斩监候事》，道光七年十二月初八日，中国第一历史档案馆藏，内阁刑科题本 02-01-07-2954-001。

民人而言，地缘关系和经济关系，已经超过了二者之间的族群畛域，驻防旗人与民人之间案件的频发正是旗民交往日深的体现。

结 语

直隶地处京师周围，依山临海，地理位置险要，故清朝最早在直隶水陆要隘设置八旗驻防，以保障京师安定。作为京师的首善之区，直隶八旗驻防的设置与调整，八旗官兵的职责和管理均与京师直接相关。

直隶幅员辽阔，所设驻防点众多，包括京师周围的“小九处”和密云等处驻防，长城沿线各关口驻防以及屯戍于口外的热河八旗驻防群。雍乾时期，天津一度设置满洲水师营。至乾隆四十五年（1780），密云驻防设置之后，直隶共设有26处规模大小不一的驻防点，规模大的都统、副都统级驻防（天津、热河、密云等处）可达2000—3000人，规模小的防守尉甚至防御级驻防（罗文峪、千家店）仅数十人，这些驻防点的设置初衷因时因势而异。

清初，为维护京师周围的社会稳定，除直隶北部长城沿线的零星驻防以及东南部所设保定、沧州两处城守尉驻防外，清廷围绕京师设置了由7处防守尉级驻防构成的“驻防圈”。雍正朝，随着京师八旗生计问题的日益严峻，清廷在直隶地区通过扩大原驻防规模与增设驻防点两种方式，疏散京师人口，缓解京旗生计问题。是时，因直隶无统辖大员，雍正十年（1732），为加强对驻防官员的稽查，清廷将直隶八旗驻防划分五路，各驻防归属附近大员管辖。乾隆朝，为进一步缓解京师旗人生计问题，加之清朝统一北部边疆过程中，急需构建京师以北的防御体系，清廷在雍正朝所设驻防的基础之上继续扩大直隶驻防规模（天津水师营），并增设都统、副都统级驻防（热河、山海关、密云）。至乾隆四十五年（1780），直隶八旗驻防形成了由都统、副都统分区而治的军事驻防格局，并一直延续至清末。无论是清初的"重在东南"，还是中后期以北方为重的布防格局，直隶八旗驻防的职责均以"拱卫京师"为目的。

直隶八旗驻防兵源主要来自京师（乾隆朝张家口八旗兵丁除外），故最初与京师八旗都统衙门保持着直接的隶属关系，主要体现在以下几个方面：其一，与直省驻防所设之"将军—副都统"的建置不同，直隶八旗驻防大员仿照京师八旗设为"都统""副都统"，其中"副都统"又以专城副都统为主。其二，直隶所设之城守尉、总管、防守尉、防御级驻防最初均由京师直辖，其职官员缺自京旗应升人员补放。后为保障驻防本处官员的升迁之途不致壅滞，逐渐改为以本处驻防职官的补放为主。其三，直隶驻防甲兵的旗佐最初与京师原旗佐保持一致。直至乾隆中期，随着部分驻防佐领兵额不均，有碍挑甲和管理，始仿照直省驻防之例均齐佐领，但京师直辖的"小九处"驻防仍需与京师旗佐保持一致。

直隶驻防八旗职官的设置复杂，都统、副都统、城守尉、总管、防守尉等武职官员管领一处或数处驻防，并因所处位置不同而职责各异。

天津、察哈尔、热河 3 处驻防都统的职责各有侧重：天津水师营是雍正朝为加强满洲水师武备而设，其都统主管水师营事务；察哈尔、热河两处都统除管理八旗驻防军务之外，兼辖地方行政事务，是当地的最高军政长官。

副都统有专城副都统与同城驻防副都统之分，专城副都统主要设于山海关、热河、密云等处，较之设于察哈尔、天津两处的同城驻防副都统职任更重。另外，3 位专城副都统的职能也各有侧重：山海关因地处长城沿线，其副都统侧重稽查关口；热河副都统则重在处理满蒙关系，维护北部边疆稳定，嘉庆朝随着热河满蒙关系巩固以及蒙汉关系的复杂，热河副都统改升都统；密云副都统因地处京师周围，其护卫清帝北巡，协助清廷祭祀的职能更为明显。

中下级武职官员中，城守尉、防守尉与总管的职能也有所不同：城守尉与防守尉均为独立驻防营的军政长官，主管驻防营内部的军政事务；总管一般设于直隶驻防的早期阶段，除管辖八旗军务外，也兼管其他事务。张家口、山海关两处总管负责稽查关口往来，热河总管有戍守行宫之责，围场总管负责看护围场。乾隆朝，除围场总管之外，其他 3 处总管均被裁撤或改设其他职官。至于协领、佐领、防御、骁骑校等职官因与都统（副都统）同城驻扎，其职责因其长官而定，兹不赘述。

直隶共设有 26 处八旗驻防，兵额近万名，以满洲、蒙古八旗为主，且满洲八旗总兵额为蒙古八旗的数倍；其兵种多样，以马甲为主，步甲所设较少。天津水师营、热河、密云、山海关及长城沿线部分军事要隘还设有鸟枪兵，热河、密云等处甚至设有炮兵。可见清朝对于直隶驻防八旗的重视。

直隶驻防兵丁除日常训练之外，还具有护卫京师的职能，同时，就近兼任驻防当地的日常差使：围场兵丁负责看护围场，热河兵丁协同内务府兵丁看守行宫，并与密云、古北口等处官兵扈从皇帝北巡，长城沿线各关口所驻守之兵丁负责稽查关口往来，其职责具有多重性。道光朝以降，随着内忧外患的加重，直隶八旗驻防官兵戍卫京师的职能凸显。清廷对密云、山海关、热河等地的军备十分重视，在增设抬枪兵和炮兵，加强军事装备的同时，还对山海关等处八旗军队的弊端进行改革，以提高军队的战斗力。

虽然清后期直隶驻防八旗官兵骑射技艺日渐衰退，且存在严重的生计问题，但他们在历次保卫京师的战争中浴血奋战，并与蒙汉等官兵共同抵御外侮的过程中，逐渐形成了中华民族的自觉意识。不仅如此，直隶驻防旗人与当地社会通过婚姻、借贷等形式，交往日渐频繁，加之受儒家思想的影响，旗民畛域逐渐被打破，加深了不同民族间的交往交流交融。

参考文献

一、档案

台北故宫博物院编:《宫中档乾隆朝奏折》,台北故宫博物院1982年。

中国第一历史档案馆藏,军机处录副奏折。

中国第一历史档案馆藏,军机处满文录副奏折。

中国第一历史档案馆藏,内阁吏科题本。

中国第一历史档案馆藏,内阁户科题本。

中国第一历史档案馆藏,内阁工科题本。

中国第一历史档案馆藏,内阁兵科题本。

中国第一历史档案馆藏,内阁刑科题本。

中国第一历史档案馆藏,满文题本。

中国第一历史档案馆藏,满文咨呈。

中国第一历史档案馆藏,朱批奏折。

中国第一历史档案馆藏,明发上谕。

中国第一历史档案馆藏,旧整宗人府来文。

中国第一历史档案馆藏,驻防兵丁数目清册。

中国第一历史档案馆藏，武职官员经制清册。

中国第一历史档案馆译编:《雍正朝满文朱批奏折全译》，黄山书社 1998 年版。

中国第一历史档案馆译编:《乾隆朝满文寄信档译编》，岳麓书社 2011 年版。

中国第一历史档案馆编:《康熙朝汉文朱批奏折汇编》，档案出版社 1984 年版。

中国第一历史档案馆、承德市文物局编:《清宫热河档案》，中国档案出版社 2003 年版。

中国第一历史档案馆编:《嘉庆朝上谕档》，广西师范大学出版社 2009 年版。

中国第一历史档案馆编:《道光朝上谕档》第 39 册，广西师范大学出版社 2009 年版。

中国第一历史档案馆译编:《军机处雍正朝满文议覆档译编》，商务印书馆 2021 年版。

中国第一历史档案馆编:《雍正朝汉文朱批奏折汇编》，江苏古籍出版社 1991 年版。

中国人民大学历史系、中国第一历史档案馆编:《清代农民战争史资料选编》第 1 册下，中国人民大学出版社 1984 年版。

张伟仁主编:《明清档案》，联经出版事业股份有限公司 1981 年版。

二、古籍

道光《热河内属中国及行宫驻防始末记》，民国间石印本。

道光《热河园庭现行则例》，石利锋校点，团结出版社 2012 年版。

光绪《畿辅通志》，《续修四库全书》，上海古籍出版社 2002 年版。

光绪《保定府志》，光绪十二年刻本。

光绪《钦定大清会典事例》，《续修四库全书》，上海古籍出版社 2002 年版。

光绪《昌平州志》，成文出版社 1968 年版。

光绪《围场厅志》，国家图书馆藏光绪三十四年稿本。

光绪朝重订《承德府志》（校点本），辽宁民族出版社 2006 年版。

光绪《永平府志》卷 19《疆界》，《中国地方志集成・河北府县志辑》第 18 册，上海书店出版社 2006 年版。

（清）和珅：《钦定大清一统志》，台湾商务印书馆 1986 年版。

嘉庆《热河志略》，《续修四库全书》第 730 册，上海古籍出版社 2002 年版。

康熙《畿辅通志》，康熙二十二年刻本。

康熙《大清会典》，凤凰出版社 2016 年版。

李鸿章：《李鸿章全集》，安徽教育出版社 2007 年版。

民国《临榆县志》，成文出版社 1968 年版。

民国《卢龙县志》，成文出版社 1968 年版。

民国《东安县志》，成文出版社 1968 年版。

民国《良乡县志》，成文出版社 1968 年版。

民国《密云县志》，成文出版社 1968 年版。

民国《直隶疆域屯防详考》，成文出版社 1968 年版。

民国《顺义县志》，成文出版社 1968 年版。

民国《房山县志》，成文出版社 1968 年版。

（清）鄂尔泰等修：《八旗通志》，东北师范大学出版社 1985 年版。

（清）顾祖禹：《读史方舆纪要》，团结出版社 2022 年版。

（清）贺长龄、魏源：《清经世文编》，中华书局 1992 年版。

（清）刘锦藻编纂：《清朝文献通考》，浙江古籍出版社 1988 年版。

《清实录》，中华书局影印 1985—1987 年版。

（清）俞正燮：《癸巳存稿》，辽宁教育出版社 2003 年版。

乾隆《口北三厅志》，成文出版社 1968 年版。

《钦定八旗通志》，李洵、赵德贵、周毓方等校点，吉林文史出版社 2004 年版。

乾隆《沧州志》，成文出版社 1975 年版。

乾隆《大清会典》，凤凰出版社 2018 年版。

乾隆《宣化府志》，成文出版社 1968 年版。

《乾隆朝内务府抄本理藩院则例》，赵云田点校，中国藏学出版社 2006 年版。

乾隆《钦定热河志》，天津古籍出版社 2003 年版。

全国图书馆缩微复制中心：《清代宫苑则例汇编》，全国图书馆缩微复制中心 2010 年版。

《清代起居注册·康熙朝》，联经出版事业股份有限公司 2009 年版。

同治《畿辅通志》，北京图书馆藏光绪十年刻本。

咸丰《固安县志》，成文出版社 1968 年版。

中国第一历史档案馆编：《康熙起居注》，中华书局 1984 年版。

中国第一历史档案馆编:《雍正朝起居注册》，中华书局 1993 年版。

昭梿:《啸亭杂录》，中华书局 1980 年版。

赵尔巽等:《清史稿》，中华书局 1976 年版。

章开沅:《清通鉴》，岳麓书社 2000 年版。

三、专著

安沛君:《清代八旗营房研究》，大象出版社 2020 年版。

陈锋:《清代军费研究》，武汉大学出版社 1992 年版。

陈肖寒:《七重奏: 清朝统治直隶口外之艺术》，社会科学文献出版社 2023 年版。

刁书仁:《清代八旗驻防与东北社会变迁》，科学出版社 2018 年版。

定宜庄:《满族的妇女生活与婚姻制度研究》，北京大学出版社 1999 年版。

定宜庄:《清代八旗驻防研究》，辽宁民族出版社 2003 年版。

定宜庄:《八旗子弟的世界》，北京出版社 2017 年版。

杜家骥:《清代八旗官制与行政》，中国社会科学出版社 2015 年版。

冯尔康:《清人生活漫步》，中国社会出版社 1999 年版。

冯尔康:《清代社会日常生活》，中国工人出版社 2021 年版。

韩狄:《清代八旗索伦部研究》，中国社会科学出版社 2011 年版。

黄治国:《漠南军府: 清代绥远城驻防研究》，社会科学文献出版社 2018 年版。

金启孮：《北京郊区的满族》，内蒙古大学出版社 1989 年版。

纪欣：《康熙与承德开发》，辽宁民族出版社 2011 年版。

李凤琪、唐玉民、李葵三：《青州旗城》，山东文艺出版社 1999 年版。

刘小萌：《清代北京旗人社会》，中国社会科学出版社 2008 年版。

刘子扬：《清代地方官制考》，故宫出版社 2014 年版。

刘文波、张文秀：《清代热河都统人物群体研究》，南开大学出版社 2017 年版。

卢川：《荆州八旗驻防研究》，湖北人民出版社 2018 年版。

马大正主编：《清代中国边疆治理研究》，中国社会科学出版社 2021 年版。

《满族简史》编写组：《满族简史》，中华书局 1979 年版。

莫东寅：《满族史论丛》，人民出版社 1958 年版。

潘洪钢：《清代八旗驻防族群的社会变迁》，人民出版社 2019 年版。

孙守朋：《汉军旗人官员与清代政治研究》，人民日报出版社 2011 年版。

孙静：《清代八旗汉军研究》，民族出版社 2017 年版。

王锺翰：《清史杂考》，人民出版社 1957 年版。

魏影：《清代京旗回屯问题研究》，黑龙江大学出版社 2010 年版。

赵生瑞：《中国清代营房史》，中国建筑工业出版社 1999 年版。

赵令志：《清前期八旗土地制度研究》，民族出版社 2001 年版。

张威：《清代直省驻防城对其所依附城市形态演变的作用研究》，中国建筑工业出版社 2019 年版。

张航：《清代宁夏驻防八旗研究》，人民出版社 2023 年版。

中国人民大学清史研究所、承德市文物局合编：《承德避暑山庄》，文物出版社 1980 年版。

朱永杰：《清代驻防城时空结构研究》，人民出版社 2010 年版。

朱永杰：《清代满城历史地理研究》，知识产权出版社 2017 年版。

[韩] 任桂淳：《清代八旗驻防兴衰史》，生活·读书·新知三联书店 1993 年版。

[日] 谷井阳子：《八旗制度の研究》，京都大学学术出版会 2015 年版。

[美] 柯娇燕：《孤军：满人一家三代与清帝国的终结》，陈兆肆译，人民出版社 2016 年版。

四、论文

安双成：《清代养育兵的初建》，《历史档案》1991 年第 4 期。

安忠和：《木兰围场始置时间新考》，《承德民族师专学报》2003 年第 3 期。

布尼阿林：《热河八旗驻防简述》，《承德师专学报》1988 年第 1 期。

常建华：《清雍乾时期天津满洲水师营考略》，《史学集刊》2023 年第 1 期。

陈佳华、傅克东：《八旗汉军考略》，《民族研究》1981 年第 3 期。

陈一石、王端玉:《清代成都的“满城”与旗汉分治》,《四川大学学报》1981年第3期。

陈佳华:《八旗兵饷试析》,《民族研究》1985年第5期。

陈航:《清代荆州驻防将军研究》,硕士学位论文,华中师范大学历史系,2011年。

陈肖寒:《清代木兰围场的治理与周边政治单元的关系》,《江苏师范大学学报》2018年第1期。

陈尚敏:《清代驻防八旗科举述论》,《历史档案》2021年第3期。

达力扎布:《清代八旗察哈尔考》,《民族史研究》第4辑,民族出版社2003年版。

达力扎布:《察哈尔林丹汗病逝之“大草滩”考》,《民族研究》2018年第5期。

多洛肯、路凤华:《清朝驻防八旗科考的历史考察》,《科举学论丛》2018年第1期。

多洛肯、路凤华:《清代八旗科举家族述论》,《清史论丛》2020年第2期。

范传南:《乾隆朝八旗汉军出旗述论》,硕士学位论文,辽宁师范大学历史系,2008年。

范传南、李媛:《乾隆朝八旗汉军出旗原因论析》,《理论观察》2014年第11期。

范传南、吴丽华:《乾隆年间八旗汉军出旗善后问题探析》,《广西社会科学》2017年第5期。

方华玲:《清代八旗养育兵制探析》,《故宫博物院院刊》2014年第6期。

冯海霞、多洛肯:《清代八旗驻防制度与驻防文化的互构——以京口驻防旗营为视角》，《前沿》2021 年第 6 期。

傅乐焕：《关于清代满族的几个问题》，载中央民族学院研究部编：《中国民族问题研究集刊》第六辑，内部刊物 1957 年。

顾松洁：《清代八旗驻防协领刍议》，《吉林师范大学学报》2017 年第 1 期。

关笑晶：《清代直省八旗寺庙初探》，《满学论丛》第 3 辑，辽宁民族出版社 2012 年版。

关笑晶：《清代直省驻防八旗寺庙祀神刍议》，《吉林师范大学学报》2014 年第 2 期。

郭松义：《清代妇女的守节和再嫁》，《浙江社会科学》2001 年第 1 期。

郭福亮：《论道光朝前期驻防八旗生计问题》，《五邑大学学报》2010 年第 4 期。

韩光辉：《清康熙敕建郑家庄王府考辨》，《中国地理历史论丛》1996 年第 2 期。

胡廷荣：《木兰围场开创年代新考——康熙第一、二次北巡最北到今宁城境考实》，《昭乌达蒙族师专学报》2000 年第 1 期。

胡祥雨：《海外清史研究：历史、趋势与问题》，《清史研究》2020 年第 4 期。

黄平：《清代满城兴建与规划建设研究》，硕士学位论文，四川大学历史系，2006 年。

金峰：《清代外蒙古北路驿站》，《内蒙古大学学报》1979 年第 4 期。

金鑫：《雅克萨之战前后的达斡尔五百官兵考述》，《中国边疆史地研究》2011 年第 1 期。

金鑫:《康熙朝黑龙江驻防八旗“穷索伦”、站丁牛录考》,《民族研究》2014 年第 5 期。

姜珊:《清代黑龙江八旗之达斡尔研究》,硕士学位论文,辽宁大学历史系,2014 年。

姜永军、王学勤:《试述布特哈八旗的蓄奴制度》,《内蒙古师范大学学报》2023 年第 2 期。

李乔:《八旗生计问题述略》,《历史档案》1985 年第 2 期。

李红:《清代笔帖式》,《历史档案》1994 年第 2 期。

李自然:《试论乾隆朝东北禁边与八旗生计之关系》,《中央民族大学学报》2000 年第 6 期。

李阳光:《天津满洲水师营都统表的编纂及相关研究》,硕士学位论文,内蒙古师范大学历史系,2009 年。

李宪堂、曹永宪:《韩国的明清史研究》,《国际社会科学杂志(中文版)》2009 年第 2 期。

李彬:《清中叶新疆驻防八旗军事医疗》,《历史档案》2020 年第 3 期。

李治亭:《美国“新清史”虚无主义辨》,《中国社会科学报》2024 年 4 月 12 日。

梁冲:《广州驻防八旗生计问题探析》,《西昌学院学报》2017 年第 3 期。

刘德鸿:《乾隆时满族统治阶级的腐朽与“八旗生计”》,《满学研究》第 3 辑,民族出版社 1996 年版。

刘仲华:《清嘉庆、道光两朝清查八旗抱养问题考述》,《北京史学》2020 年第 1 期。

刘文波:《康乾时期的清帝北巡与木兰围场设置问题探析》,《内蒙古师范大学学报》2021年第1期。

刘小萌:《清代畿辅旗地的私有化与租佃制发展》,《清史研究》2024年第2期。

刘小萌:《清前期东北民人的“出民入旗”》,《民族研究》2024年第4期。

陆玉华:《八旗驻防促进了汉满文化交流》,《辽宁大学学报》1992年第3期。

罗桂林、王敏:《清代驻防旗人的生活与认同——以福州洋屿赖氏为中心》,《清史研究》2014年第2期。

吕欧:《清代东北地区满汉通婚刍议》,《黑龙江民族丛刊》2018年第6期。

吕晓青、艾虹:《清朝京师稽察九处八旗驻防》,《历史档案》2024年第3期。

马协弟:《浅论清代驻防八旗》,《社会科学战线》1986年第3期。

马协弟:《八旗制度下的满族》,《满族研究》1987年第4期。

马协弟:《清代满城考》,《满族研究》1990年第1期。

马子木:《翻译科与清代八旗驻防的仕进》,《史学月刊》2017年第10期。

孟森:《八旗制度考实》,《历史语言研究所集刊》1936年第4期。

穆云鹏:《清代理事同知制度初探》,硕士学位论文,中央民族大学历史系,2011年。

潘洪钢:《清代驻防八旗的民族关系问题研究——从荆州旗、民的几次斗殴事件入手的探讨》,《江汉论坛》2005年第1期。

潘洪钢:《清代驻防八旗与当地文化习俗的互相影响——兼谈驻防旗人的族群认同问题》,《中南民族大学学报》2006年第3期。

潘洪钢:《清代驻防八旗与汉族通婚情况蠡测》,《中南民族大学学报》2007 年第 5 期。

潘洪钢:《八旗驻防族群土著化的标志》,《中南民族大学学报》2011 年第 9 期。

潘洪钢:《清代驻防八旗的“方言岛”现象》,《中南民族大学学报》2014 年第 5 期。

潘洪钢:《从家谱看清代驻防八旗族群社会及其变迁》,《满族研究》2015 年第 1 期。

潘洪钢:《清代驻防旗人的官方借贷》,《甘肃社会科学》2017 年第 5 期。

潘洪钢:《清代驻防旗人的民间借贷问题》,《江汉论坛》2018 年第 3 期。

潘洪钢:《清代八旗驻防族群的土著化进程与地方认同》,《吉林师范大学学报》2021 年第 3 期。

潘洪钢、贾石:《清代驻防旗人的婚姻圈——以朱卷履历为中心》,《吉林师范大学学报》2022 年第 4 期。

潘洪钢:《论清代八旗驻防的布局、目的与作用》,《吉林师范大学学报》2024 年第 1 期。

潘洪钢:《清代八旗驻防户口均齐制度述论》,《满学研究》第 5 辑,民族出版社 2022 年版。

潘洪钢:《清代驻防旗人的婚姻圈——以朱卷履历为中心》,《吉林师范大学学报》2022 年第 4 期。

秦兆祥:《清代热河都统的设立与职能演化》,硕士学位论文,内蒙古大学历史系,2005 年。

秦兆祥:《避暑山庄与热河驻防》,《内蒙古师范大学学报》2007

年第6期。

邱源媛：《清代旗民分治下的民众应对》，《历史研究》2020年第6期。

宋秀元：《从档案史料看清初的圈地与投充》，《故宫博物院院刊》1987年第1期。

孙静：《清代归旗制度行废述论》，《中央民族大学学报》2005年第5期。

孙静：《试论八旗汉军与满洲的差异性》，《中央民族大学学报》2006年第5期。

孙菲菲：《清代山东八旗驻防研究》，硕士学位论文，辽宁大学历史系，2012年。

孙志杰：《绥远城驻防八旗生计问题研究》，硕士学位论文，内蒙古大学历史系，2013年。

孙守朋：《乾隆二十八年京口驻防汉军出旗拨补与伊犁驻防》，《清史研究》2015年第4期。

莘旭华：《清代八旗城守尉驻防初探》，《满族研究》2019年第3期。

唐学凯：《宽城满族来源考》，《满族研究》1991年第2期。

特克寒：《热河驻防八旗史略》，《满族研究》2005年第2期。

滕绍箴：《清代的满汉通婚及有关政策》，《民族研究》1991年第1期。

佟佳江：《清代八旗制度消亡时间新议》，《民族研究》1994年第5期。

汪利平：《杭州旗人和他们的汉人邻居：一个清代城市中民族关系的个案》，《中国社会科学》2007年第6期。

王锺翰:《“国语骑射”与满族的发展》,《故宫博物院院刊》1982年第4期。

王贵文:《浅析八旗抚恤制度》,《满族研究》1991年第3期。

王宏斌、高德罡:《清代前期热河兵卫制度论略》,《河北师范大学学报》2004年第1期。

王学勤:《晚清民初布特哈八旗研究》,博士学位论文,中央民族大学历史系,2013年。

王晓辉:《清代热河驻防八旗派遣与满蒙关系探析》,《满族研究》2015年第3期。

王月:《清代山海关副都统的建置沿革与人事嬗递》,《满族研究》2016年第4期。

王晓辉:《清代木兰围场管理制度的演变与边疆治理》,《黑龙江民族丛刊》2016年第6期。

王晓辉:《清代避暑山庄官制演变与边疆治理》,《黑龙江民族丛刊》2017年第4期。

王欣彤、宝音特古斯:《清代喀喇河屯满洲八旗驻防考略》,《河北民族师范学院学报》2018年第3期。

王刚:《清代直省驻防旗地经营述论》,《中国经济史研究》2017年第3期。

王刚:《乾隆朝驻防旗人出旗实态再考察——以满汉文档案为中心》,《清史论丛》2022年第2期。

韦庆远:《雍正时期对“生息银两”制度的整顿和政策演变——对清代“生息银两”制度兴衰研究之二》,《中国社会经济史研究》1987年第3期。

韦庆远:《论“八旗生计”》,《社会科学辑刊》1990年第5期。

吴燕飞：《清前期直省驻防八旗社会保障述论》，硕士学位论文，辽宁大学历史系，2012年。

吴刚：《清代察哈尔都统的设立及其职司》，硕士学位论文，中央民族大学历史系，2018年。

吴华军：《清代驻防八旗归旗制度考论》，硕士学位论文，哈尔滨师范大学历史系，2020年。

许富翔：《论嘉庆十五年热河军府制度的建立》，《清史研究》2019年第1期。

许富翔：《清代热河驻防八旗的沿革与职掌（1702—1810）》，《通化师范学院学报》2020年第3期。

于伟：《清代山海关驻防八旗研究》，硕士学位论文，广西师范大学历史系，2015年。

玉海：《清代翁牛特右翼旗献地及木兰围场始置时间新考》，《吉林师范大学学报》2019年第3期。

严景爱：《有关八旗生计措施》，《中央民族大学学报》1996年第6期。

杨学琛：《清代旗地的性质及其变化》，《历史研究》1963年第3期。

杨晓伟：《热河驻防八旗生计问题研究》，硕士学位论文，河北师范大学历史系，2010年。

姚赛轩：《热河都统锡良的经济改革》，《内蒙古农业大学学报》2022年第1期。

左云鹏：《论清代旗地的形成、演变及其性质》，《历史研究》1961年第5期。

章广：《清代八旗进士人数考实》，《历史档案》2020年第

2 期。

张建:《清代沧州驻防的设立、本地化与覆灭》,《吉林师范大学学报》2016 年第 6 期。

张懿德:《清代乾隆朝察哈尔都统研究》,硕士学位论文,内蒙古大学历史系,2018 年。

张懿德:《边疆内地化的渐进:清代察哈尔治理的发展历程》,《内蒙古社会科学》2021 年第 4 期。

张懿德:《清代察哈尔都统的群体特征》,《内蒙古师范大学学报》2023 年第 1 期。

赵令志:《京畿驻防旗地浅谈》,《清史研究》1999 年第 3 期。

赵令志:《清代直省驻防旗地浅探》,《黑龙江民族丛刊》2001 年第 2 期。

赵令志:《论清初畿辅的投充旗地》,《河北学刊》2002 年第 1 期。

郑天挺:《清代的八旗兵和绿营兵》,《历史教学》1955 年第 1 期。

朱永杰:《清代新疆"满城"时空结构研究》,《满族研究》2010 年第 2 期。

朱永杰、崔跃峰、韩光辉:《清代密云"满城"时空结构研究》,《江汉论坛》2010 年第 5 期。

朱永杰、韩光辉:《清代畿辅地区驻防城的创建及其形制研究》,《江汉论坛》2015 年第 4 期。

[韩] 任桂淳撰:《清朝八旗驻防财政的考察》,《满学研究》第 1 辑,韩振乾译,吉林文史出版社 1992 年版。

[日] 细谷良夫:《清朝八旗制度的"gūsa"和"旗"》,《北京国

际满学研讨会论文集》1992 年。

[日] 细谷良夫、王禹浪撰:《开封驻防八旗的后裔——辛亥革命后旗人生活一瞥》，王学勤译，《满学论丛》第 2 辑，辽宁民族出版社 2012 年版。

[日] 柳泽明:《八旗再考》，哈斯巴根、刘艳丽译，《吉林师范大学学报》2015 年第 3 期。

附 表

附表 1　天津水师营都统职年表

序号	姓名	旗分	原官职	任职时间	去向	备注
1	觉罗巴延德	不详	正红旗满洲副都统	雍正三年十二月—五年八月	调正红旗满洲副都统	
2	宗室鄂齐	镶黄旗满洲	镶红旗汉军都统	雍正五年八月—六年九月	革职	
3	觉罗衮泰	镶黄旗满洲	前锋统领	雍正六年九月	前锋统领	署理
4	觉罗伊礼布	正红旗满洲	奉天将军	雍正六年九月—三十年五月	署正黄旗满洲都统	

续表

序号	姓名	旗分	原官职	任职时间	去向	备注
5	拉锡	正白旗蒙古	镶白旗满洲都统	雍正六年十二月—八年十二月	召京	署理
6	萨尔泰	正黄旗满洲	不详	雍正八年二月—三月	调陕西宁夏将军	署理
7	阿鲁	镶黄旗满洲	正蓝旗满洲副都统	雍正八年十二月—十二年三月	调陕西宁夏将军	署理
8	迈禄	镶白旗满洲	正白旗蒙古都统	雍正十二年三月—十月	召京，革	署理
9	查尔泰（又作扎尔泰）	镶红旗满洲		雍正十二年十月—十一月	不详	署理至鄂弥达到任
10	鄂弥达	镶白旗满洲	山东青州将军	雍正十二年十月—十二月	召京	署理
11	阿扬阿	正红旗满洲	正红旗蒙古都统	雍正十三年二月—乾隆八年七月	休致	初署理，雍正十三年五月实授
12	富昌	正白旗满洲	镶蓝旗满洲副都统	乾隆八年七月—十四年十月	调绥远城将军	
13	锡尔璜（西尔门）	正红旗满洲	熊岳革职留任副都统	乾隆十四年十月—十二月	调青州将军	署理

续表

序号	姓名	旗分	原官职	任职时间	去向	备注
14	罗山	镶蓝旗满洲	商都达布逊诺尔驼马厂总管	乾隆十四年十二月—十五年五月	调青州将军	
15	玛尔拜	不详	经征将军	乾隆十五年五月—十九年八月	病解	
16	噶尔锡	不详	天津副都统	乾隆十九年八月—二十年正月	调青州将军	
17	巴海	镶蓝旗满洲	宁夏将军	乾隆二十年正月—九月	正红旗蒙古都统	
18	噶尔锡	不详	青州将军	乾隆二十年十月	右卫副都统	
19	英泰	正白旗满洲	浙江乍浦副都统	乾隆二十五年十二月—二十七年七月	革	
20	清保	不详	正白旗汉军都统	乾隆二十七年七月—十二月	盛京将军	
21	长生（常胜）	镶白旗满洲	不详	乾隆二十八年三月—二十九年正月	不详	
22	富当阿	正蓝旗满洲	山海关副都统	乾隆二十九年正月—三十二年四月	不详	

附表 2　察哈尔都统职年表

序号	姓名	旗分	原职务	任职时间	去向	备注
1	嵩椿	镶蓝旗满洲	西安将军	乾隆二十六年十一月—二十七年闰五月	调任西安将军	
2	巴尔品	正黄旗满洲	正黄旗汉军副都统	乾隆二十七年闰五月—三十一年九月	赏副都统衔，赴青海办事	
3	安泰	正白旗蒙古	镶黄旗蒙古都统	乾隆三十一年九月—三十三年三月	喀什噶尔办事大臣	
4	巴禄	镶黄旗蒙古	绥远城将军	乾隆三十三年三月—三十五年十二月	卒	
5	常青	正蓝旗满洲	西安副都统	乾隆三十五年十二月—四十七年十二月	任杭州将军	
6	乌尔图纳逊	正白旗蒙古	察哈尔副都统	乾隆四十七年十二月—四十九年六月	绥远城将军	
7	积福	镶黄旗蒙古	领侍卫内大臣	乾隆四十九年六月—九月	绥远城将军	
8	乌尔图纳逊	正白旗蒙古	绥远城将军	乾隆四十九年九月—五十四年十月	议处	
9	保泰	正白旗蒙古	科布多参赞大臣	乾隆五十四年十月—五十五年八月	赴藏办事	

续表

序号	姓名	旗分	原职务	任职时间	去向	备注
10	乌尔图纳逊	正白旗蒙古	副都统衔	乾隆五十五年八月—六十年九月	绥远城将军	署理
11	博兴	正白旗蒙古	任职库伦	乾隆六十年九月—嘉庆六年十二月	理藩院尚书	
12	观明	镶白旗满洲	青州副都统	嘉庆六年十二月—八年十二月	黑龙江将军	
13	佛尔卿额	正白旗蒙古	理藩院右侍郎	嘉庆八年十二月—十二年四月	正红旗汉军都统	
14	庆怡	正蓝旗满洲	正红旗汉军都统	嘉庆十二年八月—十五年十二月	调荆州将军	
15	兴肇	镶蓝旗满洲	荆州将军	嘉庆十五年十二月—十六年七月	解任	
16	贡楚克扎布	镶白旗蒙古	理藩院右侍郎	嘉庆十六年七月—十九年十二月	降为三等侍卫调新疆	
17	祥保	镶黄旗满洲	西安将军	嘉庆十九年十二月—二十二年六月	宁夏将军	
18	松筠	正蓝旗蒙古	两江总督	嘉庆二十二年六月—二十三年十月	正白旗汉军都统	

续表

序号	姓名	旗分	原职务	任职时间	去向	备注
19	伊冲阿	正蓝旗满洲	热河都统	嘉庆二十三年十月—十一月	调热河都统	
20	庆溥	镶黄旗满洲	镶黄旗蒙古都统	嘉庆二十三年十一月—二十五年六月	降为正黄旗蒙古副都统	
21	富兰	正黄旗满洲	正白旗汉军都统	嘉庆二十五年六月—道光三年十一月	正红旗蒙古副都统	
22	瑚松额	正黄旗满洲	福州副都统	道光三年十一月—五年七月	调成都将军	
23	和世泰	镶黄旗满洲	镶白旗蒙古都统	道光五年七月—六年九月	解任	
24	博启图	镶黄旗满洲	正黄旗蒙古都统	道光六年九月—七年七月	调吉林将军	
25	安福	镶黄旗满洲	正蓝旗满洲副都统	道光七年七月—九年六月	署正红旗蒙古副都统	福克精阿护理
26	福克精阿	正白旗满洲	察哈尔副都统	道光九年十二月—十年三月	调吉林将军	道光九年六月—十二月署理都统
27	武忠额	正白旗满洲	泰宁镇总兵	道光十年三月—十三年十一月	调热河都统	

续表

序号	姓名	旗分	原职务	任职时间	去向	备注
28	凯音布	镶黄旗满洲	刑部左侍郎	道光十四年五月实授—十六年七月	都察院左都御史	道光十三年十一月—十四年五月署理
29	乐善	正黄旗满洲	镶蓝旗蒙古都统	道光十六年七月—十七年七月	调荆州将军	
30	赛尚阿	正蓝旗蒙古	户部右侍郎	道光十七年七月—十八年八月	署理藩院尚书兼正白旗汉军都统	
31	布彦泰	正黄旗满洲	乾清门侍卫	道光十八年八月—二十年三月	调伊犁将军	
32	敬穆	镶白旗满洲	察哈尔副都统	道光二十年三月—十二月	察哈尔副都统	署理
33	铁麟	正蓝旗满洲	都察院左都御史	道光二十年十二月—二十四年正月	调荆州将军	
34	阿彦泰	镶黄旗蒙古	察哈尔副都统	道光二十四年七月—二十七年正月	察哈尔副都统	道光二十四年正月—七月护理，后署理
35	裕诚	镶黄旗满洲	察哈尔副都统	道光二十七年正月—二十八年三月	调荆州将军	

续表

序号	姓名	旗分	原职务	任职时间	去向	备注
36	双德	正蓝旗满洲	密云副都统	道光二十八年三月—三十年十二月	缘事解任	
37	赓福	镶蓝旗满洲	前任荆州将军（署热河都统）	道光三十年十二月—咸丰元年二月	热河都统	署理
38	恒春	正白旗满洲	正黄旗满洲副都统	咸丰元年二月—八月	正蓝旗汉军都统	
39	西凌阿	正白旗满洲	御前侍卫	咸丰元年八月—二年十二月	调	任职期间盛桂、华山泰、穆隆阿等相继署理
40	庆昀	正白旗满洲	察哈尔副都统	咸丰十年七月—同治二年二月	授宁夏将军	
41	阿克敦布	正黄旗满洲	正红旗蒙古副都统	同治二年二月—五年五月	调正黄旗汉军都统	
42	福兴	正白旗满洲	正黄旗汉军都统	同治五年五月—六月	绥远城将军	
43	廉至	镶蓝旗满洲	察哈尔副都统	同治五年六月—六年五月	察哈尔副都统	署理

续表

序号	姓名	旗分	原职务	任职时间	去向	备注
44	色尔固善	镶白旗满洲	察哈尔副都统	同治六年五月—十月	卒	
45	文盛	镶黄旗汉军	正白旗满洲副都统	同治六年十月—十年五月	病解	
46	额勒和布	镶蓝旗满洲	盛京户部侍郎	同治十年五月—十三年四月	调乌里雅苏台将军	
47	庆春	正黄旗满洲	镶蓝旗蒙古都统	同治十三年四月—光绪二年十月	调绥远城将军	
48	瑞联	正蓝旗满洲	热河都统	光绪二年十月—三年四月	调绥远城将军	
49	春福	镶黄旗满洲	青州副都统	光绪三年四月—八月	调乌里雅苏台将军	
50	穆图善	镶黄旗满洲	青州副都统	光绪三年八月—五年六月	调福州将军	
51	景丰	镶黄旗满洲	密云副都统	光绪五年六月—十一月	调荆州将军	
52	祥亨	镶白旗满洲	山海关副都统	光绪五年十一月—七年八月	调荆州将军	
53	谦禧	正红旗满洲	宁夏副都统	光绪七年八月—八年十一月	召署青州副都统	
54	吉和	正白旗汉军	内大臣	光绪八年十一月—九年十二月	调西安将军	

续表

序号	姓名	旗分	原职务	任职时间	去向	备注
55	绍祺	镶黄旗满洲	泰宁镇总兵	光绪九年十二月—十二年三月	调理藩院尚书	
56	托伦布	镶黄旗汉军	镶白旗满洲副都统	光绪十二年三月—十五年十一月	正蓝旗蒙古副都统	
57	奎斌	镶白旗蒙古	湖北巡抚	光绪十五年十一月—十七年十一月	调热河副都统	
58	德铭	正白旗蒙古	镶红旗蒙古都统	光绪十七年十一月—二十二年十一月	病解	
59	祥麟	正黄旗满洲	仓场侍郎	光绪二十二年十一月—二十六年六月	召京	
60	芬车	正白旗蒙古	镶黄旗满洲副都统	光绪二十六年六月—七月	随扈当差	
61	奎顺	正蓝旗满洲	镶白旗汉军副都统	光绪二十六年七月—三十年十二月	调乌里雅苏台将军	
62	溥颋	镶红旗满洲	都察院左都御史	光绪三十一年正月—三十二年九月	调	
63	松寿	正白旗满洲	裁工部尚书	光绪三十二年九月—三十三年正月	调闽浙总督	

续表

序号	姓名	旗分	原职务	任职时间	去向	备注
64	诚勋	正红旗满洲	广州将军	光绪三十三年正月—宣统元年八月	调热河都统	
65	溥良	正蓝旗满洲	礼部尚书	宣统元年八月—三年十月	病解	
66	何宗莲	不详	第一镇、院判	宣统三年十月—十一月		署理

附表 3　热河都统职年表

序号	姓名	旗分	原职务	任职时间	去向	备注
1	积拉堪	镶蓝旗满洲	署古北口提督	嘉庆十五年六月—八月	调杭州将军	
2	毓秀	镶黄旗汉军	密云副都统	嘉庆十五年八月—十八年八月	直隶提督 署任至嘉庆十九年五月	卸署后，任杭州将军
3	和宁	镶黄旗蒙古	盛京将军	嘉庆十九年五月—二十一年七月	调工部尚书	
4	庆祥	正白旗蒙古	正黄旗汉军都统	嘉庆二十一年七月—二十二年四月	调乌鲁木齐都统	
5	庆溥	镶黄旗满洲	理藩院尚书	嘉庆二十二年四月—十一月	调镶黄旗蒙古都统	自嘉庆二十二年十一月至十二月署理

续表

序号	姓名	旗分	原职务	任职时间	去向	备注
6	熙昌	正蓝旗蒙古	吏部左侍郎	嘉庆二十二年十二月—二十三年三月	吏部左侍郎兼护军统领	署理
7	伊冲阿	正蓝旗满洲	兵部尚书正黄旗汉军都统	嘉庆二十三年四月—二十四年五月	目疾乞休	
8	诚安	正黄旗满洲	都察院左都御史	嘉庆二十四年五月—二十五年十一月	调左都御史	
9	松筠	正蓝旗蒙古	盛京将军，降本旗骁骑校	嘉庆二十五年十一月—道光元年五月	调兵部尚书	
10	庆惠	正白旗蒙古	马兰镇总兵兼内务府大臣	道光元年五月—二年五月	署兵部右侍郎	
11	廉善	正黄旗满洲	刑部左侍郎	道光二年五月—七月	休致	
12	成德	正黄旗满洲	正黄旗蒙古副都统	道光二年七月—十二月	卒	
13	庆保	镶黄旗满洲	左都御史	道光二年十二月—四年十二月	调乌里雅苏台将军	
14	那清安	正白旗满洲	刑部尚书	道光四年十二月—六年五月	调左都御史	
15	庆惠	正白旗蒙古	马兰镇总兵	道光六年五月—十一月	卒	

续表

序号	姓名	旗分	原职务	任职时间	去向	备注
16	昇寅	镶黄旗满洲	正蓝旗满洲副都统	道光六年十一月—七年七月	病解	
17	英和	正白旗满洲	理藩院尚书	道光七年七月—八年七月	授宁夏将军	
18	松筠	正蓝旗蒙古	玉牒副总裁	道光八年二月—十二月	署吏部尚书	其中二月、七月至十二月两次署理
19	成格	正黄旗满洲	广东巡抚	道光八年八月—九年十一月	调乌鲁木齐将军	
20	裕恩	正蓝旗满洲	工部右侍郎	道光九年十一月—十一年八月	病解	
21	保昌	正蓝旗满洲	仓场侍郎	道光十一年八月—十三年四月	调吉林将军	
22	苏成额	镶黄旗满洲	漕运总督	道光十三年四月—九月	解	
23	武忠额	正白旗满洲	察哈尔都统	道光十三年十一月—十四年八月	调乌里雅苏台将军	
24	嵩溥	正白旗满洲	兵部左侍郎兼正蓝旗汉军副都统	道光十四年八月—十七年三月	调福州将军	

续表

序号	姓名	旗分	原职务	任职时间	去向	备注
25	耆英	正蓝旗满洲	兵部右侍郎	道光十七年三月—十八年闰四月	调盛京将军	
26	惠吉	镶黄旗满洲	镶红旗汉军副都统	道光十八年闰四月—十九年三月	调乌鲁木齐都统	
27	恩铭	正红旗满洲	刑部尚书	道光十九年三月—二十年正月	病解	
28	阿勒清阿	正蓝旗满洲	刑部右侍郎兼镶白旗蒙古副都统	道光二十年正月—二月	调刑部尚书	此后署任，至二十一年八月卸署
29	桂轮	正白旗满洲	左翼总兵	道光二十一年八月—二十三年三月	调乌里雅苏台将军	
30	萨迎阿	镶黄旗满洲	户部侍郎	道光二十三年四月—二十五年十一月	调伊犁将军	
31	桂良	正红旗满洲	正白旗汉军都统	道光二十五年十一月—二十八年二月	署正白旗汉军都统	
32	惠丰	镶黄旗满洲	署崇文门副监督	道光二十八年二月—二十九年六月	调礼部尚书	
33	明训	正黄旗蒙古	吏部右侍郎	道光二十九年六月—十月	回京	署理

续表

序号	姓名	旗分	原职务	任职时间	去向	备注
34	赓福	镶蓝旗满洲	荆州将军	道光二十九年十月		署理
35	惟勤	镶蓝旗满洲	署乌鲁木齐提督	道光二十九年六月—咸丰元年二月	病解	未赴任前由明训署理
36	赓福	镶蓝旗满洲	署察哈尔都统	咸丰元年二月—三年二月	调乌鲁木齐都统	
37	毓书	正黄旗满洲	镶红旗蒙古都统	咸丰三年三月—五年五月	病解	
38	柏葰	正蓝旗蒙古	马兰镇总兵	咸丰五年五月—十二月	调户部尚书	
39	英隆	镶蓝旗满洲	盛京将军	咸丰五年十二月—八年五月	调镶白旗蒙古都统	
40	常清	镶蓝旗满洲	镶白旗蒙古都统	咸丰八年五月—十年二月	调乌鲁木齐都统	
41	春佑	正红旗满洲	理藩院尚书	咸丰十年二月—同治元年十月	丁忧开缺	
42	瑞麟	正蓝旗满洲	镶白旗汉军都统	同治元年七月署，十月实授—二年五月	授广州将军	九月离任
43	麒庆	正白旗满洲	仓场侍郎	同治二年五月—七年十二月	因病开缺	九月到任

续表

序号	姓名	旗分	原职务	任职时间	去向	备注
44	魁龄	正红旗满洲	不详	同治七年十二月		署理
45	庆春	正黄旗满洲	广州将军	同治七年十二月—八年九月	调镶蓝旗蒙古都统	
46	库克吉泰	正黄旗蒙古	西安将军	同治八年九月—十二年四月	卒	
47	崇实	镶黄旗满洲	镶白旗蒙古都统	同治十二年四月—十二月	刑部尚书	署理
48	瑞联	正蓝旗满洲	盛京户部侍郎	同治十二年四月—光绪二年十月	调察哈尔都统	
49	延煦	正蓝旗满洲	仓场侍郎	光绪二年十月—五年五月	病解	
50	崇绮	正蓝旗蒙古	吉林将军	光绪五年五月—七年闰七月	调盛京将军	
51	额勒和布	镶蓝旗满洲	镶黄旗蒙古都统	光绪七年闰七月—九年二月	调理藩院尚书	
52	恩福	镶红旗满洲	正蓝旗汉军副都统	光绪九年二月—九月	卒	
53	富华	正蓝旗满洲	热河总管	光绪九年九月—十月		护理

续表

序号	姓名	旗分	原职务	任职时间	去向	备注
54	继格	正白旗满洲	仓场侍郎	光绪九年九月—十年四月	调广州将军	
55	谦禧	正红旗满洲	署理青州副都统	光绪十年四月—十六年五月	卒	
56	恩良	镶红旗满洲	热河道	光绪十六年五月—七月	热河道	护理
57	德福	正黄旗满洲	镶白旗满洲都统	光绪十六年五月—十七年十一月	卒	
58	廷雍	正红旗满洲	热河道	光绪十七年十一月	热河道	护理至奎斌赴任后，卸任热河都统
59	奎斌	镶白旗蒙古	察哈尔都统	光绪十七年十一月—十九年六月	卒	
60	廷雍	正红旗满洲	热河道	光绪十九年六月—八月	热河道	护理
61	庆裕	正白旗满洲	盛京将军	光绪十九年六月—二十年八月	调福州将军	
62	崇礼	正白旗汉军	理藩院尚书	光绪二十年八月—二十一年八月	病解	
63	寿荫	正红旗满洲	盛京兵部侍郎	光绪二十一年八月—二十四年七月	调广州将军	

续表

序号	姓名	旗分	原职务	任职时间	去向	备注
64	色楞额	正白旗满洲	镶白旗蒙古副都统	光绪二十四年七月—二十八年四月	正红旗汉军都统	
65	福谦	镶白旗满洲	热河兵备道	光绪二十六年十二月—二十七年三月	热河兵备道	护理
66	锡良	镶蓝旗蒙古	河南巡抚	光绪二十八年四月—二十九年三月	闽浙总督	
67	松寿	正白旗满洲	工部左侍郎	光绪二十八年七月		署理
68	松寿	正白旗满洲	工部左侍郎	光绪二十九年三月—三十一年十一月	调	
69	廷杰	正白旗满洲	奉天府府尹	光绪三十一年十一月—宣统元年八月	调法部尚书	
70	诚勋	正红旗满洲	察哈尔都统	宣统元年八月—三年二月	调广州将军	
71	溥颋	镶红旗满洲	农工商部大臣	宣统三年二月—九月	调京	
72	锡良	镶蓝旗蒙古	东三省总督	宣统三年十月—十二月	病解	
73	昆源	镶蓝旗蒙古	三姓副都统	宣统三年十二月—1913年2月		

附表 4　热河副都统职年表

序号	姓名	旗分	原职务	任职时间	去向	备注
1	那素泰	正蓝旗满洲	驻藏大臣	乾隆三年—五年十月	不详	
2	达勒党阿	镶黄旗满洲	镶黄旗蒙古副都统	乾隆五年十月—九年七月	奉天将军	
3	玛尔拜	正白旗满洲	正蓝旗满洲副都统	乾隆九年七月—十年十月	古北口提督	
4	索拜	镶黄旗满洲	驻藏副都统	乾隆十年十月—十一年十二月	古北口提督	
5	巴尔品	正黄旗满洲	拉林副都统	乾隆十一年十二月—十二年四月	革职	
6	那兰保	正蓝旗蒙古	西路军营参赞大臣副都统	乾隆十二年四月—六月	镶蓝旗蒙古副都统	
7	马尔泰	正黄旗满洲	领侍卫内大臣	乾隆十二年六月—十三年二月	—	
8	满福	镶蓝旗满洲	护军统领兼署右翼前锋统领	乾隆十三年二月—四月	古北口提督	

续表

序号	姓名	旗分	原职务	任职时间	去向	备注
9	海常	镶黄旗满洲	护军统领	乾隆十三年四月—十七年十二月	京口将军	
10	李侍尧	正蓝旗汉军	正蓝旗汉军副都统	乾隆十七年十二月—二十年五月	工部侍郎	
11	明安	镶黄旗满洲	镶白旗满洲副都统	乾隆二十年五月—十月	镶黄旗满洲副都统	
12	富当阿	正蓝旗满洲	热河协领	乾隆二十年十月—二十六年四月	正蓝旗蒙古副都统	
13	额勒登额	正黄旗满洲	正蓝旗蒙古副都统	乾隆二十六年四月—三十三年二月	正黄旗护军统领	
14	玛瑺	正黄旗满洲	前锋统领	乾隆二十七年十月 二十九年正月 三十二年七月		三次署理
15	新柱	镶黄旗满洲	理藩院尚书	乾隆三十二年五月—三十三年二月		署理
16	呼什图	正黄旗满洲	正红旗汉军副都统	乾隆三十三年二月—三十四年五月	以病解任	

续表

序号	姓名	旗分	原职务	任职时间	去向	备注
17	三全	正红旗满洲	京口副都统	乾隆三十四年五月—四十年三月	宁夏将军	
18	多龢	正蓝旗满洲	江宁副都统	乾隆四十年三月—四十三年十一月	不详	
19	恒秀	正白旗满洲	镶黄旗汉军副都统	乾隆四十三年十一月—四十七年八月	黑龙江将军	
20	恒瑞	正白旗满洲	正红旗蒙古副都统	乾隆四十七年八月—五十一年十月	福州将军	
21	恒山保	正黄旗满洲	密云副都统	乾隆五十一年十月—五十三年八月	与密云副都统对调	
22	富昌	正白旗满洲	密云副都统	乾隆五十三年八月—五十六年十一月	荆州将军	
23	保成	镶黄旗满洲	正白旗满洲副都统	乾隆五十六年十一月—五十九年十二月	宁夏将军	
24	那奇泰	正蓝旗满洲	宁古塔副都统	乾隆五十九年十二月—六十年十二月	江宁将军	

续表

序号	姓名	旗分	原职务	任职时间	去向	备注
25	德勒克扎布	正白旗蒙古	墨尔根城副都统	乾隆六十年十二月—嘉庆五年十月	召京	
26	庆杰	镶白旗满洲	正黄旗蒙古副都统	嘉庆五年十月—十二年四月	革职，后任马兰镇总兵	
27	明兴	正黄旗满洲	正黄旗满洲副都统	嘉庆八年十月—十二月	理藩院右侍郎兼正黄旗满洲副都统	署理
28	福长安	镶黄旗满洲	围场总管	嘉庆十二年四月	补授围场总管	
29	毓秀	镶黄旗汉军	正白旗汉军副都统	嘉庆十四年三月	调密云副都统	

附表 5　山海关副都统职年表

序号	姓名	旗分	原职务	任职时间	去向	备注
1	富和	正蓝旗满洲	头等侍卫	乾隆八年四月—十三年九月	不详	
2	常生	镶蓝旗满洲	不详	乾隆十三年十月—二十五年五月	不详	
3	舒泰	正黄旗满洲	不详	乾隆二十五年五月—二十六年六月	正蓝旗蒙古副都统	

续表

序号	姓名	旗分	原职务	任职时间	去向	备注
4	富当阿	正蓝旗满洲	正蓝旗蒙古副都统	乾隆二十六年六月—二十九年正月	天津水师营都统	
5	富玉	镶黄旗满洲	黑龙江副都统	乾隆二十九年正月—七月	镶黄旗满洲副都统	
6	伊勒图	正白旗满洲	镶黄旗蒙古副都统	乾隆二十九年七月—三十年三月	护军统领	
7	素保	正红旗满洲	浙江处州镇总兵	乾隆三十年三月—三十五年正月	锦州副都统	
8	岱星阿	正黄旗满洲	火器营营总	乾隆三十五年正月—四十年十二月	巴里坤副都统	
9	扎什扎木素	正红旗满洲	杭州副都统	乾隆四十年十二月—四十三年十一月	宁夏将军	
10	都尔嘉	正白旗满洲	黑龙江副都统	乾隆四十三年十一月—四十四年九月	密云副都统	
11	塔章阿	镶红旗满洲	镶红旗蒙古副都统	乾隆四十四年九月—四十八年二月	不详	
12	果兴阿	正黄旗满洲	正黄旗满洲副都统	乾隆四十八年二月—四十九年八月	回京	

续表

序号	姓名	旗分	原职务	任职时间	去向	备注
13	萨克慎	镶蓝旗满洲	锦州副都统	乾隆四十九年八月—九月	不详	署理
14	宝琳	镶白旗满洲	天津镇总兵	乾隆四十九年九月—五十年十月	杭州将军	
15	琳宁	镶蓝旗满洲	署正蓝旗满洲副都统	乾隆五十年十月—五十三年十月	黑龙江将军	
16	海禄	正黄旗满洲	蓝翎侍卫	乾隆五十三年十月—十一月	福州副都统	
17	琳宁	镶蓝旗满洲	黑龙江将军	乾隆五十三年十一月—十二月	宁古塔将军	
18	海禄	正黄旗满洲	福州副都统	乾隆五十三年十二月—五十四年正月	广西提督	
19	台斐音	正黄旗蒙古	正黄旗满洲参领	乾隆五十四年正月—五十六年四月	锦州副都统	
20	积拉敏	镶白旗满洲	锦州副都统	乾隆五十六年四月—六月	病故	
21	永安	镶黄旗满洲	镶红旗满洲副都统	乾隆五十六年六月—五十七年三月	不详	

续表

序号	姓名	旗分	原职务	任职时间	去向	备注
22	德福	正黄旗满洲	镶白旗满洲副都统	乾隆五十七年三月—五十八年四月	河州镇总兵	
23	绵佐	镶蓝旗满洲	镶白旗护军统领	乾隆五十八年四月—嘉庆二年八月	正白旗护军统领	
24	韦陀保	正黄旗满洲	德州城守尉	嘉庆二年八月—八年二月	围场副都统	
25	来仪	正黄旗满洲	齐齐哈尔副都统	嘉庆八年二月—十年五月	成都副都统	
26	富江阿	镶红旗满洲	锦州副都统	嘉庆十年五月—十三年四月	锦州副都统	
27	皂保	镶黄旗满洲	江南提督	嘉庆十三年四月—六月	镶黄旗汉军副都统	
28	额勒金布	镶白旗满洲	镶黄旗汉军副都统	嘉庆十三年六月—十九年正月	英吉沙尔领队大臣	
29	文孚	镶黄旗满洲	内阁学士	嘉庆十九年正月—二十年三月	马兰镇总兵	
30	富兰	正黄旗满洲	正白旗护军统领	嘉庆二十年三月—四月	正白旗汉军都统	
31	松筠	正蓝旗蒙古	盛京将军	嘉庆二十五年四月	都察院左副都御史	

续表

序号	姓名	旗分	原职务	任职时间	去向	备注
32	福桑阿	镶蓝旗满洲	义州城守尉	嘉庆二十五年四月—道光三年三月	西安左翼副都统	
33	哈兴阿	镶红旗满洲	西安左翼副都统	道光三年三月—四年六月	乍浦副都统	
34	松福	正白旗蒙古	密云副都统	道光四年六月—五年七月	缘事降调，解	
35	富祥	镶黄旗满洲	正黄旗汉军副都统	道光五年七月—六年二月	镶白旗蒙古副都统	
36	福克金阿	正白旗满洲	宁夏副都统	道光六年二月—九月	察哈尔副都统	
37	存华	镶白旗满洲	察哈尔副都统	道光六年九月—十二年四月	宁夏副都统	
38	左廷桐	正黄旗汉军	熊岳副都统	道光十二年四月—九月	广州汉军副都统	
39	张仙保	正蓝旗蒙古	正红旗汉军副都统	道光十二年九月—十三年二月	调福州副都统	
40	兴科	镶黄旗满洲	驻藏办事大臣	道光十三年二月—九月	哈密办事大臣兼正蓝旗汉军副都统	
41	孟魁	镶白旗满洲	正蓝旗汉军副都统	道光十三年九月—十五年十二月	广州汉军副都统	

续表

序号	姓名	旗分	原职务	任职时间	去向	备注
42	常德	正红旗满洲	镶红旗满洲副都统	道光十五年十二月—十七年三月	江宁副都统	
43	祥厚	镶红旗满洲	镶红旗蒙古副都统	道光十七年三月—十九年正月	熊岳副都统	
44	裕瑞	镶蓝旗满洲	镶黄旗蒙古副都统	道光十九年正月—二十年十月	广州满洲副都统	
45	扎拉芬泰	正黄旗满洲	头等侍卫	道光二十年十月—二十一年二月	正黄旗蒙古副都统	
46	富勒敦泰	镶黄旗满洲	直隶督标中军副将	道光二十一年二月—咸丰六年四月	正红旗汉军副都统	
47	定福	镶蓝旗汉军	锦州副都统	咸丰六年四月—九年十一月	召京	
48	成保	正黄旗满洲	正白旗蒙古副都统	咸丰九年十一月	署直隶提督	
49	和盛阿	不详	山海关协领	咸丰十年八月	山海关协领	署理
50	宝山	正黄旗满洲	盛京副都统	咸丰十一年四月	盛京副都统	署理
51	庆春	正黄旗满洲	正黄旗满洲参领	同治二年四月—四年二月	署盛京副都统	

续表

序号	姓名	旗分	原职务	任职时间	去向	备注
52	长善	镶红旗满洲	镶黄旗蒙古副都统	同治四年二月—七年十二月	授广州将军	
53	玉亮	正红旗满洲	正蓝旗蒙古副都统	同治七年十二月—十一年三月	正白旗汉军副都统	
54	讷苏肯	镶红旗满洲	协领	同治十一年三月—十二年八月	病解	
55	常兴阿	镶蓝旗满洲	正蓝旗汉军副都统	同治十二年八月—十三年七月	召，光绪年间署镶黄旗汉军副都统	
56	宝珣	镶黄旗满洲	前任兵部右侍郎	同治十三年七月—光绪元年正月	病解	
57	崇礼	正白旗汉军	正黄旗汉军副都统	光绪元年正月—二年十月	镶白旗满洲副都统	
58	祥亨	正白旗满洲	正红旗汉军副都统	光绪二年十月—五年十一月	授察哈尔都统	
59	姚田	镶红旗汉军	正白旗蒙古副都统	光绪五年十一月—六年九月	调江宁副都统	
60	富升	正红旗满洲	江宁副都统	光绪六年九月	调盛京副都统	
61	谦德	正红旗满洲	盛京副都统	光绪六年九月—二十年三月	病解	

续表

序号	姓名	旗分	原职务	任职时间	去向	备注
62	宜贵	镶黄旗满洲	记名副都统	光绪二十年三月—二十一年三月	调	
63	桂祥	正蓝旗蒙古	镶黄旗蒙古副都统	光绪二十一年三月—二十二年七月	卒	
64	斌杰	镶红旗满洲	记名副都统	光绪二十二年七月—二十六年二月	病解	
65	苏噜岱	镶蓝旗蒙古	镶白旗汉军副都统	光绪二十六年二月—三月	留神机营当差；正红旗蒙古副都统	
66	富顺	镶蓝旗满洲	前三姓副都统	光绪二十六年三月—二十七年十二月	调三姓副都统	
67	倭恒额	正白旗满洲	正黄旗蒙古副都统	光绪二十七年十二月—三十一年六月	解	
68	儒林	镶蓝旗满洲	盛京刑部侍郎	光绪三十一年六月		

附表 6　密云副都统职年表

序号	姓名	旗分	原职务	任职时间	去向	备注
1	都尔嘉	正白旗满洲	山海关副都统	乾隆四十四年十二月—四十九年四月	吉林将军	
2	恒山保	正黄旗满洲	正蓝旗满洲副都统	乾隆四十九年四月—五十一年十月	热河副都统	
3	积善	正白旗蒙古	正红旗蒙古副都统	乾隆五十一年十月—五十三年四月	不详	
4	富昌	正白旗满洲	镶黄旗蒙古副都统	乾隆五十三年四月—八月	热河副都统	
5	恒山保	正黄旗满洲	正蓝旗满洲副都统	乾隆五十三年八月—五十七年四月	热河副都统	
6	观音保	镶黄旗满洲	镶黄旗满洲副都统	乾隆五十七年四月—嘉庆二年十月	镶黄旗蒙古副都统	
7	富尼善	镶红旗满洲	镶白旗满洲副都统	嘉庆二年十月—三年二月	调宁古塔副都统	
8	观音保	镶黄旗满洲	镶黄旗蒙古副都统	嘉庆三年二月—八月	病解	
9	全福	正蓝旗满洲	头等侍卫	嘉庆三年八月—六年十月	调	
10	永悫	不详	古城领队大臣	嘉庆六年十月—九年十月	调阿克苏办事大臣	
11	孟住	正白旗满洲	正红旗满洲副都统	嘉庆九年十月—十二月	正黄旗满洲副都统	

续表

序号	姓名	旗分	原职务	任职时间	去向	备注
12	多山	正蓝旗蒙古	正白旗满洲副都统	嘉庆九年十二月—十年十二月	成都副都统	
13	达松阿	不详	成都副都统	嘉庆十年十二月—十一年七月	镶黄旗汉军副都统	
14	佛伦保	正黄旗满洲	镶黄旗汉军副都统	嘉庆十一年七月—十二年十月	解	
15	珠勒亨	正黄旗满洲	镶黄旗蒙古副都统	嘉庆十二年十一月	卒	
16	双喜	镶黄旗满洲	正黄旗汉军副都统	嘉庆十二年十一月—十四年三月	授杭州将军	
17	菩萨保	正红旗满洲	正白旗护军统领	嘉庆十四年三月—十五年正月	解	
18	积拉堪	镶蓝旗满洲	二等侍卫	嘉庆十五年正月—六月	授热河都统	
19	毓秀	镶黄旗汉军	热河副都统	嘉庆十五年六月—八月	授热河都统	
20	多福	正红旗满洲	镶白旗汉军副都统	嘉庆十五年八月—十七年十二月	解	
21	兴肇	镶蓝旗满洲	正红旗蒙古副都统	嘉庆十七年十二月	江宁将军	
22	策丹	正黄旗蒙古	镶红旗蒙古副都统	嘉庆十七年十二月—二十一年十一月	解	

续表

序号	姓名	旗分	原职务	任职时间	去向	备注
23	西凌阿	正白旗满洲	荆州副都统	嘉庆二十一年十二月—二十三年十一月	青州副都统	
24	富清阿	镶黄旗蒙古	正红旗蒙古副都统	嘉庆二十三年十一月—二十四年九月	召京	
25	福荫	正红旗满洲	镶黄旗蒙古副都统	嘉庆二十四年九月—二十五年十月	广州汉军副都统	
26	阿隆阿	镶黄旗满洲	已革内阁学士	嘉庆二十五年十月—道光二年闰三月	革	
27	松福	正白旗满洲	蓝翎侍卫	道光二年闰三月—四年六月	山海关副都统	
28	兴住	正黄旗蒙古	正白旗蒙古副都统	道光四年六月—八年六月	广州汉军副都统	
29	霍忠武	不详	正蓝旗蒙古副都统	道光八年六月—十一月	西安右翼副都统	
30	布勒亨	正白旗满洲	西安右翼副都统	道光八年十一月—十七年正月	广州满洲副都统	
31	六十五	正黄旗蒙古	正蓝旗汉军副都统	道光九年四月	不详	署理
32	那丹珠	不详	盛京兵部侍郎	道光十年九月	不详	署理
33	桓格	不详	镶红旗汉军副都统	道光十年十二月	不详	署理

续表

序号	姓名	旗分	原职务	任职时间	去向	备注
34	特依顺	正蓝旗蒙古	腾越镇总兵	道光十七年正月—十八年六月	授宁夏将军	
35	善英	正黄旗满洲	蓝翎侍卫哈密帮办大臣	道光十八年六月—七月	病解	
36	伊清额	不详	正红旗汉军副都统	道光十八年七月	调	
37	双德	正蓝旗满洲	正蓝旗蒙古副都统	道光十八年七月—二十八年三月	授察哈尔都统	
38	德顺	正红旗蒙古	镶黄旗蒙古副都统	道光二十八年三月—三十年十一月	解	
39	伦恭	正红旗满洲	开原城守尉	道光三十年十一月—咸丰三年十二月	正红旗蒙古副都统	
40	扎拉芬泰	正黄旗满洲	镶红旗蒙古副都统	咸丰三年十二月—四年正月	调喀什噶尔领队大臣	
41	郭什讷	正蓝旗满洲	前锋参领	咸丰四年正月—二月	病解	
42	穆隆阿	镶黄旗满洲	散秩大臣	咸丰四年二月—十一月	散秩大臣	署理
43	刘钲	不详	镶黄旗汉军副都统	咸丰四年十一月—五年五月	镶黄旗汉军副都统	署理
44	胜保	不详	副都统衔	咸丰七年五月—八年五月	镶黄旗蒙古都统	

续表

序号	姓名	旗分	原职务	任职时间	去向	备注
45	哈福那	不详	京口副都统	咸丰八年四月		署理
46	博崇武	镶蓝旗满洲	翼长	咸丰八年五月—十一年二月	召京	
47	德兴阿	正黄旗满洲	三品顶带	咸丰十一年二月—同治元年二月	署正白旗汉军副都统	
48	连成	正黄旗满洲	正白旗汉军副都统	同治元年二月—五年六月	授杭州将军	
49	定安	镶黄旗满洲	伯都讷副都统	同治五年六月—七年正月	署绥远城将军	
50	景丰	镶黄旗满洲	署正蓝旗蒙古副都统	同治七年正月—光绪五年六月	授察哈尔都统	
51	济禄	不详	杭州副都统	光绪五年六月—十年十二月	调盛京副都统	
52	国俊	镶黄旗汉军	正蓝旗汉军副都统	光绪十年十二月—二十年十月	授西安将军	
53	谦光	正红旗满洲	镶白旗蒙古副都统	光绪二十年十月—二十二年十一月	降	
54	苏噜岱	镶蓝旗蒙古	正黄旗汉军副都统	光绪二十二年十一月—二十四年正月	调	
55	信恪	镶黄旗满洲	镶白旗汉军副都统	光绪二十四年正月—二十六年十一月	授江宁将军	

续表

序号	姓名	旗分	原职务	任职时间	去向	备注
56	马亮	正黄旗汉军	前伊犁副都统	光绪二十六年十一月—二十七年七月	授伊犁将军	
57	于珊	不详	乍浦副都统	光绪二十七年七月—三十二年十一月	解	
58	德麟	镶红旗满洲	镶黄旗汉军副都统	光绪三十二年十一月—宣统元年	镶黄旗汉军副都统	
59	福海	正红旗满洲	镶蓝旗蒙古副都统	宣统元年十二月—三年		

附表 7　天津水师营副都统职年表

序号	姓名	原职务	任职时间	去向
1	常久	八沟副都统	乾隆八年闰四月—十二年四月	病故
2	纳汉泰	正白旗满洲协领	乾隆十二年四月—十四年三月	协领
3	卓巴	镶黄旗汉军副都统	乾隆十四年三月—十月	故
4	苏瑚济	正红旗满洲副都统	乾隆十四年十月—十二月	正红旗满洲副都统
5	噶尔锡	不详	乾隆十四年十二月—十九年八月	天津水师营都统
6	雅隆武	张家口总管	乾隆十九年八月—三十二年四月	水师营裁撤

附表 8　察哈尔副都统职年表

序号	姓名	旗分	原职务	任职时间	去向	备注
1	集福	镶黄旗蒙古	归化城副都统	乾隆三十一年八月—三十三年四月	热河副都统	
2	齐勒克忒	归化城土默特	围场总管	乾隆三十三年四月—四十四年三月	署镶蓝旗蒙古副都统	
3	观音保	镶黄旗满洲	哈喇沙尔办事大臣	乾隆四十四年三月—四十七年二月	散秩大臣	
4	乌尔图那逊	正黄旗蒙古	镶红旗蒙古副都统	乾隆四十七年二月—十二月	察哈尔都统	
5	阿玉什	正白旗满洲	正白旗蒙古副都统	乾隆四十七年十二月—四十一年闰七月	京口副都统	
6	兴福	正白旗满洲	乾清门侍卫	乾隆四十一年闰七月	乌里雅苏台参赞大臣	
7	佛住	正黄旗蒙古	正黄旗蒙古副都统	乾隆五十二年二月—五十四年二月	理藩院侍郎	
8	观明	镶黄旗满洲	不详	乾隆五十四年二月—五十九年十二月	青州副都统	
9	金良	正红旗满洲	正红旗满洲参领	乾隆五十九年十二月—嘉庆十三年闰五月	卒	

续表

序号	姓名	旗分	原职务	任职时间	去向	备注
10	福增额	镶蓝旗满洲	打牲乌拉总管	嘉庆十三年闰五月—十四年二月	解	
11	颜金保	镶黄旗满洲	不详	嘉庆十四年二月—十六年七月	召京	
12	本智	镶白旗蒙古	理藩院右侍郎	嘉庆十六年七月—十七年十二月	授广州将军	
13	来灵	正蓝旗满洲	正黄旗汉军副都统	嘉庆十七年十二月—十八年十月	革	
14	富珠隆阿	镶白旗蒙古	正白旗满洲副都统	嘉庆十八年十月—二十一年六月	解	
15	棍楚克策楞	镶黄旗满洲	正白旗蒙古副都统	嘉庆二十一年六月—二十二年十月	革	
16	瑞麟	正蓝旗满洲	正红旗汉军副都统	嘉庆二十二年十月—二十三年十一月	调京	
17	海昇	正蓝旗满洲	热河协领	嘉庆二十三年十一月—道光五年十二月	休致	
18	永明额	正蓝旗满洲	正黄旗蒙古副都统	道光五年十二月—六年五月	调直隶泰宁镇总兵	
19	乐善	正黄旗满洲	镶白旗汉军副都统	道光六年五月—六月	调库伦办事大臣	

续表

序号	姓名	旗分	原职务	任职时间	去向	备注
20	存华	镶白旗满洲	正白旗蒙古副都统	道光六年六月—九月	调山海关副都统	
21	福克金阿	正白旗满洲	山海关副都统	道光六年九月—九年六月	署察哈尔都统	
22	廉敬	镶黄旗满洲	大理寺卿	道光九年六月—十一年八月	调库伦办事大臣	
23	苏勒通阿	正黄旗蒙古	察哈尔总管	道光十一年八月—十八年闰四月	解	
24	明训	正黄旗蒙古	都察院左副都御史	道光十八年闰四月—十一月	调正红旗汉军副都统	
25	敬穆	镶白旗满洲	正红旗汉军副都统	道光十八年十一月—二十二年十二月	调福州副都统	
26	阿彦泰	镶黄旗蒙古	镶白旗汉军副都统	道光二十二年十二月—二十六年十一月	病解	
27	裕诚	镶黄旗满洲	光禄寺少卿	道光二十六年十一月—二十七年正月	授察哈尔都统	
28	景淳	正黄旗满洲	正黄旗汉军印务参领	道光二十七年正月—二十八年九月	调盛京副都统	
29	庆住	镶蓝旗满洲	盛京副都统	道光二十八年九月—咸丰元年九月	召	

续表

序号	姓名	旗分	原职务	任职时间	去向	备注
30	麟魁	不详	乌什办事大臣	咸丰元年九月—十月	户部右侍郎	
31	盛桂	镶黄旗满洲	吉林副都统	咸丰元年十月—三年十月	内阁学士兼礼部侍郎衔	任职期间署察哈尔都统
32	庆昀	正白旗满洲	凉州副都统	咸丰三年十月—十年七月	授察哈尔都统	
33	廉至	镶蓝旗满洲	奉天岫岩城守尉	咸丰十年七月—同治五年六月	署察哈尔都统	
34	色尔固善	镶白旗满洲	盛京副都统	同治五年六月—八月	授察哈尔都统	
35	玉亮	正白旗满洲	镶黄旗蒙古副都统	同治五年八月—六年六月	西安右翼副都统	
36	杜嘎尔	正蓝旗满洲	盛京副都统	同治六年六月—十一年七月	调乌里雅苏台参赞大臣	
37	景瑞	不详	正红旗汉军参领	同治十一年七月—光绪二年十月	正蓝旗蒙古副都统	
38	奎昌	镶红旗满洲	前科布多参赞大臣	光绪二年十月—五年三月	病解	
39	花尚阿	镶红旗满洲	参领	光绪五年三月—六年二月	调镶蓝旗汉军副都统	
40	永德	正白旗满洲	镶蓝旗汉军副都统	光绪六年二月—十七年六月	授乌里雅苏台将军	

续表

序号	姓名	旗分	原职务	任职时间	去向	备注
41	吉升阿	正蓝旗蒙古	记名副都统	光绪十七年六月—二十一年十一月	调京口副都统	
42	伊崇阿	不详	正红旗汉军副都统	光绪二十一年十一月—二十四年六月	卒	
43	明秀	正蓝旗满洲	正红旗满洲副都统	光绪二十四年六月—二十六年六月	召	
44	魁福	正蓝旗汉军	科布多参赞大臣	光绪二十六年六月—三十二年九月	病解	
45	额勒浑	正白旗满洲	察哈尔左翼协领	光绪三十二年九月—宣统二年五月	调塔尔巴哈台参赞大臣	
46	盛桂	正白旗满洲	热河总管	宣统二年五月		

后　记

投身清史研究并聚焦直隶八旗驻防问题，与两位授业恩师有着深厚渊源。自2009年考入河北大学，我便在衣长春师指导下研习清史，保研后继续在衣师引领下学习，进而立志于从事河北区域史研究。2016年考入中央民族大学后，我有幸拜在赵令志师门下，开始系统学习满族史，同时也找到了属于自己的研究方向。在我提出拟在满族史领域做学位论文后，家师建议我以当时学界关注不多的直隶旗人群体为研究对象，并从资料查找、概念把握、问题分析等方面给予了高屋建瓴的建议。现所呈现的《清代直隶八旗驻防研究》一书，正是在我博士学位论文基础上修改完善而成，且在书稿撰写过程中亦蒙受家师殷切关怀与悉心指导。我自知愚钝，若有些许收获，定然应感恩于家师的辛勤栽培！

张永江教授是我博士毕业论文答辩委员，从论文修改到本书撰写，均给出了很多宝贵意见，而且在联系出版过程中给予了鼎力支持。不仅如此，数年来张永江教授及其夫人始终关怀我们的日常生活，并热忱地进行开导和帮助。感激之情，难以言表！

本书的写作过程可谓艰辛。写作期间，除养育幼女外，双方老人曾相继病重，所承担的教学任务以及相应的师范认证、学科评估等工作亦十分繁重，故自整理资料长编到动笔再到最后成稿，几度波折，数次停滞。所幸我的同学、同事及丈夫艾虹老师亦长期关注清史，加之我们多年来的研究默契，使得在资料收集、章节设置、问题分析等方面开展较为顺利。然世事无常，书稿将成之际，我的公公又突发脑出血，书中部分文字系在病榻旁草就，一些原拟深入探讨的问题，也只能留待后续探讨了。

还需指出的是，直隶八旗驻防并无驻防志，相关内容散见于传世文献和满汉文档案之中。在中国第一历史档案馆查阅档案期间，利用处的老师们热情友好，为我提供了良好的环境和极大便利。同时，八旗驻防相关政策的记载多以满文为主，幸而读博期间曾在顾松洁老师悉心教授下学习满文，为查阅和使用满文档案奠定了基础。但因自身语言天赋不足，书中满文档案的翻译难免略显生涩。另外，在查找部分已刊档案文献过程中，得到了诸位同门、朋友及同事们的帮助，在此一并表示感谢！

本书获河北省社科基金青年项目“清代直隶八旗驻防研究”（HB20LS003）资助。在出版过程中，得到了工作单位河北民族师范学院各级领导的大力支持，学校科研处、避暑山庄研究中心（铸牢中华民族共同体意识办公室）和历史文化学院均为本书的最终出版提供了便利和帮助，在此表示衷心的感谢！

最后，需要特别感谢人民出版社的詹夺老师。詹夺老师从选题、校对到最终出版，均倾注了大量心血，本书的最终呈现与她的辛勤付出直接相关！

因时间紧迫，本书仍有很多不尽如人意之处，比如直隶旗民关系问题、驻防旗人在清末的走向问题等，均系值得着力探讨的课题，但囿于精力所限，这些不足只好留待以后研究中予以弥补了。

吕晓青

2024 年 12 月 8 日午夜

责任编辑：詹　夺
封面设计：张婉秋

图书在版编目（CIP）数据

清代直隶八旗驻防研究 / 吕晓青，艾虹 著．-- 北京：人民出版社，2025. 5. -- ISBN 978－7－01－027132－3

Ⅰ．E294. 9

中国国家版本馆 CIP 数据核字第 20251ME725 号

清代直隶八旗驻防研究

QINGDAI ZHILI BAQI ZHUFANG YANJIU

吕晓青　艾虹　著

人民出版社 出版发行
（100706　北京市东城区隆福寺街 99 号）

北京九州迅驰传媒文化有限公司印刷　新华书店经销

2025 年 5 月第 1 版　2025 年 5 月北京第 1 次印刷
开本：880 毫米 ×1230 毫米 1/32　印张：11.25
字数：252 千字

ISBN 978－7－01－027132－3　定价：85.00 元

邮购地址 100706　北京市东城区隆福寺街 99 号
人民东方图书销售中心　电话（010）65250042　65289539